東海道中世史研究1

諸国往反の社会史

貴田　潔
湯浅治久　編

高志書院刊

はじめに

日本列島のおよそ中央に目を向けると、京都と鎌倉という二つの大きな中世都市があり、その狭間にて西から東からさまざまな影響を受けつつ東海道諸国の地域社会は形づくられてきた。

「東海道」というと、一方では古代の五畿七道の一つにあたる地域区分であり、他方では京都と鎌倉を結ぶ街道の名称でもある。前者を取るならば、伊賀国から常陸国までの十五ヶ国に相当するが、本論集で主に扱うのは伊豆国以西の諸地域に相当する。この場合、あるいは「東海地方」と言い換えてもよいだろう。

さて、いうまでもなく、中世という時代は、列島社会のなかの各エリアが多彩な個性を帯びた「地域の時代」であった。そして、東海地方の場合、京都と鎌倉という二つの権力の磁場から政治・経済・文化の諸相にて強い影響を受けつつ、さらに小さな地域ごとに独自の特色が形成・獲得されてきた。

今回、刊行にいたった『東海道中世史研究』は、こうした東海地方の諸地域をフィールドに、それらの豊かな個性を描き出そうとする試みである。第一巻『諸国往反の社会史』では交通・流通を介して結ばれる社会の基層のあり方を、第二巻『領主層の共生と競合』では公家・武家・寺社などの諸権力と社会の関わりをそれぞれ共通のテーマとしている。

本書の内容を簡単に紹介しておこう。上記の通り、交通・流通というテーマが本書の諸論文に通底するが、そのなかで政治・経済・文化の諸相にて諸地域の特色を多角的にあぶり出す。また、ネットワークの要点である宿・関・湊の性格と、それらの場に対する領主層の関わりにも注目する。

まず、第1部「行き交う人と物」では、それらの移動、すなわち交通・流通の広がりについて考察する。具体的にいえば、文献史料に見える馬・塩の移送や、考古資料である土器・陶器の流通を取り上げる。また、音楽・造仏の活動を通じた武士たちのネットワークにも注目する。こうした人と物の移動を多角的に検討することで、多層的な交通・流通の広がりが理解されよう。

高橋一樹「牧のネットワークと交通体系―中世前期における南関東とその周辺域を中心に―」は、馬の生産地から京都にいたる貢馬のルートに注目し、人と馬がそれぞれの牧をつなぐ状況を想定する。これを「牧のネットワーク」と概念づけ、とりわけ甲斐国からの南北ルートがつながる駿河国について、その交通上の重要性を高く評価する。そして、平泉からの貢馬が相武国府ルートで通過する相模国とともに、諸街道が結節するアクセスポイントの性格を論じる。

鈴木正貴「供膳具が語る西と東―伊勢・尾張・三河―」は、東海地方西半域のこれら三ヶ国を対象に、土師器皿と山茶碗という二つの供膳具について、それらの流通圏を考察する。

池谷初恵「供膳具が語る東と西―伊豆・駿河・遠江―」は、鈴木論文に対して、東海地方東半域の三ヶ国を対象とする。同じくかわらけ(土師器皿)と山茶碗の二つの供膳具に焦点をあてる。

なお、鈴木論文と池谷論文は対となる論稿であり、両論文を通じて東海地方における供膳具の流通の傾向を把握できよう。まず、かわらけ(土師器皿)に関しては、京都の影響を受けた手づくね成形のものがおよそ伊勢国から遠江国までの西半域の諸国を中心に広く普及した。一方、伊豆国ではロクロ成形のものが主体でありつづけたという。つまり、その成形技法には東海地方のなかで東西差があったと理解される。また、山茶碗に関しては、およそ窯ごとの類型によって流通の広がりが整理され、生産地との関係から地域固有の流通圏の形成が論じられる。

渡邊浩貴「初期鎌倉幕府の文化源流としての伊豆・駿東地域—伊豆狩野氏の拠点とその周辺から—」は、幕府成立以前の武士拠点での文化的状況に注目し、さらに鎌倉への文化流入の歴史的過程を追う。なかでも、京都—鎌倉の関係に収斂しない複線的な伝播の様相を探るという観点から、伊豆半島・富士山麓・駿河湾一帯の地域を取り上げる。特に、武士たちの音楽受容や造像事業に焦点をあて、彼らの人的ネットワークや文化的環境の形成過程を分析する。

貴田潔「駿河湾から広がる塩の流通—地域経済の多層性を捉えるために—」は、地域社会の人々を歴史の主体と位置づけ、彼らを起点とした流通の広がりを捉えようと試みる。具体的には、太平洋側と日本海側の双方で生産された塩を事例として、それが甲斐国・信濃国などの内陸部地域に移送される状況を捉えた。ここに列島社会が南北から交わり合う「塩の道」の祖型を想定し、京都や畿内社会を介さない経済の広がりを認識した。

山本智子「中世後期の東海産陶器 生産と流通」は、瀬戸美濃窯と常滑窯の陶器について、その生産と流通の状況を概観する。十五世紀末に瀬戸美濃系大窯と呼ばれる独自性の強い窯炉が完成し、生産力が向上したというが、本論文ではその全国規模の流通の様相が明示される。一方、常滑窯については中世後期になるとその流通規模が縮小し、東海地方から南関東までが主要な流通圏になったとする。そして、その背景に各生産地の全国的な競合関係を見出す。

次に、第2部「宿・関・湊」では、交通・流通の要点となるこれらの場について論じるとともに、その支配に深く関わった武士などの領主層の存在に注目する。また、地域社会のネットワークの中核となった寺社の問題も取り上げた。つまり、第1部では多層的な人と物の動きを描いたのに対して、第2部ではそれらが通過・結節する場の性格と領主層の関与をテーマとした。

高橋慎一朗「東海道の宿と遊女」は、社会集団としての「宿」の内部構造を解明しようとする。そのために、宿への関与が想定される武士などの領主層と、遊女・有徳人などの宿の構成員、さらには寺社との相互関係を注視した。結論として、東海道では宿の長者が遊女の長者と重なる傾向が強いと論じる。また、両者が異なる場合であっても、宿の長者である武士と縁者の女性が一体となって、いわば「長者の家」を形成していたと評価する。

湯浅治久「都鄙間における陸関の展開と在地領主支配―国家的システムと在地慣習の関連から―」では、「国家的支配」と「在地慣習」の関係を前提に、在地領主の交通への関与を捉えようとする。特に、室町幕府・鎌倉府のもとで設置された公用関の多くにて、在地領主の掌握・請負が見られるという。さらに、十五世紀中葉になると、彼らの実力支配が進展し、新関の設置や路次物騒という形で交通障碍が頻発したと論じる。

伊藤裕偉「道・宿・関・港の実像をどう探るのか」は、道と、道を介して成立する宿・関・港について、それらの実像を検討する上で必要な視角と課題を提示する。考古資料と文献史料の情報はそれぞれ断片的であり、こうした場の性格を論じる際の限界を意識すべきだと警告する。中世の交通史に関わり、研究者はいわゆる都市的な場に過大な評価を与えがちだが、今後もその本質に向き合う上で必読の論稿となろう。

服部光真「中世寺院の展開と東海道周辺の交通―三遠国境南端地域を中心として―」は、交通との関わりとともに、地域社会における中世寺院の存立を論じる。まず、国境を越えた僧侶たちの日常的なネットワークが当該地域に広がっていたという。さらに、法華宗陣門流の本興寺の事例から、在地領主や村落に支えられた中世寺院の姿を描き、その存立が交通を介した地域社会全体の結合に規定されていたと評価する。

以上のように、本書『諸国往反の社会史』では社会の基層における交通・流通の実態を主たるテーマに据えた。つまり、人と物の移動を多角的・多層的に描くとともに、その通過点・結節点となる宿・関・湊などの場の性格と領主層の関与を論じている。

なお、続く第二巻『領主層の共生と競合』との関わりにも触れておこう。本書では交通・流通の実態に焦点をあてたが、これが各時代の国家的支配体制とどのように関わっていたかは残された課題である。いうなれば、京都と鎌倉という二つの権力的な中核都市に挟まれた東海地方の諸地域は、公家・武家・寺社という諸権力の均衡のもとに編成されつづけた。

そうした意味で、本書で明らかにされる地域社会のネットワークや、それを統御しようとした領主層の動向は、各時代の国家的支配体制のもとでどのように絡め取られたのだろうか。具体的には、院政・鎌倉期であれば荘園制や鎌倉幕府による武士たちの統制が、室町期であれば室町幕府・鎌倉府の緊張のもとで進む地域社会の編成が大きな論点となろう。さらには、戦国期に入り、これらが弛緩すると、戦国大名権力の展開とともに諸地域の社会構造はどのように組み替えられたのだろうか。これらの課題には、次巻『領主層の共生と競合』で正面から向き合う。

最後に、この二冊の論集が編まれた経緯に触れておきたい。

二〇一九年に静岡県で開催された第五七回中世史サマーセミナー「富士山南麓から広がる中世社会―境界としての駿河―」がその発端となっている。シンポジウムでは池谷初恵・近藤祐介・木下聡・鈴木将典の諸氏に報告いただき、西国と東国の境界帯に位置する駿河国の特質を明らかにしようとした。そして、その後のビール講にて論集化の話題が上がったことが大きなきっかけとなった。

ところが、後日、実行委員会に関わっていた大石泰史氏が高志書院の濱久年氏に論集化の企画を持ちかけたところ、「視野が狭い」という批判を受けた。そのため、度重なる練り直しの結果、西は伊勢国から東は伊豆国にいたる東海地方のほぼ全域にフィールドは広がった。また、濱氏の助言と手腕のもと、文献史学だけでなく、考古学の研究者にも参画いただき、まさに高志書院らしい、極めて学際的な企画へと変貌することとなった。

一方、中世史サマーセミナーからの問題意識を継承し、その後も数度の打ち合わせと研究会を重ねてきたことで、二冊の論集の執筆者の間では主たる論点・視角とともに多くの情報が共有されている。コロナ禍の困難も挟み、およそ五年間もの歳月を要したが、その分、重厚な共同研究の成果となったといえよう。

東海地方は列島社会のなかで重要な位置を占め、そこに生きた人々は政治・経済・文化の諸相で特色ある地域性を育んできた。こうした豊かな地域の性格を総合的に捉えることは、必ずしも容易でなく、一筋縄でいかない。しかしそれでも、専門を異にする研究者が集まり、共同的な成果を出したことの意義は、小さくなかろう。地域に根ざした歴史学を志す者として、今回、二冊の論集が形になったことには、その社会の新しい知の共有をなしえたという意味で大きな喜びを感じている。

二〇二四年九月吉日

貴田　潔

目　次

第1部　行き交う人と物

牧のネットワークと交通体系
――中世前期における南関東とその周辺域を中心に――

高橋 一樹

はじめに

馬は人・モノの移動や農耕などで駆使されるほか、古代から国家の政治的儀礼にも重用されてきた。そのための馬を多く産出したのが、東国の信濃・甲斐・武蔵・上野・陸奥など内陸部に設定された牧である。

古代の公的な牧は、十世紀前半までに諸国牧・御牧(勅旨牧)・近都牧の三つに分化したが、東国にはこのうち令制の牧を起源とする諸国牧に加え、八世紀半ば以降の勅旨牧が右記の国々を中心に点在している［山口 一九八六・二〇二一］。さらに摂関家などの領有する私牧も、十一世紀に入ると、多くの古代牧を抱えていた国々にとどまらず、沿岸部を含めて、その存在を示す史料が増えてくる［西岡 一九五三］。

宮中における駒牽の継続的な実施とあいまって、おおむね十一世紀までは、東国の勅旨牧から貢進される馬の史料的痕跡は少なくない。私牧についても、それにかかわる公家日記の記事はもとより、一部には文書史料も残されている。ところが、すでに実態を失いつつあった諸国牧だけでなく、勅旨牧からの貢馬も停滞する十二世紀以降は、陸奥の平泉藤原氏や幕府からの貢馬が目立ち、それ以外の東国では牧の機能がほとんど確認できなくなる［大石 二〇〇一、山口 二〇二一］。

十一世紀末から顕著になる「牧の荘園化」は、古代牧の存在が稀薄化したことに照応する、中世的な現象として捉えられがちであるが、それは牧の機能が中世社会で消滅したことを意味しない。古代牧の再編・継承を含む中世の牧はもとより、このシェーマを提起した西岡虎之助氏みずからが指摘するように、「牧から出発してしかも牧と荘の二面性をもつようになる」場合や、「荘園が牧の性質を帯び牧の機能の代用をなす場合」もありえたのである［西岡 一九五三］。

東国の軍事政権である鎌倉幕府の成立もあいまって、中世社会における馬の需要やその調達・利用のありかたには、都鄙間をはじめ、地域社会の内部でも、古代とは異質な様態が生じている。馬の生産や貢進をとりまく国家的な制度の弛緩による史料的制約は否定すべくもないが、本稿では、断片的な史料をつなぎあわせながら、鎌倉期の南関東周辺を中心とした牧の機能を帯びる場や貢馬をめぐる動態をあとづけてみることにしたい。

なお、このテーマについては、かつて拙著で論及したことがある［高橋 一二〇一三］。しかし、紙幅の都合上、また書籍の性格上からも、典拠を含めて十分に意を尽くした叙述とはなっていない。本稿はその後の知見もふまえて、いま考え得る全体像の素描を試みるものであり、細部については前著と重複する部分があることをあらかじめお断りしておく。

1　古代から中世への牧の転回

古代東国に立地した官牧を示す史料としてよく参照されるのが、『延喜式』の巻二八兵部式諸国馬牛牧条と巻四八左右馬寮式御牧条である。それによると、東国の諸国牧には、馬牧として、遠江国の白羽牧、駿河国の岡野牧と蘇弥奈牧、相模国の高野牧、武蔵国の檜前牧、安房国の白浜牧と鈖師牧、上総国の大野牧・新屋牧、下総国の高津牧・大結牧・木島牧・長洲牧、常陸国の信太牧、下野国の朱門牧、上野国の占市牧がある。

同じく勅旨牧は三十二を数え、

甲斐　三牧：穂坂牧・柏前牧・真衣野牧
武蔵　四牧：石川牧・由比牧・小川牧・立野牧
上野　九牧：利刈牧・有馬島牧・沼尾牧・拝志牧・久野牧・市代牧・大藍牧・塩山牧・新屋牧
信濃　十六牧：山鹿牧、塩原牧、岡屋牧、平井弖牧、笠原牧、高位牧、宮処牧、埴原牧、大野牧、大室牧、猪（緒カ）鹿牧、萩倉牧、新治牧、長倉牧、塩野牧、望月牧

が知られる。

さらに勅旨牧は右のほかにも、駒牽などの朝廷儀礼とのかかわりから、『政事要略』などの法制書、『西宮記』『北山抄』などの儀式書、そして六国史やそれをつぐ『本朝世紀』といった史書から判明するケースもある。『日本紀略』延喜十七年（九一七）九月七日条以下に登場する武蔵国の小野牧は、その代表例といってよい。

古代史料から検出される、これらの牧は、ほぼ国ごとに所在地の推定が試みられているものの、比定地の確定にいたらないケースが大半をしめる。そもそも古代の牧は中世史料で確認できない事例が多く、たとえば信濃国では、『吾妻鏡』文治二年（一一八六）三月十二日条の「関東御知行国々内乃貝未済庄々注文」（以下、「未済庄々注文」）に載る「左馬寮領」の二十八牧について、右に挙げた『延喜式』の勅旨牧と対照すると、

笠原御牧　宮所　平井弖　岡屋　平野　小野牧　大塩牧　塩原　南内　北内　大野牧
大室牧　常盤牧　萩金井　高井野牧　吉田牧　笠原牧〔南條〕　同北條　望月牧

新張牧　塩河牧　菱野　長倉　塩野　桂井　緒鹿牧　多々利牧　金倉井

というように、古代の牧名と一致するのは傍線を引いた十三ヶ所にとどまり、残る十五ヶ所は新立されたものと推測されている〔井原 一九九〇〕。もちろん、牧名が一致するとはいえ、古代の牧がそのまま中世に存続しているとも限らない。単独で牧監が設置されて十四世紀まで貢馬が続いた望月牧を除くと、それ以外の勅旨牧からの貢馬は平安期のうちに途絶したらしい〔山口 一九八九〕。

逆に古代と中世とで牧名が一致せずとも、古代の勅旨牧が再編・改称されて、中世の御牧となっていることも十分に考えられる。隣国の甲斐では、勅旨牧の穂坂牧が小笠原牧に、同じく柏前牧は逸見牧に、真衣野牧は武河牧に、それぞれ何らかの改編を伴いながら中世の御牧に転生したことが推測されている〔秋山 二〇〇三〕。

信濃国内で左馬寮の管轄する御牧には、「未済庄々注文」掲載分のほかに立野牧もあった。承久二年（一二二〇）七月二十五日左馬寮下文案（諏訪大社下社文書、『鎌倉遺文』二六三三号）によると、立野牧は諏訪盆地にある岡野（谷）牧とともに、約四十年前の「治承年中」に駒牽役を留保して諏訪下社に寄進されたという。諏訪は信濃のほぼ中央に位置して、北信と南信、さらに甲斐の甲府盆地とつながる陸路が集散する要衝であるが、これらの各ルート沿いに牧が点在することとあわせて、十三世紀前半に至ってもなお左馬寮の駒牽役に言及されていることに留意したい。

また、『吾妻鏡』元暦元年（一一八四）二月二十一日条には、秀郷流藤原氏の尾藤太知宣が知行する「信濃国中野御牧」などの安堵を源頼朝にもとめたエピソードがみえる。この中野牧も十三世紀初頭に飼馬を含む牧の機能を維持していたようで、ここを本拠とする中野馬允能成が越後国の「とひたの牧」に住む恵信尼（親鸞の妻）の下人である女性とのあいだに子をもうけている〔高橋典 二〇〇四〕。国境をはさんで近接する牧と牧に結ばれた人や馬の交流を示す証拠である〔高橋一 二〇一五〕。

右掲の左馬寮領二十八牧に含まれる「平野」は、立野牧か中野牧の誤記であるとも考えられるが、これら中世前期の御牧が古代の官牧に直結していない点は重要である。甲斐国の飯野牧が施薬院領であるように、兵部省や馬寮とは別の官司に付属する牧の成立も、中世に存続する牧の性格を考えるうえで注目に値する。

古代の官牧とは異なる新たな牧の出現を象徴するのは、平安時代中期からの私牧である。信濃国の例では、藤原実資が洗馬牧を領有して、現地を差配する牧司から馬牛が進納されたことを日記『小右記』に綴っている。ほぼ同じ時期、治暦元年(一〇六五)七月の越中国々解(『勘仲記』弘安十年七月十三日条)には「権勢家が制符を用いず庄牧を立てることを好む」とあり、これをうけて発給された同年九月の太政官符は、「国司の制旨に従わなければ、庄牧司を召し進すべし」と命じた[西岡 一九五三]。十一世紀半ばには、洗馬牧のような私牧が各地で立てられ、現地の経営にかかわる牧司が国衙と競合していたことがわかる。

十二世紀半ばまで摂関家領の牧として存続しながら、保元の乱後に没官されて、後院領に編入された甲斐の岩間牧[秋山 二〇〇三]のように、牧のまま中世の単位所領として存続する事例も皆無ではない。しかし、私牧をめぐる十一世紀半ばの状況は、半世紀も経たないうちに大きな変革期をむかえた。信濃の洗馬牧は十二世紀末までに蓮華王院領の中世荘園へと転化したが、こうした私牧を起点とする中世荘園の形成は、相模国の早川牧や遠江国の質侶牧・笠原牧など同時代史料が伝来するケースによって、十一世紀末から進展していくことが読みとれる[石上 一九九四b]。

十一世紀末といえば、大石直正氏が陸奥において交易馬から貢馬への変化を認め、それを古代からの諸国貢献物が便補保など特定のエリア＝中世的所領からの負担に転化する過程に位置づけようとしている[大石 二〇〇一]。公家領の私牧にとどまらず、諸国牧や勅旨牧を含めて、同時期に王家領や摂関家領を軸とした中世荘園の立荘に既存の牧が組み込まれていく動きも、そうした国衙側の貢納形態の変化に対応したものとも考えられるが、その実態はじつに複雑な様相を呈する。

前述した信濃の洗馬牧と洗馬荘、上野の勅旨牧である拝志牧と長講堂領拝志荘、甲斐で摂関家が領有した「甘利」牧と宝荘厳院領甘利荘など、牧と荘を通じて地名が継承される場合は、史料的制約もあいまって、牧と荘との領域的な変動を軽視がちである。「御牧庄」と記す中世史料がある甲斐の牧荘なども、牧がそのまま立荘されたかのようにみえる。しかし、遠江の円勝寺領質侶荘が私牧の質侶牧をこえる新たな領域を画して立荘された〔石上 一九九四b、川端 二〇〇〇〕ように、古代の牧を中世荘園が包接するパターンは少なくない。

十二世紀段階の安楽寿院領常陸国村田荘が南野牧と常安保から構成され〔高橋修 二〇一四〕、蓮華王院領伊豆国狩野荘の内部単位として牧郷が存立する事実（『吾妻鏡』文暦二年八月二十一日条）は、質侶荘の立荘と同様な事態を想定できる。さらに王家領の牧として新たに設立されたなかにも、古代の白羽馬牧を包接したとおぼしき遠江の蓮華王院領相良牧をはじめ、古代の諸国牧である岡野馬牧に系譜しつつ新たな領域を画した駿河の八条院領大岡牧〔福田 一九七六〕もある。牧から荘への単なる看板のかけかえにとどまることなく、多くは領域的な再編をともないながら、古代牧の機能を継承していく中世荘園の存在形態とその多様性を看過すべきではない。

「牧の荘園化」というシェーマには、ともすると馬牛の飼養・産出の衰退ないし消滅というイメージがつきまとう。しかし、常陸の南野牧が村田荘のなかに同化・埋没することなく、十三世紀後半の大田文には自立した単位所領として登録されるように、中世荘園に飲み込まれたかにみえても、中世の牧として再浮上してくるケースにも目を向ける必要がある。むしろ問題の捉え方としては、古代から命脈を保ちつづける牧の機能が、中世荘園制の枠組みにいかに再定置されていくか、ということになろう。

その点で注意を引くのは、中世の南関東とその周辺域において、牧の機能を帯びる中世荘園の多くが、八条院領ないし蓮華王院領に属している事実である。『日本荘園資料』〔国立歴史民俗博物館 一九九八〕を通覧すると、ここまで言及してきた事例のほかにも、飼馬や貢馬とのかかわりがみられる荘園として、蓮華王院領では遠江の飯田荘や信濃の矢原荘があり、八条院領では駿河の服織荘、下総の下河辺荘、武蔵の太田荘、信濃の大井荘に加えて、常陸の信太荘も古代の志太牧から牧の機能を受け継いでいる可能性を否定できない。

信太荘は平頼盛の母池禅尼を立荘勢力として設立された〔網野 一九七八〕が、平清盛が後白河院を願主として十二世紀半ば過ぎに建立した蓮華王院の付属荘園も、その立荘には異母弟たる頼盛の積極的な関与が指摘される〔五味 一九九二〕。八条院領の駿河国大岡牧や常陸国南野牧を頼盛が知行したことも偶然とは考えられず、頼盛は八条院領と蓮華王院領にまたがるかたちで、古代から東国に点在する牧とその機能を中世荘園に組みかえていく役割の一端を担ったのではなかろうか。

だとすれば、平頼盛ら伊勢平氏は院政期の東国をとりまく貢馬や飼馬の編成に食指をのばし、少なくとも頼盛が関与した荘・牧のあいだに人や馬のつながりを想定することもできる。さらに、十二世紀末の内乱から東国全体に勢力を扶植していく鎌倉幕府が、平泉からの貢馬に加えて、京都にむかう途上に位置する牧やその機能を帯びる中世荘園どうしの関係にいかなる影響を与えるのかも、新たな検討課題として浮上することになる。

以上の概観をふまえて、中世の南関東周辺で牧の機能をもつ単位所領(御牧・私牧・荘園など)の比定地を地図に落としてみると、図1のようになる。

牧の立地が地勢の影響をうけることはいうまでもないが、図1をみると、たとえば信濃の洗馬荘(十一世紀の洗馬牧)が国府のある松本盆地と木曽谷を結ぶ要衝に位置するごとく、地域間をつらぬく街道筋など交通体系上の要素も帯びていることが想定される。公家領の私牧が相模・駿河・遠江の沿岸部で連なるように平安期から見いだされるこ

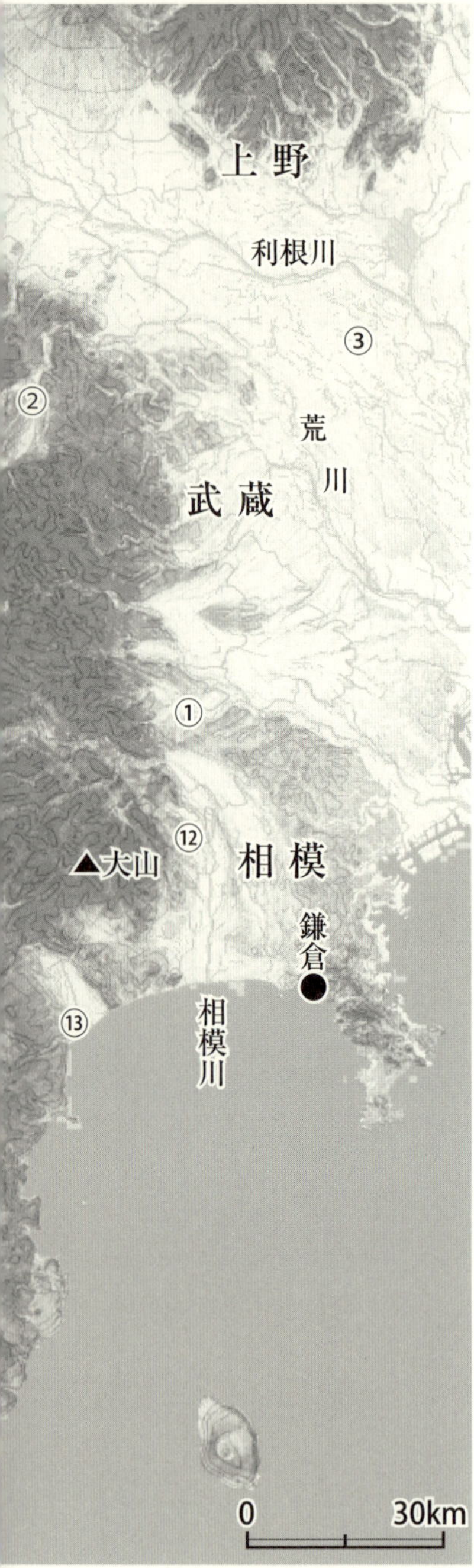

図１　南関東周辺における中世のおもな牧
（牧の機能をもつ荘園を含む）

武蔵国
①小野牧　②秩父牧　③太田荘

甲斐国
④小笠原牧　⑤武河牧　⑥逸見牧
⑦甘利牧（荘）　⑧牧荘　⑨八田牧
⑩岩間牧　⑪飯野牧

相模国
⑫毛利荘　⑬早川牧

伊豆国
⑭狩野荘牧郷

駿河国
⑮大岡牧（荘）　⑯服織荘

遠江国
⑰相良牧（荘）　⑱質侶牧（荘）
⑲笠原牧（荘）　⑳飯田荘

信濃国
㉑望月牧　㉒大井荘　㉓長倉牧　㉔塩野牧
㉕菱野牧　㉖新張牧　㉗矢原荘　㉘猪鹿牧
㉙多々利牧　㉚北内　㉛南内　㉜岡谷牧
㉝小野牧　㉞立野牧　㉟宮所牧
㊱洗馬牧（荘）　㊲大塩牧　㊳平井弖牧
㊴笠原牧

※地図の範囲内に立地する牧のみを示した。

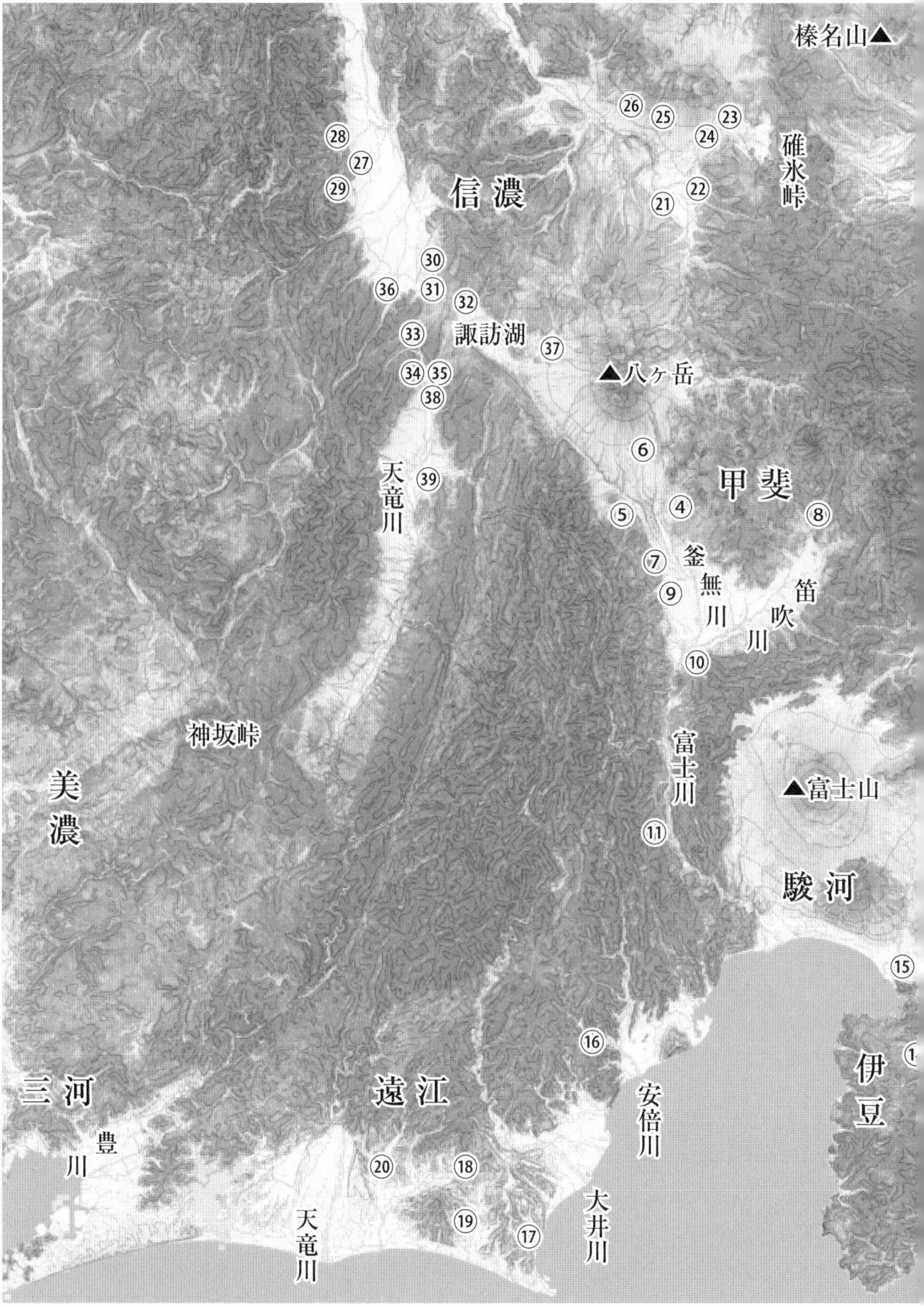
榛名山
碓氷峠
信濃
諏訪湖
八ヶ岳
甲斐
天竜川
釜無川
笛吹川
神坂峠
富士川
富士山
美濃
駿河
伊豆
三河
遠江
豊川
安倍川
大井川
天竜川
㉑ ㉒ ㉓ ㉔ ㉕ ㉖ ㉗ ㉘ ㉙ ㉚ ㉛ ㉜ ㉝ ㉞ ㉟ ㊱ ㊲ ㊳ ㊴
④ ⑤ ⑥ ⑦ ⑧ ⑨ ⑩ ⑪ ⑮ ⑯ ⑰ ⑱ ⑲ ⑳

とも、古代の官牧にはみられない特徴として留意すべきである。

というのも、『左経記』寛仁二年（一〇一八）十二月二日条には、陸奥御馬交易使が交易上馬二十疋と母馬八十疋を牽いていくとき、母馬を路次の諸牧に放ち、それぞれの牧司たちの請文をとって上道した、という記事があり、戸田芳実氏が指摘する機能分化した牧の出現と存続［戸田 一九九二］が視野に入るからである。本稿は、馬の生産地から京都にいたる貢馬のルート上に位置する牧などが人と馬を介してつながる社会状況を想定し、これを「牧のネットワーク」と概念づけることとする。

次節では、陸奥を起点とした貢馬ルートを古代からたどりながら、個々の所領にまつわる史料からの情報を相互に関連づけて読み解き、「牧のネットワーク」の実態にせまりたいと思う。

2　アクセスポイントとしての相模と駿河

(1) 関東における貢馬ルートの柔軟性

古代の陸奥から奈良や京都に御馬が進上される経路は、陸奥の属する東山道だけでなく、すでに八世紀から東海道を経由するルートが採用されていたらしい。天平六年（七三四）の尾張国正税帳には、陸奥から進上される御馬の「飼糠米」が記される。また、天平十年の駿河国正税帳にも、同じく部領使の経費が計上されている。

大石直正氏はこれらをふまえて、(1)陸奥から常陸を経て東海道に入り、美濃に抜けるか、あるいは(2)下野から相模に抜けて東海道を通り、美濃・近江にいたる道程を想定している［大石 二〇一〇］。畿内への入口として美濃を通過するコースは、天喜元年（一〇五三）・三年の東大寺領美濃国大井荘・茜部荘に賦課された、陸奥交易御馬の逓送役を記す史料からも確認できる。

陸奥から美濃・尾張までの移動経路については、八世紀に太平洋岸の駿河を通過する場合があったことは動かないとしても、広大な関東平野を横断するルートは東海道まで南下する以外にも確認できる。たとえば、陸奥から北関東を西に進む貢馬も当然あり、『小右記』永観三年（九八五）四月二十四日条によると、陸奥守為長が解文を副えて京都に送った貢馬四疋のうち、二疋は上野で殺されるなどして、残る一疋が上野を経て京都にたどりついている。

上野以西については、『本朝世紀』の天慶四年（九四一）九月から十二月にかけての記事が参考になる。上野から牽進された御馬のうち、病気のため信濃国の伊那郡と近江国の神崎郡にそれぞれ一疋が留まり、信濃（諸牧と望月牧とは各別）の御馬は近江で逗留中に洪水にあったという。『小右記』に書き残された陸奥〜上野の経路をこれにつなげると、駿河を経ずに、おおむね東山道を利用するケースは確実に存在したとみてよい。

他方、駿河を通過するルートについてはどうか。『本朝世紀』天慶元年（九三八）九月八日条には、武蔵国小野牧の貢馬が駿河国で洪水のために逗留したという記事がある。小野牧は現在の東京都八王子市周辺に比定されるだけに、関東平野の西域から相模国の東海道にアクセスする方法が浮上してくる。つまり大石氏のいう⑵にしても、関東平野ではなるべく東海道を使わないルートの選択が推測されるのである。

さきにふれた天平十年の駿河国正税帳には、陸奥だけでなく、甲斐から進上される御馬の部領使のための経費も確認でき〔秋山 二〇〇三〕、富士川流域を軸線とする甲斐と駿河の南北路は八世紀から貢馬の通る道でもあった。天慶四年（九四一）の官符によれば、朝廷から派遣される擇馬使は武蔵と甲斐をセットで担当している〔西岡 一九五三〕から、武蔵の御馬はむしろ甲斐を経て駿河に南下したことも十分にありうる。

とりわけ秩父からの貢馬は甲斐経由が合理的で、『小右記』天元元年（九七八）九月二十六日条によれば、武蔵の秩父牧と甲斐の穂坂牧の御馬がともに牽かれている。『本朝世紀』正暦四年(九九三)閏十月十二日条の伝える、尾張国で死去した秩父牧からの貢馬も、内陸を甲斐に進んで駿河の東海道に至ったのではないか。長久三年(一〇三四)二月には、穂坂牧に隣接する真衣野牧と信濃の望月牧から御馬が一緒に牽かれており、甲斐の御牧は武蔵や信濃からの貢馬の一部を集約して駿河に送り出すハブ機能をはたしていたのであろう。

甲斐と駿河を南北に結ぶ陸路は、古代から甲府盆地を起点とした駿州往還(河内路)・中道往還・若彦路などがある［大隅 二〇一八］。なかでも甲斐南端の富士川流域を通過する河内路沿いには、摂関家領から後院領となった岩間牧や施薬院領の飯野牧といった中世牧がならんでいる［秋山 二〇〇三］。これらは内陸部から太平洋岸に抜ける貢馬の動線をふまえた立地とみるべきである。

十二世紀に入ると、信濃や甲斐、武蔵からの駒牽にかかわる史料が急速に減少するものの、関東平野の内陸部から東海道に出て移動する貢馬ルートの徴証は皆無ではない。応保二年(一一六二)に武蔵国諸牧の馬が三河国で逗留したという『北山抄』二の記事はその一例である。こうした断片的な情報を読み解くうえで、古代の陸奥や甲斐、さらに武蔵から進上される御馬が東海道にアクセスするにあたり、相模や駿河を結節点としていた事実は大きな示唆を与える。この点を強く意識しながら、十二世紀後半の東国における貢馬の幹線をなす平泉からのルートを検証してみたい。

(2) 平泉からの貢馬が通る相武国府ルート

文治二年(一一八六)四月、奥州で産出される馬と金の京上について、源頼朝が平泉の藤原秀衡に圧力をかけたことはよく知られている。頼朝の要求を政治的にささえたのは、寿永二年十月宣旨で頼朝に認められた東海道・東山道の特別行政権であり、『吾妻鏡』の伝える頼朝の秀衡あて書状にも、「御館は奥六郡主、予は東海道惣官なり」と記されていたという。そのうえで、頼朝が「国の土貢」である「貢馬・貢金」の差配をするのは当然として、この年から貢馬・貢金を鎌倉経由で京上することが平泉にもとめられた。

翌五月の十日には、平泉から送り進めてきた貢馬三疋と中持三棹に関する記事が『吾妻鏡』の同日条にみえる。それによると、貢馬を一両日のあいだ休ませたのち、平泉からの使者ともに、京都に進上するよう頼朝が八田知家に命ずるのみである。

陸奥から西上する貢馬は、大石直正氏のいう(2)のコース、すなわち弘安六年(一二八三)の『宇都宮家式条』五十八条にある「駒牽到来送夫事」でも知られるとおり[高橋修 二〇一四、柳原 二〇一四]、白河関より下野に入る奥大道の利用がまずは想起される。ただし、右にふれた『吾妻鏡』の記事に、平泉からの貢馬が鎌倉に届いたとは書かれていないことに注目すると、このときの貢馬は八田知家が本拠を構える常陸国に着いた可能性もある。一両日の「飼労」が指示されている以上、その場は牧であり、八田知家の本拠となっていく南野牧[高橋修 二〇一四]が有力な候補になる。平泉の貢馬は陸奥から常陸にいたる太平洋側を移動するケース(大石直正氏の指摘する(1))も十分に想定せねばならない。

国府に南接する南野牧は、常陸南部の霞ヶ浦北西岸をなす半島状の平坦地に占地し、北・東・南の三方を湖面に囲まれている。陸路の移動は牧から西に進むしかないが、その真西に五十数キロ行くと、下野・武蔵と国境が接する下総の下河辺荘にたどりつく。すぐ北隣は下野の小山荘、西側には武蔵の広大な太田荘の荘域がひろがる。

『吾妻鏡』養和元年(一一八一)七月十四日条で周知のとおり、平安末期の下河辺荘住人は、下総国の御厩別当から貢馬の負担を毎年課されていた。常陸の南野牧と下総の下河辺荘、そして武蔵の太田荘がすべて八条院領であることにも留意すると、これら荘・牧のあいだに国境をまたいだ人や馬の往来も想定できる。

武蔵の太田荘は、陸奥と関東平野を結ぶ二つの陸路が通る。奥大道〜宇都宮〜小山荘方面からのものと、もうひとつは前述した常陸の南野牧方面からになる。史料の記載は十四世紀に降るが荘域を流れる元荒川の渡河点に「御厩瀬渡」もある〔田代 一九九〇〕。陸奥から南下してきた貢馬は、この太田荘域から武蔵国内を府中に向かうことになるのではなかろうか。

さて、平泉からの貢馬は翌文治三年十月に藤原秀衡が死去し、その前々月に平泉入りしていた源義経の潜伏が鎌倉に露顕すると、秀衡の後継者である泰衡によって、再び独自に京都へと送られるようになった。そのルートを検討するうえで重要な史料となるのが、つぎの『吾妻鏡』文治四年六月十一日条である。

泰衡京進の貢馬・貢金・桑絲等、昨日、大儀駅に着く、召し留むべきかの由、義澄これを申す、泰衡、予州に同意するの間、二品憤り申さしめ給うに依りて、度々尋ね下さる、去月また官使を遣わされ畢、これに就きて言上するか、然れども其の身反逆に与すると雖も、限り有る公物、抑留し難きの由、仰せ出さると云々、

藤原泰衡が京都に進上する貢馬などが相模国の大磯駅に到着したので、これを召しとどめるか否かの指示を三浦義澄が鎌倉の源頼朝に仰いだことがわかる。大磯は相模国府の近隣であり、その駅の動静が国府を掌握する三浦氏にすぐさま伝わることに違和感はない。

前著で論じたように、平泉からの貢馬は鎌倉周辺を移動することなく、内陸部の武蔵国府を経て相模川流域を南にくだり、相模国府に近い大磯駅で東海道に抜けたと考えられる〔高橋 二〇一三〕。この「相武国府ルート」は藤原泰衡の父、秀衡の時期に遡及することが確かめられ、前述した十一世紀前半の武蔵国小野牧から駿河国に移動した御馬も通過した可能性が高い。同じ武蔵国内であっても、北西部の秩父牧から甲斐を経て駿河に至るルートとは別に、南西部の小野牧から東海道に導く「相武国府ルート」は、さらに遠く陸奥からの貢馬の道が接続していたのであり、いずれ後者も駿河で前者と合流することになる。

(3) 牧のネットワークと駿河大岡牧

駿河はまさに北から東から貢馬が集まり、ここからは東海道を通って西に向かうことになる貢馬ルートの要衝である。西相模の早川牧や遠江の笠原牧・相良牧・質侶牧など、駿河の東西に平安後期から私牧がならび、揃って中世荘園に編成され直していくのも、貢馬の動脈に位置づく駿河の役割に対応したものといえる。それを先鋭的に発揮したのが、駿河のなかで東西・南北のおもな陸路が交差する八条院領大岡牧であった。

大岡牧の特異な性格を史料上に浮かび上がらせたのは、十二世紀末の治承・寿永の内乱から奥州侵略にかけての「戦争」にほかならない。伊豆で挙兵した源頼朝の軍勢が西相模に進み、石橋山の惨敗で四散すると、加藤景員の子である光員と景廉の兄弟は、駿河の大岡牧で合流したのち、甲斐の富士山麓に逃避する。そこは加藤氏が所領とする大原荘で、駿河と甲斐を結ぶ南北路が貫いており、大岡牧は駿河側のその起点になるわけである〔高橋一二〇一三〕。

さらに房総半島で再起して鎌倉に入った頼朝軍は、富士川の合戦からしばしば大岡牧の黄瀬川宿に駐留する。戦闘に欠かせない馬の休養と調達に適するだけでなく、人とモノ、そして情報が集まるポイントだからこそ、頼朝はこの大岡牧をきわめて重視したのであろう。その射程は前述のような貢馬の道を介して、陸奥の平泉をもとらえていた。

文治五年の七月から九月にかけて、源頼朝はみずから大軍を率いて奥羽に侵攻をかけ、平泉藤原氏を滅亡させた。その波紋は、同年末の出羽における大河兼任の反乱などにとどまらず、奥羽から遠く離れた駿河の地にもダイレクトにおよぶ。

頼朝が鎌倉に帰還してから二か月後の十一月二日、『吾妻鏡』の同日条が語るところによると、頼朝は牧六郎政親と平泉の藤原泰衡が深く通じていたとの情報をつかむ。すぐさま頼朝は政親を拘束させて、北条時政に預け置いた。

政親は、時政の後妻牧の方が出自する牧氏の一族である。牧氏は大岡牧の預所職を知行する平頼盛の「後見」といわれ、大岡牧の沙汰人として現地経営にかかわっていた[高橋一二〇〇四]。

一見すると唐突な印象を抱く『吾妻鏡』の記事も、陸奥と駿河を結ぶ貢馬の道を補助線として引けば、その背景をよく理解することができる。治承四年(一一八〇)十月に平泉藤原氏の庇護下から源義経が頼朝軍に合流した地も、やはり大岡牧の黄瀬川宿であったという(『吾妻鏡』同年同月二十一日条)。平泉藤原氏と牧氏とのあいだには、牧をつなぐ馬と人のネットワークがはりめぐらされていたのである。

平泉からの貢馬が到着した相模国府近隣の大磯駅と駿河の大岡牧とのほぼ中間地点には、十一世紀末に私牧としての存在が確認できる早川牧が立地する。早川牧も東から西に向かう貢馬のルート上にあったとみられるが、ここは挙兵直後の源頼朝の困難な状況をささえた土肥実平の本拠である。同じく狩野茂光ら工藤氏にしても、伊豆の牧郷をはじめ、駿河から甲斐に通ずる巨摩郡(八田牧など)、さらに遠江の相良牧を含めて、古代以来の牧に軸足をおいて勢力圏を築いてきた形跡がある[小川二〇二〇]。

鎌倉を発つ貢馬や将軍への馬の寄進、馬をもちいる幕府儀礼などで、解文の作成や奉行をよく命じられる二階堂行政・行光も、工藤氏の一族であることを忘れてはなるまい。もとより常陸から甲斐に展開してきた武田氏が内乱に乗じて駿河と遠江に侵攻し、板垣兼信が遠江の質侶荘に地頭職を獲得するなど、甲斐から駿河・遠江におよぶ牧と馬をめぐる領主間の競合関係は十分に予想されるところである。

次節ではこれらの現象をふまえ、遠江までを視野に入れて、鎌倉幕府の成立が南関東周辺における牧のネットワークに与えた影響について考えることにしたい。

3　鎌倉を核とした牧と貢馬の再編

(1) 鎌倉への貢馬

陸奥の糠部を最遠の地とする東国各地からの貢馬は、京都を終着点とする東から西へのベクトルが強力にはたらいていた。鎌倉幕府の成立はそれを維持すると同時に、必ずしも京都には収斂しない貢馬の動きをつくりだしていく。たとえば、平泉からの貢馬を鎌倉にわざわざ立ち寄らせるのもそのひとつだが、奥州の駿馬は京都に送られるだけでなく、幕府に進上させるケースもあらわれた。奥州侵略直後の『吾妻鏡』文治五年（一一八九）十二月九日条にはつぎのようにある。

この間、御厩十五箇間を建てらる、奥州の駒中、上馬三十疋を選ばれ、始めてこれを立ち置かる、景時、別当たるべきの由、これを奉ると云々、

十五間におよぶ幕府の御厩が新たに建造され、そこに奥州産の馬から選ばれた三十疋がおかれたという。同時に梶原景時が御厩の別当に任じられている。幕府の御厩がこれより前に存在していたことは、文治元年三月に源頼朝が加藤景廉に御厩の馬を贈与したとする『吾妻鏡』の記事から判明し、このとき馬を進上した大庭景義は御厩の別当に擬定されている〔盛本 一九九七〕。京都ではなく鎌倉で消費される貢馬の増加に対応して、幕府の御厩も拡大を重ねていることになる。

すでに内乱のさなかにあって、鎌倉には御家人たちから数多くの馬が献じられてきた。『吾妻鏡』寿永元年（一一八二）八月十三日条には、

若公誕生の間、代々の佳例を追い、御家人らに仰せて、御護刀を召さる、(中略)また御家人ら献ずるところの御馬、二百余疋に及ぶ、この龍蹄らをもって、鶴岡宮・当国一宮・大庭庤・三浦十二天・栗濱大明神已下諸社に奉らるなり、兼ねて父母の壮士らに備えて、御使を選び定めらると云々、

とあり、源頼家の誕生を機に、二百疋をこえる献馬が御家人によりおこなわれている。その顔ぶれは不明だが、『吾妻鏡』建久二年(一一九一)八月十八日条をみると、つぎのような御家人たちが有力な献馬者として登場している。

この間、人々進すところの馬、新造御厩に立てらる、もとより立て置かるるところの御馬と、相並びて用捨あり、先に南庭において御覧、十六疋なり、下河辺四郎政義・梶原兵衛尉景茂・狩野五郎宣安・工藤小次郎行光・佐々木五郎義清らこれに騎す、俊兼毛付を役す、

一疋鴾毛　上総介進　　一疋槽毛　千葉介進
一疋黒栗毛　北條殿御分　　一疋青駮　武田五郎進
一疋鴾毛　小山左衛門尉進　　一疋鴾毛　葛西三郎進
一疋黒鹿毛　畠山次郎進　　一疋鹿毛　小山七郎進
一疋黒　下河辺庄司進　　一疋葦毛　和田左衛門尉進
一疋鹿毛　小山五郎進　　一疋鴾毛　宇都宮四郎進
一疋栗毛　土屋三郎進　　一疋栗毛　三浦介進
一疋鴾毛　足立左衛門尉進　　一疋黒　梶原平三進

前年の六月に三浦義澄が奉行して「大御厩」が建設されたことをうけて、合計十六疋の献馬がおこなわれた。新しい御厩の別当に就任する三浦義澄のほか、足利氏・千葉氏・北条氏・武田氏・小山氏・葛西氏・畠山氏・下河辺氏・

和田氏・宇都宮氏・土屋氏・安達氏・梶原氏が競うように名馬を寄進している。

かれらは下野・下総・武蔵・相模・甲斐など、牧や飼馬・貢馬にかかわりの深い国々の有力御家人たちである。貢馬を差配した御厩を擁する下総国の下河辺氏や千葉氏をはじめ、牧の機能をもつ所領を知行するといった、駿馬を調達しやすい環境にあることが推測される。というのも、『吾妻鏡』文治三年十一月十一日条によると、幕府から京都への貢馬三疋が出発しているが、その馬を進上した三名は、

一疋黒　千葉介常胤進
一疋葦毛　小山兵衛尉朝政進
一疋鹿毛駮　宇都宮左衛門尉朝綱進

とあり、千葉常胤・小山朝政・宇都宮朝綱が建久二年新造の大御厩に馬を寄進した御家人と重なっている［大石二〇一〇］。このとき、前述した下総国下河辺荘に拠る下河辺政義が貢馬の京上に従事したことも興味深い。

さらに『吾妻鏡』建久六年七月二十日条には、源頼家の御厩の完成にともない、比企氏の奉行により馬を進上する御家人を選んだ結果が記される。そのメンバーは、

一疋黒駮　千葉介常胤進
一疋鴾毛　小山左衛門尉朝政進
一疋河原毛　三浦介義澄進

であって、やはり千葉常胤と小山朝政が献馬している。文治三年の宇都宮朝綱から三浦義澄に入れ替わっているのは、建久五年七月以降に朝綱が土佐に配流されたことの反映であろうが、三浦義澄にしても建久二年の「大御厩」に献馬したひとりであることに変わりはない。

高橋秀樹氏の研究が先鞭をつけた三浦氏と馬・牧の関係［高橋秀 二〇一六a］をもとにすると、『吾妻鏡』文治三年二月二十五日条の内容も注目される。訴訟で鎌倉に参向した信濃国保科宿の遊女長者が三浦義澄亭に滞在しているという話だが、保科宿のある高井郡には三浦氏が所領をもち（宗実流に高井姓あり）、彼地の陸上交通に影響力を及ぼしていた可能性がある。信濃の高井郡には文治二年当時も左馬寮領の高井（野）牧などが密集しており、三浦氏による馬の調達とかかわるかもしれない。

(2) 幕府の「御牧」

平泉藤原氏の滅亡後、『吾妻鏡』文治六年三月十四日条に載る公武交渉の文書からは、朝廷と幕府とのあいだに「御馬廿疋」を毎年進上する合意がなされていたことを知りうる［盛本 一九九七］。前掲した『吾妻鏡』文治三年十一月十一日条の内容も加えると、幕府の責任で京都に進上される貢馬は、もとより奥州の駿馬だけでなく、幕府が国衙を掌握した東国からの貢馬をも含むと考えざるを得ない。

そもそも『吾妻鏡』における文治二年の五月と十月の記事からは、平泉の貢馬と鎌倉からの貢馬とのズレを明確に確認することができる。さきに『吾妻鏡』の記事を掲げた五月の平泉からの貢馬は三疋で、「一両日」後には京都へ進発することになっていたが、十月一日に平泉から「陸奥国今年貢金四百五十両」が鎌倉に届き、翌々日には「貢馬」五疋と平泉の貢金が政所の二階堂行政による解文を副えて、京都に進上されている（『吾妻鏡』文治二年十月一日・三日条）。五月の平泉からの貢馬三疋とは数があわないうえ、『吾妻鏡』が貢馬五疋と平泉からの貢金を明確に区別している［大石 二〇〇一］ことからすると、十月の貢馬は平泉からのそれではなく、鎌倉からの貢馬と考えざるを得ない。

その貢馬を産出した具体的な国として、幕府の御厩に対する献馬の常連ともいうべき、千葉氏の下総国、宇都宮氏・小山氏の下野国などが候補にあがる。さらに国単位とは別に、牧単位で幕府が貢馬を調達することもおこなわれた。先行研究はつぎの『吾妻鏡』の記事に注目している。

A　御馬三疋共鴾毛、日ごろ三浦介に預けらる、今日京都に遣わされ、これを労わりやしない、仙洞御移徙の後の朝、進上すべきの由、広元朝臣の許に仰せらると云々、

B　甲斐国武河御牧の駒八疋参着す、御覧を経られ、京都に進さるべしと云々、

C　御牧の御馬少々到来す、義村まさに参る、南面においてこれを覧じ、人々に分け賜わり給うと云々、夜に入り、庚申御会あり、

順に建久二年十一月三日条、建久五年三月十三日条、建保三年（一二一五）十一月五日条である。これらの内容をもとに、幕府は「御牧」として管理する甲斐の武河牧などから「御馬」を調達して、京都への貢馬や鎌倉での儀礼に用いていたことが指摘される［盛本 一九九七］。

鎌倉幕府の御牧には、武河牧に加えて、同じ甲斐の小笠原牧と武蔵の秩父牧も含まれていた［盛本 一九九七］。Bの武河牧から鎌倉での将軍御覧を経て貢馬が京上されるプロセスをふまえれば、前述した平安後期の武蔵・秩父牧から甲斐にいたる貢馬ルートは、鎌倉幕府の成立と幕府御牧の設定によって、逆に貢馬が甲斐から武蔵へと移動する道筋に利用されたことになる。そして、このルートは、北武蔵から鎌倉へ向かう陸路、のちの鎌倉街道に接続していく。下野や下総などから御家人を介して鎌倉に馬が集まるようになった事態もあわせてみると、関東平野とその周辺で放射状に点在する牧々から、古代以来の貢馬の道に新たな街道の整備を組み合わせて、鎌倉をめざす新たな貢馬の動態が浮かび上がる。

甲斐の武河牧とならんで小笠原牧が幕府御牧に編成されたことを示す史料は、『吾妻鏡』建暦元年（一二一一）五月

十九日条にある、つぎのような内容である。

小笠原御牧の牧士と奉行人三浦平六兵衛尉義村の代官と喧嘩あるの事、今日沙汰を経られ、かくの如き地下の職人に対して、奉行と称し、恣に張行せしむるの間、ややもすれば喧嘩に及び、偏に公平の致すところを忘れるなり、早く義村奉行を改むべきの由、仰せ出され、佐原太郎兵衛尉に付けらると云々、

小笠原牧の牧士と御牧の「奉行人」三浦義村の代官がトラブルを起こしたため、義村は「奉行人」を更迭され、同族の佐原氏に交代したとある。高橋秀樹氏は義村の立場を幕府御厩の別当とみており〔高橋秀 二〇一六a〕、従うべき見解であろう。それをふまえて幕府御牧の統括管理者と現地有力者との衝突を招いた事情をさぐると、前年十月につぎのような指示が幕府から出されていたことに思い至る。『吾妻鏡』承元四年十月十三日条から引用しておく。

諸国御牧を興行せしむべきの事、守護・地頭らに相触れるべきの旨、今日仰せ出さる、武州奉行なり、行光これを書き下す、

諸国にある御牧の興行を守護と地頭に指示する内容で、北条時房の奉行により二階堂行光が文書を執筆している。約半年後に顕在化した小笠原御牧のトラブルも、この御牧興行令をうけて御厩別当の代官が現地に介入を強めた結果、牧士との対立をまねいたのであろう。

(3) 宿駅整備と諸国牧の興行

では、幕府がこのタイミングで御牧興行令を発した理由はなにであろうか。わざわざ諸国の御牧を対象として、守護―地頭の系列に命じていることからすると、京都や鎌倉に対する貢馬の安定的な確保といった狭義の目的にとどまらない、より広範な馬の調達と利用にかかわる幕府側の事情が察せられる。

鎌倉幕府は治承・寿永の内乱が終息するにともない、京都―鎌倉間の交通路整備に乗り出す。文治元年十一月に東海道の駅路について頼朝から指示があったのを皮切りに、同四年から六年にかけての二所詣の開始とコース変更を経て、建久への改元後の頼朝上洛に帰結するまで、美濃や駿河などで守護や地頭を担い手とする宿駅の新設があいついだ［高橋 二〇一三］。そして建久五年の十一月には、つぎのような取り決めがなされる（『吾妻鏡』建久五年十一月八日条）。

早馬上・下向ならびに御物疋夫ら、海道の駅々に支配せらる、大宿分は八人、小宿分は二人と云々、この日はこれを沙汰し置かると雖も、新宿加増の間、重ねてこの儀に及ぶと云々、

京都と鎌倉とのあいだで東海道を往来する早馬と御物の疋夫について、宿駅を「大宿」と「小宿」とに峻別のうえ、配置する人数を通達しているが、その背景には新たな宿駅の増加があるという。文治以来の宿駅整備が馬や疋夫の不足をもたらしたことがうかがえる。

これは移動途中の宿駅だけでなく、鎌倉から帰京する賓客にも御馬を与えるなど（『吾妻鏡』建暦元年十一月二日条ほか）、都市鎌倉も例外ではない。公武間での政治的コミュニケーションの活性化とそれにともなう人的往来の激増は、移動手段としての馬の需要をますます高めたことが容易に想定される。

事実、承久の乱後は、幕府から六波羅探題に東海道の駅馬に関する指令がしばしば出されており、文暦二年（一二三五）七月には「飛脚」の利用する駅馬の定置、さらに弘長元年（一二六一）二月には既定の駅馬数（二疋）をこえる幕府使者による徴発の禁止が知られる。承元四年の諸国御牧興行令は、こうした東海道の宿駅や駅馬をめぐる一連の動きのなかにも位置づけておかねばなるまい。

鎌倉期の東海道を構成した宿駅に備えられる馬がいかに調達されたのかを直截的に示す史料はない。しかし、文治

以降の新宿開設を守護や御家人が担っているのをはじめ、幕府挙げてのイベントには以下のような態勢がとられている。永福寺の落慶供養をひかえた建久三年十一月に、導師となる僧侶たちの鎌倉下向に備えて、東海道の駅家について国ごとに奉行を定めている［佐藤 一九七一］が、その内実は各国の守護であったとみてよく、駅馬の手配も当然のことながら守護に委ねられたはずである。

嘉禎四年（一二三八）の正月末から二月初旬にかけて、上洛する将軍頼経が東海道を移動した行程を『吾妻鏡』からたどると、以下のようになる。正月二十八日の巳刻に鎌倉を発ち、酉刻に相模の酒匂駅に到着、二十九日は駿河の藍沢駅、二月一日は車返牧御所、二日は蒲原宿、三日は手越宿、四日は嶋田、遠江に入って五日は懸河宿、そして六日に天竜川を渡河して酉刻に池田宿に着いた。手越宿と懸河宿では、それぞれ駿河守護の北条泰時と遠江守護の北条時房が御所を設営し、とくに後者では遠江国の御家人たちが動員されている。各宿駅で必要となる馬も、守護かその指揮のもとで国内の御家人たちが用意したのであろう。駿河・遠江の御家人には、宿の長者が多く含まれている［高橋典二〇〇五］ことも参考になる。

承元四年に諸国の御牧興行令を伝達された守護・地頭のおかれる環境として、少なくとも東海道の諸国では、宿駅とその駅馬の差配にしばしば守護と地頭御家人が動員されるシステムを考える必要がある。そこでは、右にふれた東海道の宿駅に、中世の牧や牧の機能をもつ荘園が近接して立地することが注目される。たとえば、駿河の車返宿に設けられたとおぼしい牧御所は大岡牧のなかに含まれ、遠江の懸河宿は太平洋に面した広大な笠原荘のすぐ北方に立地している。大岡牧についてはすでにふれたので、最後に遠江の笠原荘と鎌倉幕府との関係をみておきたい。

(4) 拠点的牧の幕府直轄領化

遠江国笠原荘は、十二世紀末には斎院の範子内親王を本所として、藤原忠雅が領家の地位にあったらしい(『法然上人伝記』)。十世紀前半から摂関家の私牧であった笠原牧を母体とすることからも、牧の機能を維持する中世荘園であったとみられる。『小右記』の万寿四年(一〇二七)二月から七月の記事で判明する牧使殺害事件[石上 一九九四a]が著名で、このとき最初に「犯人四人」の捕縛を命じた官符は「東海道」を意識して、駿河・遠江・甲斐・相模の各国司に発給された。さらに犯人二名の逮捕という進展をうけて、追加の官符が信濃と三河にも下されている。

牧使殺害事件の具体的な事情は不明ながら、その当事者と関係者が相模・甲斐・駿河・信濃に加え、三河とも接点をもつことは、遠江の笠原牧をとりまく牧のネットワークの内実を示す現象として興味深い。遠江の隣国三河は、殺害事件のおきた笠原牧と同じ牧名の勅旨牧がある南信濃の伊那郡から東海道に出るアクセスポイントで、このルートが貢馬の道でもあった可能性は高い。遠江の笠原牧にかかわる貢馬も、それと密接に結びついていたことが十分に考えられる。あるいは、富士川合戦時に安田義定が南下したともされる天竜川沿いのコース[彦由 二〇一二]をもちいて、南信濃と遠江との直接的なつながりも視野に入る。

遠江の笠原牧がこうした貢馬をめぐる交通体系のなかで存立していたとすると、笠原牧から展開した中世の笠原荘に平安末期から関与した「地頭」の顔ぶれがあらためて注目される。『静岡県史』資料編5中世一に翻刻された中山家文書の「笠原荘一宮社記」から、「当庄地頭御次第」の部分を以下に摘記する。

一、当庄地頭御次第

平家小松殿　一条次郎殿　十郎左衛門尉殿

森入道殿　中城介殿　城陸奥入道殿

潮音院殿　当御代

先行研究によれば、右の「地頭」名は順に、平重盛・一条忠頼（武田信義嫡男）・佐原義連（三浦義澄の弟）・毛利季光（室は三浦義村女子）・安達義景・安達泰盛・潮音院尼（泰盛妹で北条時宗正室、貞時生母）を指すとされる［筧 一九九七、高橋秀 二〇一六b］。馬とのかかわりが深い甲斐源氏・三浦氏・安達氏に加えて、貢馬ルートに近接して牧の機能を帯びたらしい相模国毛利荘［菱沼 二〇一二］を名字の地とする毛利氏も笠原荘を知行していたことがわかる。

遠江の笠原荘は、「地頭」の顔ぶれから明らかなように、十二世紀末から十三世紀後半にいたる政治動向の軸線と直結しており、笠原荘の現地掌握を平氏→武田氏→三浦氏→安達氏がいかに重視していたかを読みとることができる。それは、笠原荘が笠原牧の機能を受け継ぐとともに、平安後期以来の信濃・相模・甲斐・駿河・遠江・三河にまたがる、牧のネットワークに笠原荘が組み込まれていたからであろう。

鎌倉幕府が補任した笠原荘の地頭は、『吾妻鏡』文治四年六月四日条から存在が確かめられる（実名は不詳）。幕府が地頭請所を担保して本所に年貢納入を保証する関東御領となっており、それと符合するように佐原義連が預所と地頭の両職を兼帯していた形跡もある［高橋秀 二〇一六b］。その淵源は、平重盛が笠原荘を所領としていたことから、平家没官領に含まれていたことにもとめられる。一条忠頼の地頭職獲得は、治承四年十月の富士川合戦後、甲斐の武田勢が駿河や遠江に侵攻する過程で、牧を前身とする質侶荘や笠原荘を軍事的な標的にした結果ではないか。当該地域の東海道沿いに立ちならぶ、牧の機能を帯びた所領への意図的な占領行為というわけである。

平重盛と遠江の笠原荘とを結びつけたのは、領家の藤原忠雅にまちがいない。忠雅は親平氏公卿であるだけでなく、やはり平重盛に仕えた新田義重が下司をつとめる上野国新田荘の領家でもある［田中 二〇一二］。さらに『玉葉』安元二年（一一七六）十月十一日条によると、甲斐国飯野牧の年貢未進事件で下司から未進の張本とされた牧住人の貞重は、平重盛の従者であった［秋山 二〇〇三］。新田義重のような下司クラスならいざ知らず、牧の現地経営にたずさわる有力住人と主従関係でつながるところに、重盛側の牧に対する関心の高さがうかがえる。
飯野牧が甲斐―駿河の大動脈沿いに位置して、貢馬に重要な役割をはたしたとみなすべきことはすでに述べた。遠江の笠原荘とともに、これら南関東周辺における牧のネットワークで要衝をしめる所領に、平重盛は直接的な影響力をもった。鎌倉幕府の御牧にも、平家没官領を幕府が継承したケースも含まれていたはずだ。平頼盛による院御願寺領などの荘園形成を通じた牧機能の取り込みを含めて、平氏と東国の牧、貢馬ルートとの関係究明がまたれる。

むすびにかえて

おもに鎌倉時代前半までを対象として、南関東周辺の貢馬や牧のネットワークに関する推論を重ねた本稿を閉じるにあたり、鎌倉後期以降の展開ともかかわる論点にふれておく。

盛本昌広氏は、武蔵国の秩父郡が鎌倉幕府の御牧となり、各郷の地頭たちがそれぞれ知行する公田数に応じて、馬を負担していたことを論じた［盛本 一九九七］。これは鎌倉最末期の陸奥国糠部（四戸）で指摘される田率賦課の方式［入間田 二〇〇五b］が、武蔵国でも採用されていたことを示す重要な指摘である。

そのうえで、盛本氏が元亨二年（一三二二）三月の中村行郷申状案（『鎌倉遺文』二七九九三号）から明らかにしたように、少なくとも十四世紀前半において、実際の馬ではなく既定の換算基準にしたがい銭を納入していたことが注目される。そもそも弘安七年（一二八四）の新御式目では、出羽・陸奥を除く幕府の「御牧」も停止すべきことが命じられており［盛本 一九九七］、武蔵などの幕府直轄牧が飼馬・貢馬の機能を果たせなくなっていた事態も推測しうる。

鎌倉末期の秩父牧では、右にふれた元亨二年の中村行郷申状案によると、馬一疋あたり六貫二百文を納入することになっていたが、幕府に対する貢馬の代銭納化がいつ、いかにして始まったのかを具体的に明らかにする史料は乏しい。鎌倉最末期の糠部では、入間田氏が分析を加えた史料に、一部からの負担に関して馬一疋を三貫文相当とする記述があるものの、基本的には馬を納入していたとみてよい。元弘三年(一三三三)十二月十八日陸奥国宣案が、北条茂時の旧領である糠部の九戸を得た結城親朝に貢馬以下の沙汰を命じていることも、馬の現物納入を裏付けるように思われる。

陸奥国の玉造郡で砂金の田率賦課が確認される弘安七年分の年貢結解状には、「御馬代下行」として百貫文が計上されており(『鎌倉遺文』一五三九九号)、ここでも実際に現地で馬を調達していたらしい。玉造郡は金沢北条氏が地頭職を領有し続けるなか、郡内の各郷などを関係者に知行させているが、その一例とみられる大夫大僧都(顕瑜カ)分には、元亨三年の「貢馬用途」として二貫八十三文が賦課された(『鎌倉遺文』二八五一三号)。これが弘安七年の結解状にみえる馬の賦課なのか、貢馬に必要な経費を幕府が御家人役として負担させるものか、いずれかによって解釈が異なり、前者ならば鎌倉末期には馬の代銭納に移行した可能性がある。同じ陸奥国内でも、糠部とその他とでは馬の生産量に著しい格差が生じていることも考えられる。

盛本氏が『花園天皇日記』元弘元年十二月一日条をもとに指摘する、鎌倉幕府から朝廷に献上される貢馬の十疋という数は、少なくとも十三世紀後半にさかのぼる(『実躬卿記』弘安八年十一月二十五日条・正応四年十月三十日条ほか、『吉続記』正安三年十一月十八日条)〔大石 二〇〇一〕。しかし、前述のとおり鎌倉初期には公武間で二十疋の合意があったわけで、鎌倉期を通じて貢馬の数が半減したことになる。その背景には、幕府の御牧をはじめとする東国の牧での馬の生産がさらに衰退した可能性もあり、『民経記』寛喜三年(一二三一)四月十四日条から指摘されるように、信濃の知行国主が同国の「毎年駒牽」に事欠き、京都で二十余疋をなんとか調達したという事態も知られる〔井原 一九九〇」。秩父牧での貢馬の代銭納化もそうした状況を反映しているのかもしれない。

もとより幕府で必要な馬は朝廷への貢馬に限定されず、都市鎌倉をはじめとする幕府自体の需要は増加こそすれ、減少することはなかったはずだ。とすれば、馬の代銭納化は、商品としての馬の流通と密接にかかわることが想定される。

国立歴史民俗博物館の古代・中世都市生活史(物価)データベースで検索してみると、馬の売買にともなう価格は古代から散見され、残存史料の偏りがあるとはいえ、畿内近国を除くと駿河の事例が多い。仮に馬の商品流通が中世を通じて拡大していったとすると、古代以来の駒牽や貢馬に立脚した牧のネットワークはどのような変容を蒙るのか。駿河や甲斐の牧に進出していた工藤氏や南部氏が、北条氏得宗家の被官となり陸奥の奥六郡内に地頭代職を与えられ、鎌倉後期には現地の牧士らと対峙する状況もふまえて、今後の検討課題としておきたい。

参考文献

秋山　敬　二〇〇三『甲斐の荘園』甲斐新書刊行会
網野善彦　一九七八「常陸国信太荘」『中世東寺と東寺領荘園』東京大学出版会
石上英一　一九九四a「封戸の設置と牧」『静岡県史』通史編1原始・古代　静岡県
石上英一　一九九四b「質侶荘」『静岡県史』通史編1原始・古代　静岡県
井原今朝男　一九九〇「信濃国」網野善彦他編『講座日本荘園史』5東北・関東・東海地方の荘園　吉川弘文館
入間田宣夫　二〇〇五a「糠部の駿馬」『北日本中世社会史論』吉川弘文館(初出一九八六年)
入間田宣夫　二〇〇五b「金沢氏と陸奥国玉造郡地頭職」『北日本中世社会史論』吉川弘文館(初出一九七〇年)
入間田宣夫　二〇〇八「中世東北の馬牧群」入間田宣夫・谷口一夫編『牧の考古学』高志書院
大石直正　二〇〇一「奥州藤原氏の貢馬」『奥州藤原氏の時代』吉川弘文館(初出一九八八年)
大石直正　二〇一〇「奥州藤原氏と貢馬の道」『中世北方の政治と社会』校倉書房(初出一九九四年)

大隅清陽　二〇一八『古代甲斐国の交通と社会』六一書房
小川弘和　二〇二〇「相良・工藤系図とその周辺」稲葉継陽・小川弘和編『中世相良氏の展開と地域社会』戎光祥出版
筧　雅博　一九九七「幕府の遠駿豆支配」『静岡県史』通史編2中世　静岡県
川端　新　二〇〇〇「院政初期の立荘形態」『荘園制成立史の研究』思文閣出版（初出一九九六年）
国立歴史民俗博物館　一九九八『日本荘園資料』吉川弘文館
小林幹男　一九九六「古代・中世における牧制度の変遷と貢馬」『長野女子短期大学研究紀要』四号
五味文彦　一九九一「武家政権と荘園制」『講座日本荘園史』荘園の領有と体系　吉川弘文館
佐藤進一　一九七一『増訂鎌倉幕府守護制度の研究』東京大学出版会
高橋　修　二〇一四「中世常陸の馬と武士団」『馬の博物館研究紀要』一九号
高橋一樹　二〇〇四「中世荘園の荘務請負と在京沙汰人」『中世荘園制と鎌倉幕府』塙書房（初出二〇〇三年）
高橋一樹　二〇一三『東国武士団と鎌倉幕府』吉川弘文館
高橋一樹　二〇一五「親鸞と恵信尼からみた中世の越後」『特別展「親鸞となむの大地」』新潟親鸞学会
高橋典幸　二〇〇四「鎌倉幕府支配の展開」上越市史編さん委員会編『上越市史』通史編2中世　上越市
高橋典幸　二〇〇五「鎌倉幕府と東海御家人」小野正敏・藤澤良祐編『中世の伊豆・駿河・遠江』高志書院
高橋秀樹　二〇一六ａ「三浦氏と馬」『三浦一族の研究』吉川弘文館（初出二〇〇二年）
高橋秀樹　二〇一六ｂ「佐原義連とその一族」『三浦一族の研究』吉川弘文館
田代　脩　一九九〇「武蔵国」網野善彦他編『講座日本荘園史』5東北・関東・東海地方の荘園　吉川弘文館
田中大喜　二〇一一「総論」同編『上野新田氏』戎光祥出版
段木一行　一九八六「古代末期東国の馬牧」『中世村落構造の研究』吉川弘文館（初出一九八〇年）
戸田芳実　一九九二「東西交通」『歴史と古道』人文書院（初出一九七八年）
西岡虎之助　一九五三「武士階級結成の一要因としての「牧」の発展」『荘園史の研究』上巻　岩波書店（初出一九二五年）
彦由一太　二〇二一「甲斐源氏と治承寿永争乱」西川広平編『甲斐源氏一族』戎光祥出版（初出一九五九年）
菱沼一憲　二〇一一『中世地域社会と将軍権力』汲古書院
盛本昌広　一九九七「鎌倉期の馬献上の構造」『日本中世の贈与と負担』校倉書房
柳原敏昭　二〇一四「中世の交通と地域性」『岩波講座日本歴史』第七巻中世二　岩波書店

山口英男　一九八六「八・九世紀の牧について」『史学雑誌』九五編一号
山口英男　一九八九「駒と信濃布」『長野県史』通史編第一巻原始・古代　長野県
山口英男　二〇二一「貢馬をめぐる牧の諸相」佐々木虔一他編『馬と古代社会』八木書店
福田以久生　一九七六「岡野馬牧と大岡庄」『相模駿河の武家社会』清文堂
福田豊彦　一九八一『平将門』岩波書店

供膳具が語る西と東――伊勢・尾張・三河――

鈴木 正貴

はじめに

京都と鎌倉を結ぶ主要幹線である東海道のほぼ中央部にあたる地域のうち、本稿では、東西の濃密な往還が想定される東海西半での中世成立期から中世前期を中心とする供膳具の流通について考古学からアプローチしたい。

本稿の対象とする東海地域とは、伊勢・志摩・美濃・尾張・三河・遠江・駿河の旧七ヵ国をさし、現在の三重県北中部・岐阜県南部・愛知県・静岡県中西部に相当する。この東海の範囲は、現代に限らず中世においても考古学的には一定の地域的なまとまりがあったと考えられており、この地域設定には一定の意義がある。たとえば、鎌倉時代を中心とした中世前期に限ると、供膳具は後に詳しく紹介する山茶碗を主体とすることに共通の特徴があり、山茶碗のあまり出土しない近畿・北陸・関東とは大きく異なる。また、土器煮炊具に着目すれば、東海では中世を通じて酸化炎焼成の土師器が主体で、体部下半は丸底の器形となる特徴をもつ。瓦質製品の割合が高い近畿、土器煮炊具がほとんど確認できない北陸、戦国時代を中心とした時期で平底の煮炊具が展開する関東とは、様相を異にしている。このように、少なくとも中世においては、東海地域は一つの土器様式圏を形成していると評価できる。

図1　中世土器様式における東海の地域区分

一つの土器様式圏を形成する東海ではあるが、土師器皿の製作技法や山茶碗の産地組成などの相違を検討すると、以下の七ブロックに区分できる(図1参照)。①南伊勢・志摩、②中北伊勢、③美濃、④尾張、⑤西三河、⑥東三河・湖西、⑦遠江・駿河であり、それぞれの様相も異なっている。東海は、この七つのブロックごとに区分すると、中世全般における土器様相が整理しやすくなることはすでに指摘したことがあるが[鈴木 二〇〇五]、本稿では、とくに伊勢・尾張・三河の諸国を取り上げるので、南伊勢・志摩、中北伊勢、尾張、西三河、東三河・湖西の五地域が検討の対象となる。

1　陶器と土器の研究史

①東海産陶器

伊勢・尾張・三河の中世前半の遺跡で検出される供膳具には、地元産の土師器、国産陶器、瓦器(黒色土器)、大陸から招来した貿易陶磁器、木器、青銅器などがある。このうち遺存条件の厳しい木製品や容易に作り直されてしまう金属製品は、そもそも遺跡での出土量が極めて少なく、その実態を明らかにできない。このため、供膳具に関する研究は、土師器と陶磁器が中心となる。その多くは酸化炎焼成の土師器と、灰釉陶器の流れを汲む瓷器系国産陶器である。貿易陶磁器は三重県(伊勢)では少なからず出土するものの、愛知県(尾張と三河)では全焼物における出土割合は1%以下となっており、主要な供膳具とはいえない点も、他とは大きく異なる地域的な特徴である。

この東海地域では、日本の中世六古窯に属する瀬戸窯と常滑窯のほか、全国に流通販路を持つ美濃窯と渥美窯があり、陶器生産の研究が先行して進められた。瀬戸窯の主な研究は赤塚幹也氏[赤塚 一九六九]、楢崎彰一氏[楢崎 一九七

六]、井上喜久男氏[井上 一九九二]、藤澤良祐氏[藤澤 二〇〇七]、美濃窯は田口昭二氏[田口 一九八三]、常滑窯は赤羽一郎氏[赤羽 一九九四]、中野晴久氏[中野 二〇一三]、渥美窯は小野田勝一氏[小野田ほか 一九七七]、安井俊則氏[安井 二〇一二]

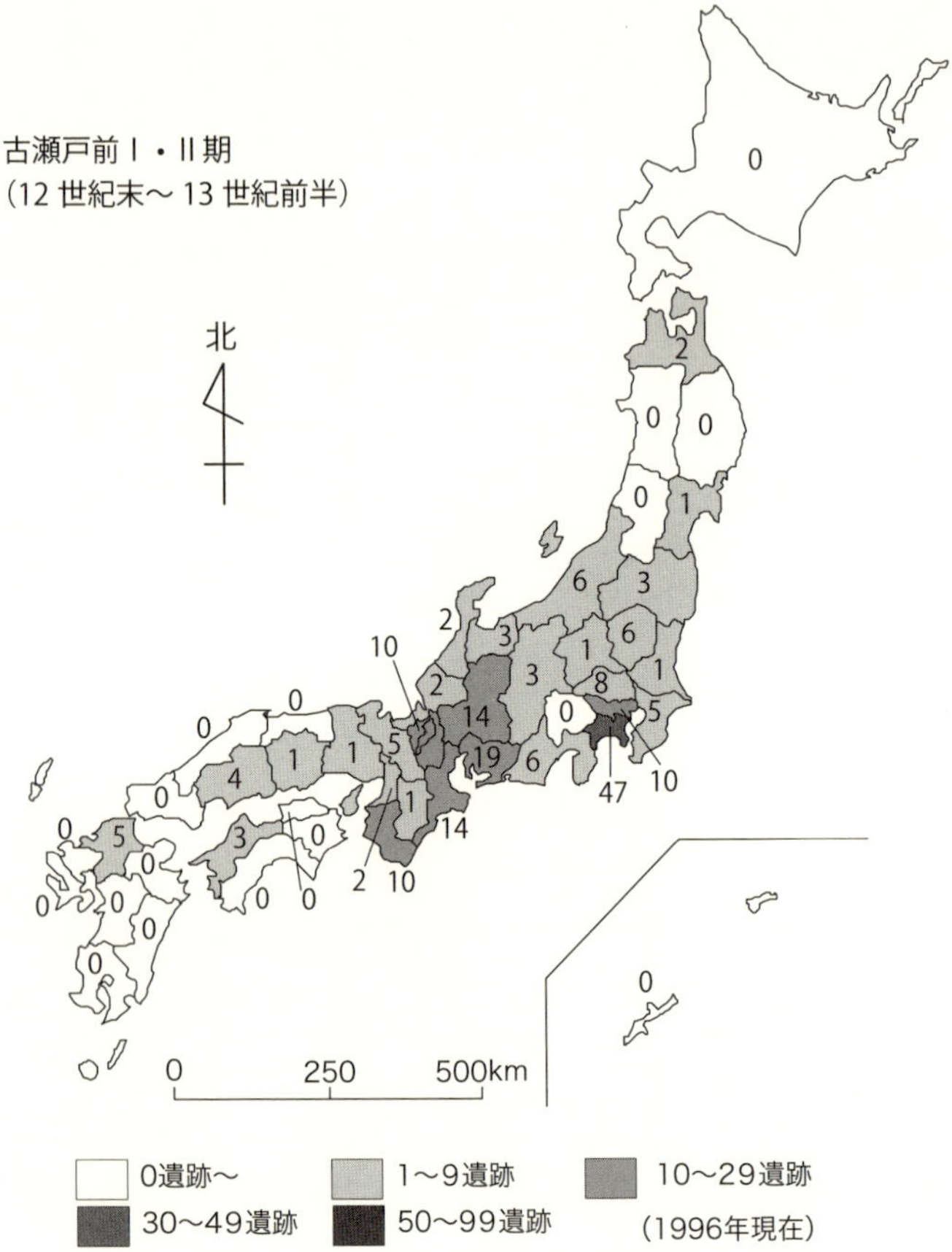

図2　都道府県別の古瀬戸製品の出土遺跡数分布図（藤澤2007から作成）

等々の先行研究がある。

　とりわけ瀬戸・美濃窯の施釉陶器、および常滑・渥美窯の壺・甕類は広域に流通した器物であり、その編年研究を通じて日本の中世考古学を牽引してきたという側面がある。具体的な暦年代のわかる資料が限られる中世考古学においては、広域流通する窯製品から消費地遺跡の年代比定を試みることが多く、各地の土器様相の研究にも大きな影響を与えて続けている。

　古墳時代以降、須恵器や灰釉陶器を多量に生産した猿投

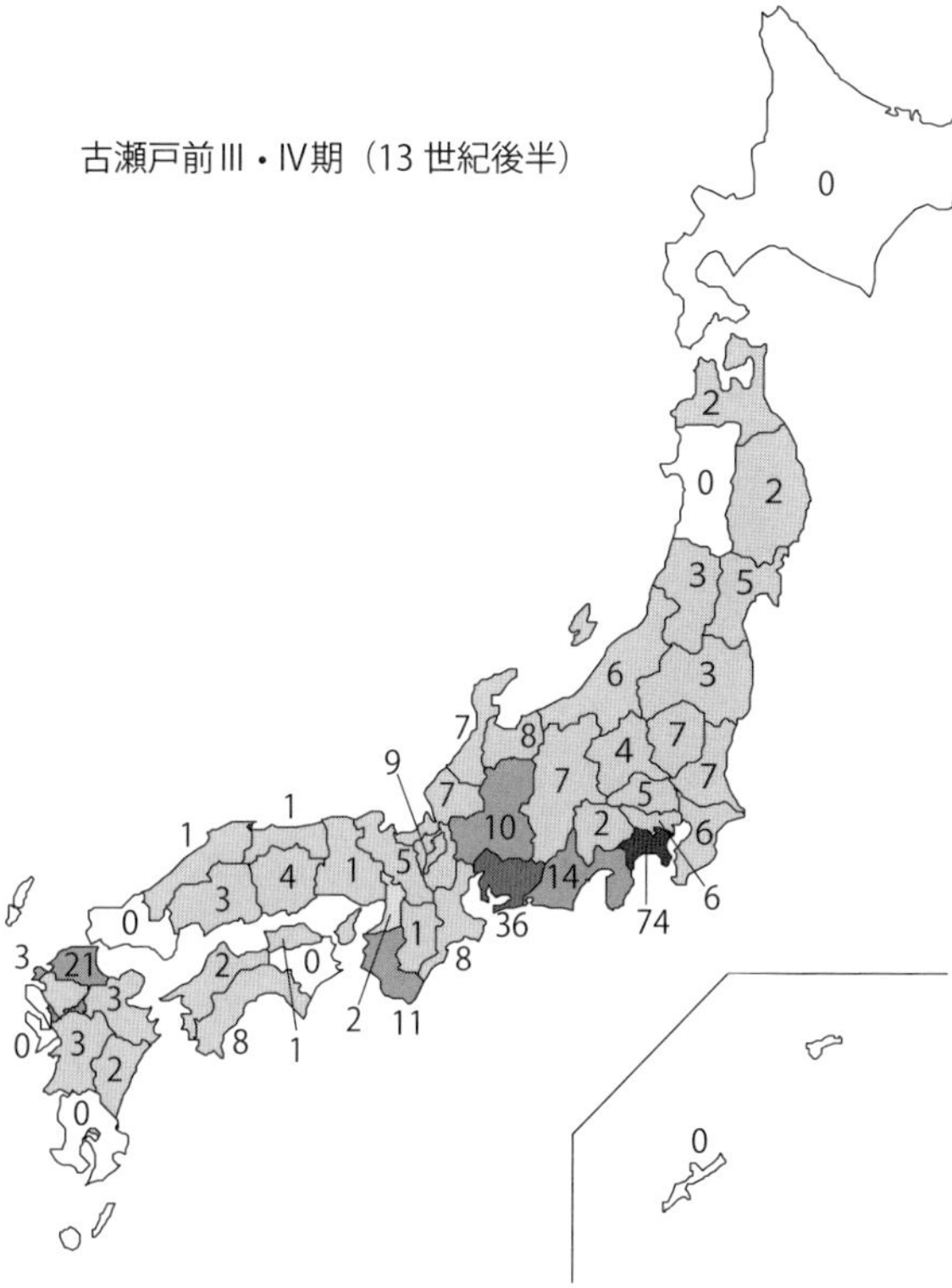

窯は、院政期に瓦陶兼業窯が操業され鳥羽離宮東殿などに製品を供給しており、そこで生産された三筋文系壺は高野山奥院などで使用された。鎌倉時代には鎌倉にも製品が供給されるようになった。一方、渥美窯では十二世紀から十三世紀初頭にかけて、碗皿類のほかに甕、広口壺、刻画文壺、経筒、三筋壺などが生産され、関東、東海、関西のほか岩手県までの東北太平洋側や福井県、瀬戸内地方や福岡県、宮崎県、鹿児島県までも製品は流通していた。常滑窯でも甕や三筋壺、玉縁口縁壺などの製品が、渥美窯の流通範囲に加え青森県、石川県、山陰地方と四国と九州の全県から出土している〔中野 二〇一三〕。また、瀬戸窯では、十二世紀末から国内唯一の本格的な施釉陶器生産が開始され、生産された古瀬戸製品は十二世紀末から十四世紀初頭の前期でも青森県から宮崎県までの範囲で流通しており、常滑・渥美窯に比べ日本海側にも広く流通していたことが明らかになっている（図2参照）〔藤澤 二〇〇七〕。

東海の窯業地では、上記の広域流通品以外にも、山茶碗類を大量に生産していた。山茶碗類とは、碗・小碗・小皿・片口鉢などの器種からなる無釉陶器の総称であり、東海の消費地遺跡では出土比率の高い遺物であって、土器様相の主要な構成要素となっている。この山茶碗類こそが本稿のテーマになるので、少し詳しくみておきたい。

②山茶碗類

山茶碗類を生産した窯業地は、先に紹介した窯を含めて三〇程度あるが、消費地遺跡から出土する山茶碗類がどの窯業地の製品かを特定することは実際には極めて難しい。古くは製品の胎土から南部系(荒肌手)山茶碗と北部系(均質手)山茶碗に大別されていたが、現在は、山茶碗類は胎土と形状などから東濃型、美濃須衛型、尾張型、渥美・湖西型、東遠型の五つに大別されており(図3・4)〔藤澤 一九九四〕、流通の実態は消費地遺跡と生産窯の両面から検討されている。具体的な山茶碗の生産地としては、

東濃型：尾北窯(尾張)・東栄窯(三河)・東濃窯・恵那中津川窯・古城山(兼山)窯・才坂窯・上平窯・大久手窯(以上美濃)

美濃須衛型：美濃須衛窯(美濃)

尾張型：猿投窯・知多(常滑)窯(以上尾張)・藤岡窯(三河)

渥美・湖西型：渥美窯・幸田窯・饗庭窯(以上三河)・湖西窯・宮口窯・宇志窯(以上遠江)

東遠型：清ヶ谷窯・西脇(森町)窯・菊川窯・二ノ谷(小笠)窯・相良窯・金谷(横岡)窯・土器谷窯・丸山(湯日)窯(以上遠江)・旗指窯・助宗窯(以上駿河)

などがある。

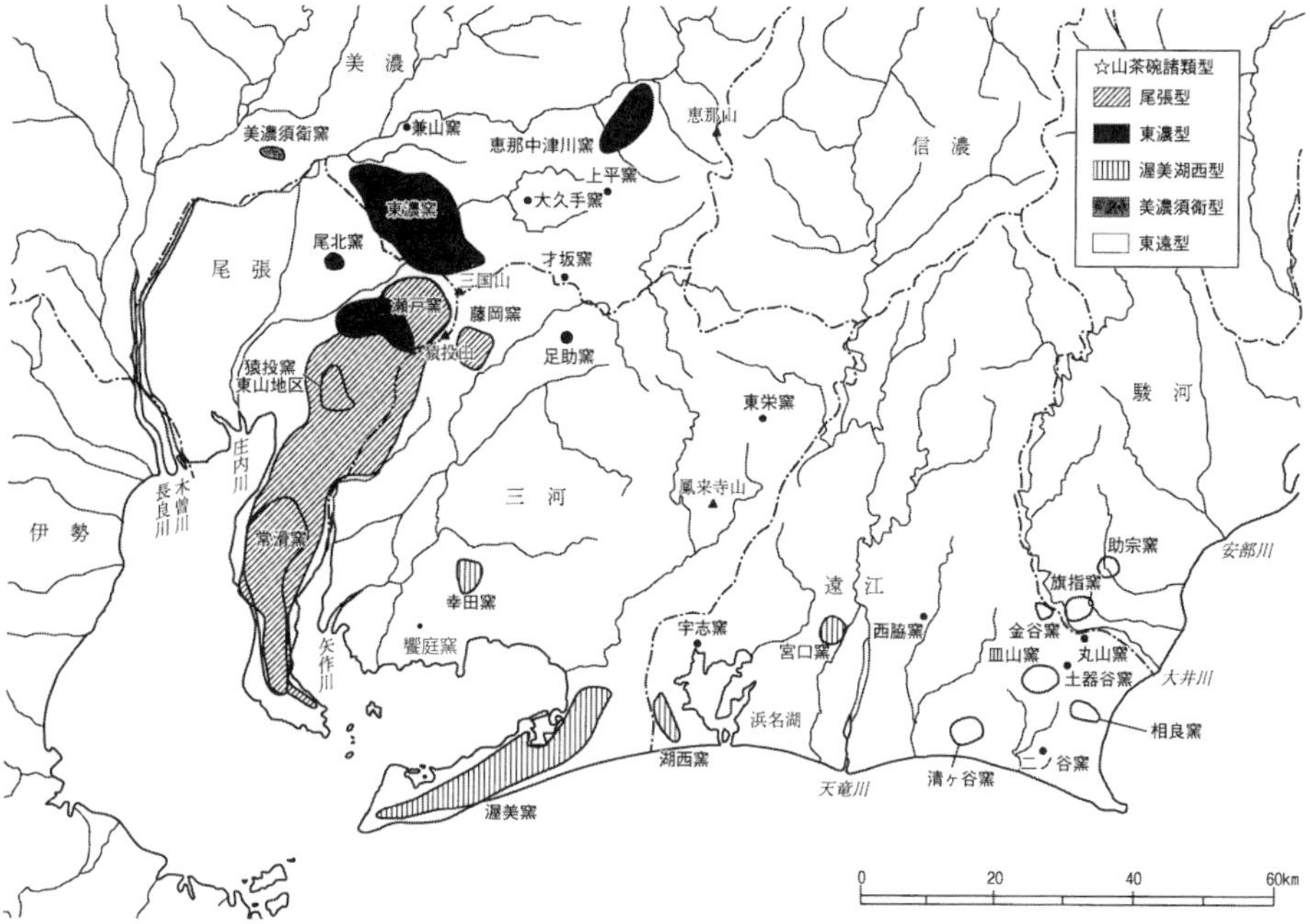

図3　東海の中世窯位置図（藤澤 2018 より一部改変）

各窯跡で同じ型の山茶碗類を生産するだけでなく、瀬戸窯（尾張）の場合は、東濃型と尾張型の両方を、足助窯（三河）では尾張型と渥美・湖西型の両方を焼成しているケースもある。山茶碗類の生産地のうち、一〇〇窯以上の規模を持つのは、

猿投窯：四四九窯跡以上
知多（常滑）窯：七五三窯跡以上
瀬戸窯：五三九窯跡以上
渥美窯：一七六窯跡以上
美濃窯：三三〇窯跡以上

があり、碗・小碗・小皿・片口鉢のほか、壺・甕や施釉陶器なども生産していた。本稿では、山茶碗類の主要産地である猿投窯・知多窯・瀬戸窯・渥美窯・美濃窯の産地別組成を具体的に取り上げて説明するが、産地同定が困難な資料が多く含まれる資料群を扱うため、同定者の識別能力がデータの信憑性を左右するのは否めない。三重県内の遺跡に関しては、尾張型と渥美・湖西型の区分を採用した前川嘉

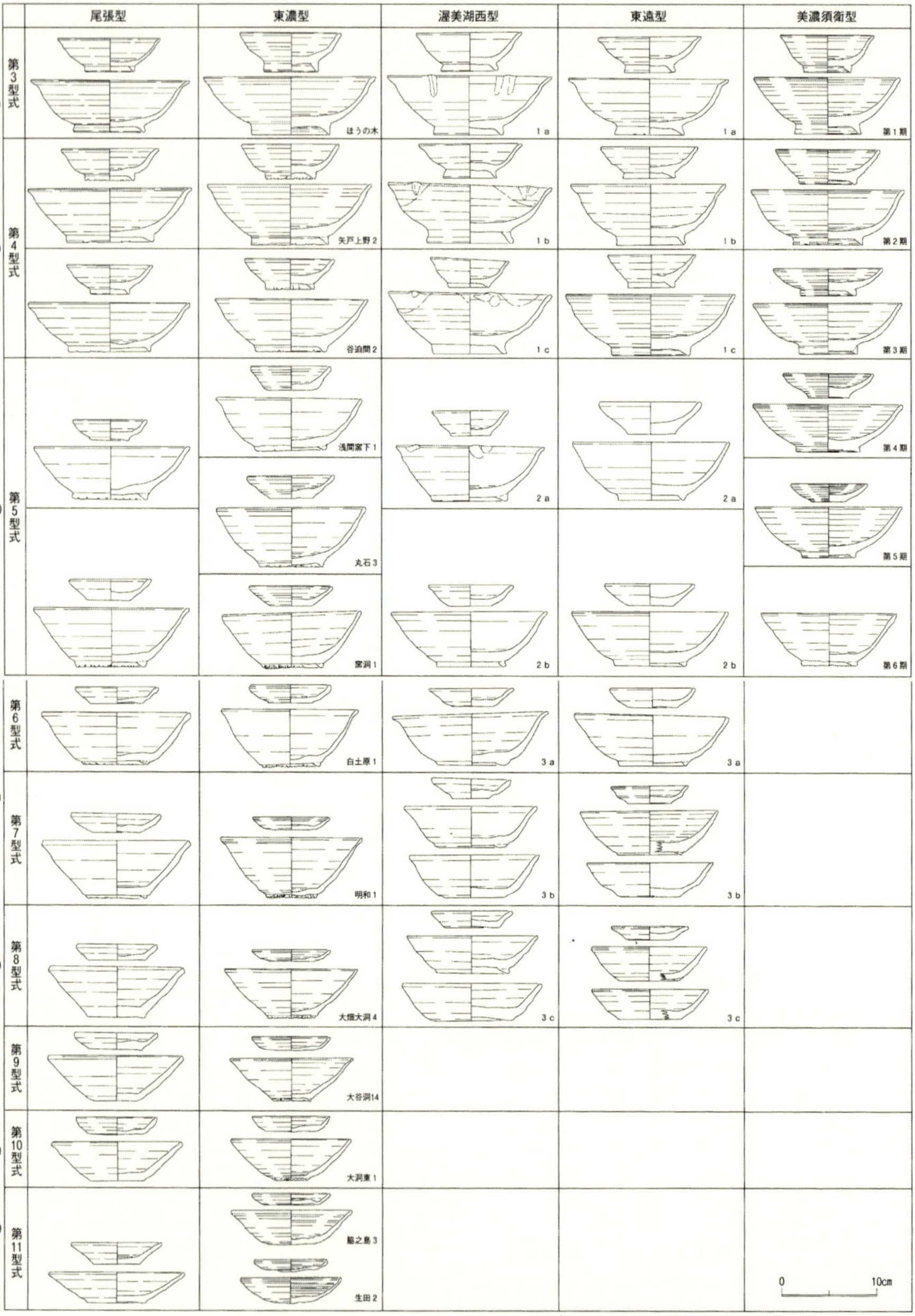

図4　各類型山茶碗編年表（山本 2022 より一部改変）

宏氏の論考〔前川 一九九四〕を、愛知県内の遺跡については猿投・知多窯、瀬戸窯、渥美窯と美濃窯の区分を用いた中野晴久氏の研究成果〔中野 二〇一三〕を中心に概要を説明したい。

③土師器

土師器の研究は、三重県で検出される土器焼成遺構などのわずかな事例を除けば、生産遺跡は不明であり、消費地遺跡で廃棄された資料から検討が進められてきた。この結果、一九八〇年代から狭い範囲の土器様相の把握がなされ、並行して特定器種に関わる研究も進められた。とくに鍋類は、広域流通の可能性が指摘され、かつダイナミックな器種変更が確認されており、研究も進んでいる。その成果を受けて東海地域の中世土器様式は、土師器組成から三期に区分して理解するのが通例となっている。

中世前期の画期は、京都系土師器皿と南伊勢系土師器鍋が登場した段階、中世中期の画期は、南伊勢系土師器鍋のほかに羽釜が多くみられる段階、中世後期の画期は一部の地域を除き内耳鍋と羽付鍋(戦国型羽釜)と釜(いわゆる茶釜)という三器種が登場する段階に整理されている。さらに焙烙が新たに出現する段階を近世土器様式の初期段階と位置付けることも可能である。

各時期の暦年代と編年観は以下の通り。

中世前期：十二世紀末葉〜十四世紀前葉＝藤澤編年：山茶碗第5〜8型式
中世中期：十四世紀前葉〜十五世紀中葉＝藤澤編年：山茶碗第9〜11型式
中世後期：十五世紀後葉〜十六世紀後葉＝藤澤編年：古瀬戸後Ⅳ期〜大窯第3段階

東海の多くの地域では、中世前期には山茶碗類が主体であり、中世後期には瀬戸・美濃窯産陶器が大量に出土する。

一方、中世中期は概ね山茶碗類が減少し、古瀬戸製品が少量みられるという中世前期から中世後期への過渡的な状況となる。結果的に出土遺物が減少するため、この時期の集落遺跡の実態が不明となる地域もある。

本稿では、中世前期以前の山茶碗第3・第4型式期にあたる十一世紀中葉〜十二世紀後半までを「中世成立期」と捉え、次節で詳しくみていきたい。

一方、土師器皿は先に示した七ブロックよりもさらに狭い範囲で様相が異なり(図1参照)、各地域で調査担当者の検討が進められた。遠江では後藤建一氏が浜名湖の東西で様相が異なることを指摘し［後藤 一九八七］、松井一明氏［松井 一九九三］や鈴木一有氏［鈴木 二〇〇九］が検討を進めた。美濃では内堀信雄氏［内堀 一九九二］と井川祥子氏［井川 二〇〇〇］が中世後期に中濃地域を中心とする城之内タイプを設定した。尾張でも武部真木氏が北部と南部の相違を［武部 二〇〇二］、筆者は中世後期に愛知・知多郡が北部と異なることを指摘した［鈴木 二〇〇六］。土師器皿は在地系と京都系の二者が存在するという理解が進む一方、同じ「京都系」という言葉の中でもその実態は地域により大きな差があることが判明している。ただし、本稿の対象とする時期より下る中世後期の研究が中心であるため、詳細は割愛したい。

2　中世成立期の様相─十一世紀中葉〜十二世紀後半─

中世土器様式は、壺・甕・鉢など中世的な陶器生産の製品が流通した段階をもって成立したとする古典的見方がある［楢崎 一九六七］。東海地域でもある程度有効であるが、供膳具や煮炊具でみると、概ね同時期に新たな外来系の器種が加わる様相が認められ、そこに中世成立の画期をみることも可能である。

古代を通じて供膳具は、須恵器または灰釉陶器が主体で、若干のロクロ成形土師器が共存する状況であった。と

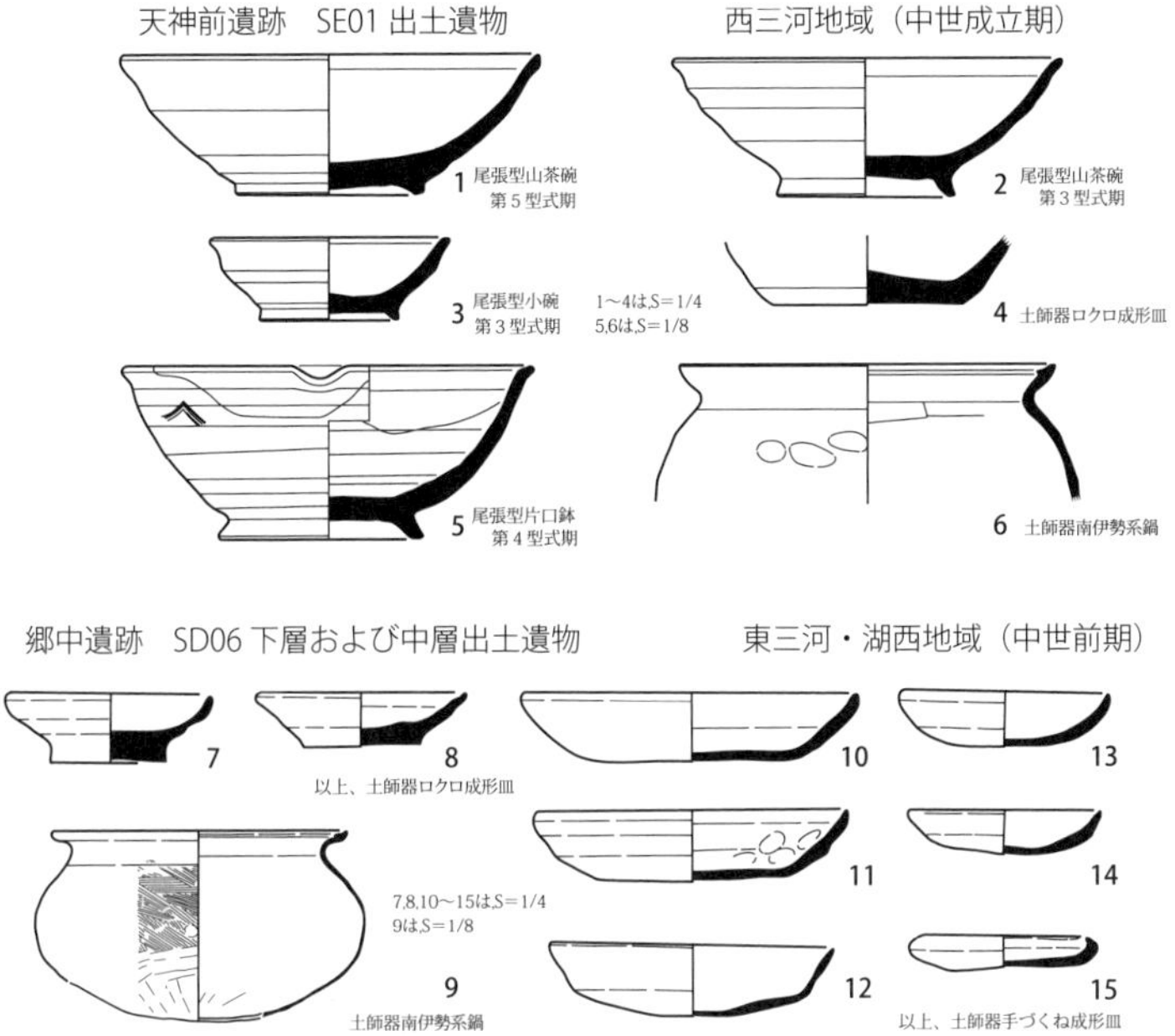

図5　山茶碗・土師器皿・南伊勢系鍋

ころが、灰釉陶器生産は十一世紀には窯体が小型化し生産量を減じ、十二世紀初頭に灰釉を省略した山茶碗生産に転換を遂げ、窯数も増加して生産が拡大した。同じく十二世紀には、土師器皿では京都の影響を受けた手づくね成形皿が登場し、土師器煮炊具は伊勢・志摩を除く地域では、古代後期の清郷型鍋(甕)から南伊勢系土師器の影響を受けた鍋に転換する。この様相は地域により若干の相違がある。

ここでは壺・甕・鉢、山茶碗、手づくね成形皿、南伊勢系鍋の諸要素がほぼ揃う段階を中世前期(十二世紀後葉〜:山茶碗第5型式期〜)と規定し、その前段階にあたる時期を中世成立期として、五つの地域区分を紹介しながら記述する。

①南伊勢・志摩　現在の三重県中南部で雲出川流域(一志郡など)を北側の緩衝地帯として伊勢国の南部(一志郡・飯高郡・飯野郡・多気郡・度会郡)と志摩国(答志郡・英虞郡)の地域を指す。山茶碗第3型式期に京都の影響を受けた手づくね成形皿が現れ、中世が

表1　伊勢　産地別主要遺跡の山茶碗類出土量

			第3・4型式期		第5型式期		第6型式期		第7型式期		第8型式期	
			尾張型	渥美・湖西型	尾張型	渥美・湖西型	尾張型	渥美・湖西型	尾張型	渥美・湖西型	尾張型（瀬戸窯）	渥美・湖西型
南伊勢	松阪市	王子遺跡	4	1	6	16	105	72	1	0		
南伊勢	松阪市	曲遺跡B	6	11	8	59	1	15				
南伊勢	松阪市	草山遺跡	19	12	8	42	3	28				
南伊勢	玉城町	蚊山遺跡左郡地区	0	2	4	29	75	52				
南伊勢	伊勢市	二見安養寺跡	3	18	22	92	24	46	2	0		
中伊勢	津市	大石遺跡	12	3	33	11	43	8	4	0	2	0
中伊勢	津市	宮ノ前遺跡	24	7	32	14	123	20	34	0	6	0
中伊勢	津市	戸木遺跡	5	30	44	132	52	47	10	0		
北伊勢	桑名市	山王遺跡	18	1	66	1	104	2	9	0	10	0
北伊勢	いなべ市	丹生川上城跡	10	0	39	0	38	0	15	0	21	0
北伊勢	四日市市	小判田遺跡	26	0	20	1	113	6	13	0	3	0
北伊勢	鈴鹿市	大木ノ輪遺跡	18	1	32	6	66	3	8	0	3	0
北伊勢	亀山市	大薮遺跡	62	6	45	2	46	4	14	0	14	0

成立したとする考え方が優勢である。中世成立期に相当する中世Ⅰ期［伊藤二〇〇八b］では、土師器は手づくね成形皿とロクロ成形皿が共存し、南伊勢系鍋成立前の鍋で構成されるという。手づくね成形皿は口径15センチ前後の大型のものと口径10センチ前後の小型の二者が多く、特大型のものもみられる。もともと南伊勢にはないタイプの土師器皿であり、京都産土師器の影響を強く受けたものと考えられる。一方、ロクロ成形皿は古代以来から継続して生産された製品で、皿・小皿・台付小皿などがある。

山茶碗類については、産地別の出土量を主要遺跡ごとに検討してみる（表1）。例示した遺跡のうち、蚊山遺跡左郡地区は度会郡玉城町の岩出遺跡群の一部である。岩出遺跡群は、伊勢神宮祭主大中臣氏の居館とこれに付属する集落遺跡と推定され、十一世紀初頭から十六世紀前半まで営まれており、絵画墨書を持つ山茶碗など特殊な遺物が出土している。表1・グラフ1をみると、南伊勢の第3・4型式期に属する山茶碗類は尾張型と渥美・湖西型が同等か、やや渥美・湖西型が多い傾向が確認される。

②中北伊勢　現在の三重県北部で雲出川流域を南側の緩衝地帯として伊勢国中北部の地域を指し、具体的には員弁郡・桑名郡・朝明郡・三重郡・鈴鹿郡・河曲郡・奄芸郡・安濃郡・一志郡の一部からなる。中世成

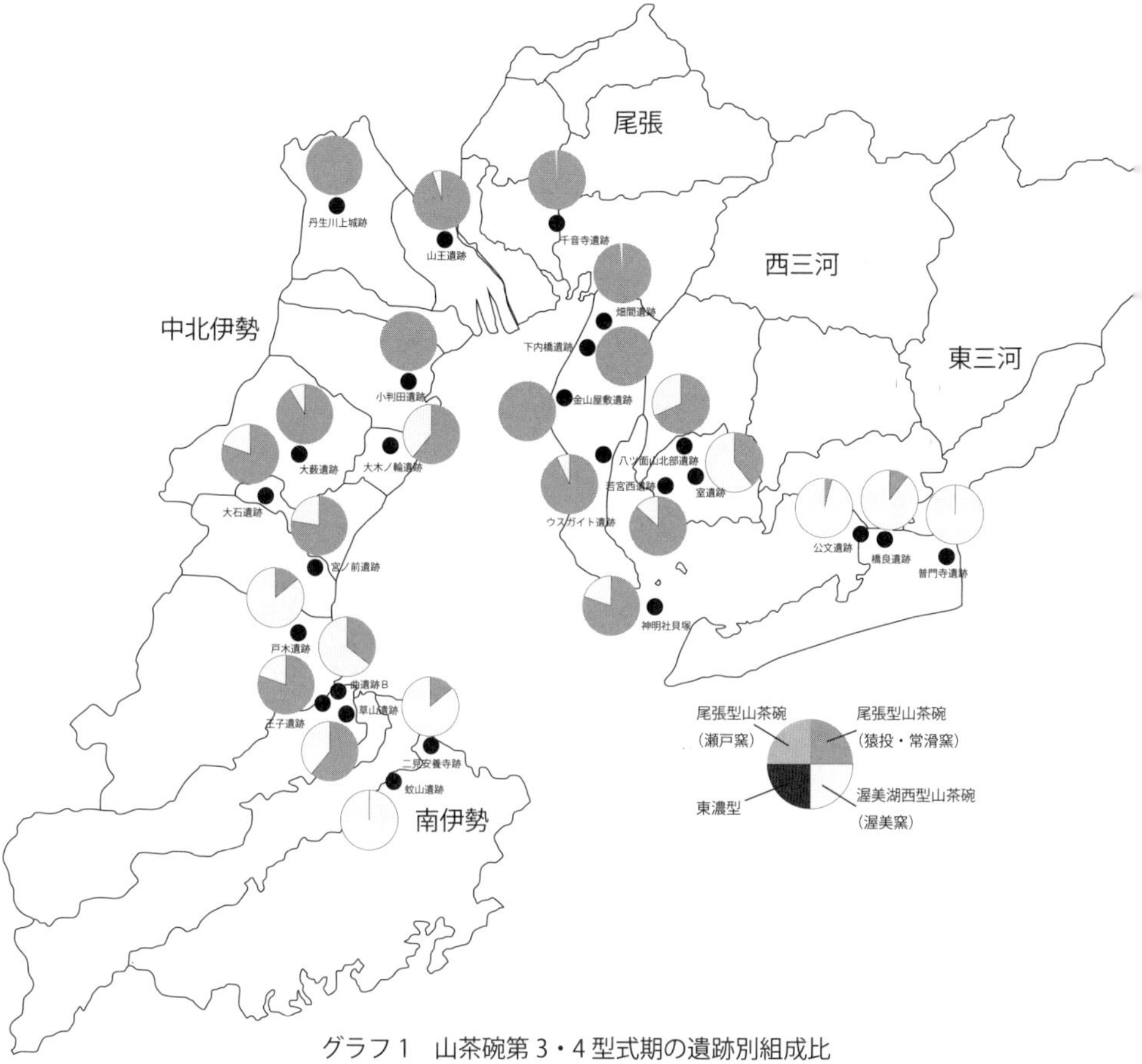

グラフ1　山茶碗第3・4型式期の遺跡別組成比

立期の様相は南伊勢・志摩と同様で、中世I期はロクロ成形皿と南伊勢系鍋成立前の鍋が主体である。手づくね成形皿は客体的に存在し、その比率などが小地域で異なるという。

特に、津市雲出島貫遺跡での供膳具は京都系土師器皿が多いという特徴を持っている。六条院を本家とする木造荘の領家である伊勢平氏の屋敷と推定され、幅約8㍍の人工流路の内側に幅約2㍍の堀で囲まれた屋敷などが検出されている。供膳具の詳細な内訳は、古代以来から継続するロクロ成形皿：約0.7%、ロクロ成形小皿：約7.0%、手づくね成形皿：約15.6%、手づくね成形小皿：約

68．0％、山茶碗：約5．5％、山茶碗の小碗または小皿：約3．2％を占めている。黒色土器または瓦器碗や貿易陶磁器も若干量含まれている。手づくね成形皿は口縁部に二段ナデ調整が施される京都系と考えられるものと、狭い一段のナデ調整が施される南伊勢系と思われるものがあり、後者ではナデ調整が失われているものも含まれている。

　中北伊勢の山茶碗類に着目すると、尾張型と渥美・湖西型の比率が北伊勢と中伊勢ではやや異なっている。山茶碗第3・4型式期の山茶碗類の出土量を検討すると（表1・グラフ1）、北伊勢では山茶碗類は尾張型が多数を占めていて、渥美・湖西型の割合は少ない。一方、中伊勢では山茶碗類は渥美・湖西型の割合がやや多くなる傾向があり、平安時代から中世にかけて存在した日置荘に属する集落とみられる戸木遺跡では渥美・湖西型の割合が高い。

第7型式期				第8型式期			
猿投・常滑窯	渥美窯	瀬戸窯	東濃窯	猿投・常滑窯	渥美窯	瀬戸窯	東濃窯
19	0	9	1	0	0	10	1
129	0	64	0	0	0	58	3
60	0	19	1	0	0	19	0
60	0	51	0	0	0	26	0
270	0	4	0	0	0	19	1
16	0	4	0	0	0	1	0
14	0	9	0	0	0	20	0
20	1	23	0	0	0	29	0
2	0	9	0	0	0	3	0
1	5	0	0				
10	32	1	3	0	5	3	0
3	31	0	0	0	7	0	0

③尾　張　現在の愛知県西部に当たり、土器様相を詳細にみれば、特に中世後期において北部（葉栗郡・丹羽郡・中島郡・春日井郡）、西部（海東郡・海西郡）と南部（愛知郡・知多郡）などの小地域に区分される。中世的な様相を示す土師器については、山茶碗第4型式期に南伊勢系鍋が共伴するようになり、山茶碗第5型式期に手づくね成形皿が加わる。中世成立期での供膳具は、山茶碗とその小碗が主体で、中世前期で幅約4ﾒｰﾄﾙの堀をもつ区画が出現する朝日西遺跡（現在の清洲城下町遺跡朝日西地区）など一部の特殊な遺跡では、十一世紀から十二世紀前半にかけてロクロ成形土師器皿や足高高台皿などが出土しており、わずかに貿易陶磁器が認められる組成となっている。

　山茶碗類は北部では尾張型と東濃型が数量的に拮抗しており、あま市阿

表2　尾張・三河　産地別主要遺跡の山茶碗類出土量

			第3・4型式期		第5型式期		第6型式期			
			猿投・常滑窯	渥美窯	猿投・常滑窯	渥美窯	猿投・常滑窯	渥美窯	瀬戸窯	東濃窯
尾張	名古屋市	千音寺遺跡	105	1	75	0	59	1	2	1
尾張	東海市	畑間遺跡	79	1	51	0	85	0	11	0
尾張	知多市	下内橋遺跡	32	0	34	0	80	0	4	0
尾張	常滑市	金山屋敷遺跡	66	0	34	0	60	0	8	0
尾張	武豊町	ウスガイト遺跡	187	15	389	7	865	5	0	1
三河	南知多町	神明社貝塚	12	3	9	4	7	6	0	0
西三河	西尾市	室遺跡	43	67	18	32	15	0	0	0
西三河	西尾市	八ツ面山北部遺跡	50	23	42	33	25	6	3	0
西三河	西尾市	若宮西遺跡	19	3	1	2	1	0	0	0
東三河	豊橋市	公文遺跡	5	111	2	26	0	10	0	0
東三河	豊橋市	橋良遺跡	3	25	2	27	14	95	0	0
東三河	豊橋市	普門寺遺跡	0	131	2	85	3	97	0	0

弥陀寺遺跡では第4型式期の山茶碗は尾張型と東濃型がそれぞれ50％を占めていた。一方、南部では多くの遺跡で供膳具は地元の猿投窯か常滑窯産の尾張型山茶碗類のみで占められている(表2・グラフ1参照)。ただし、十一世紀に成立した摂関家や執権北条氏との繋がりがある「枳豆志荘」に伴う集落とみられるウスガイト遺跡のように一部の遺跡では、わずかに渥美・湖西型山茶碗類が出土している。

④西三河　現在の愛知県中部にある矢作川流域を指し、加茂郡・額田郡・碧海郡・幡豆郡からなる。土師器の外来系の導入時期は尾張とほぼ同様で、山茶碗第4型式期に南伊勢系鍋が出土するようになり、山茶碗第5型式期に手づくね成形皿が加わる。ただし、土師器供膳具は手づくね成形皿が加わるものの、中世を通じてロクロ成形皿が主体である点は、尾張と異なっている。土師器皿はロクロ成形のもので口径15チセン前後の大型皿と口径8チセン前後の小型皿の二者があり、これに足高高台皿が加わる。しかし、西三河の大多数の供膳具は、山茶碗類である(図5上)。

山茶碗第3・4型式期の山茶碗類は、猿投・常滑窯(尾張型)と渥美窯(渥美・湖西型)が同等か、やや猿投・常滑窯が多い傾向が認められる。ただし、たとえば同じ西尾市内でも室遺跡では渥美窯が多く、若宮西遺跡では猿投・常滑窯が多いという相違があり、様相は単純とはいえない(表2・

グラフ1参照)。さらに、西三河に所在する幸田窯や饗庭窯などの山茶碗類を生産する窯業生産地の存在は無視し難いものがあり、これらの分別ができるようになれば、上記の数値は変更される可能性が高い。室遺跡は蘇美御厨(幸田町所在)がある谷の開口部で矢作川に接する部分に位置しており、河川を介した流通の拠点と推定されているが、幸田窯や饗庭窯との関係や渥美半島との交易の窓口など考慮すべき点が多く残っている遺跡である。

⑤東三河・湖西　現在の愛知県東部にある豊川流域から静岡県西端部の浜名湖西岸までのエリアで、三河の宝飯郡・渥美郡・設楽郡・八名郡、遠江の浜名郡・引佐郡・敷知郡北西部からなる。土師器の外来系の導入時期は尾張とほぼ同様で、山茶碗第4型式期に南伊勢系鍋が併存し、山茶碗第5型式期に手づくね成形皿が加わる。中世成立期としての供膳具は、山茶碗とその小碗が主体で、豊橋市牟呂地区に所在する市道遺跡や公文遺跡などの一部の特殊な遺跡で、ロクロ成形土師器皿や足高高台皿などがあり、わずかに貿易陶磁器が認められる。ロクロ成形土師器皿は大小二法量が確認される。公文遺跡では、十二世紀後葉に幅約4㍍の堀をもつ一辺約60㍍の方形区画(中世居館)が発見されており、これを室平四郎重広の本拠と当てる説もある。

東三河の山茶碗第3・4型式期の山茶碗類は、猿投・常滑窯(尾張型)よりも渥美窯(渥美・湖西型)が圧倒的に多い傾向が確認される(表2・グラフ1参照)。神亀四年(七二七)に行基が開基したと伝承される普門寺は、大治二年(一一二七)書写の大般若経を持つ山岳寺院であるが、この時期の山茶碗類はすべて渥美窯(渥美・湖西型)のものであった。

3　中世前期の様相―十二世紀後半～十三世紀代―

①南伊勢・志摩　山茶碗第5型式期から第6型式期までの供膳具は、渥美・湖西型と尾張型の山茶碗類、および手

づくね成形土師器皿（A・B形態）で構成されている。山茶碗類は渥美・湖西型の割合が高い遺跡は多いものの、渥美窯の生産が縮小する第7型式期以降、山茶碗類は消えてしまう。土師器は、中世成立期ではロクロ成形皿が共存していたが、この段階で手づくね成形皿が主体となる。

山茶碗第5～8型式期の山茶碗類については、時期ごとに詳しく検討する（表1、グラフ2～5参照）。第5型式期では渥美・湖西型の割合が高いものの、第6型式期で尾張型の方が多い遺跡（王子遺跡や蚊山遺跡左郡地区）が認められるようになり、第7型式期では尾張型のみとなっている。そもそも第7型式期に尾張型山茶碗類そのものが減少しており、第8型式期では山茶碗類がまったく確認できない状況となっている。

②中北伊勢　第5型式期から第6型式期までの供膳具は、知多窯・猿投窯の尾張型、渥美・湖西型の山茶碗類、中北勢在来の手づくね成形土師器皿が共存する。ロクロ成形土師器皿はなくなり、北部では尾張型山茶碗類が優勢となって、南部では南伊勢系土師器皿が多くみられる。第8型式期以降は山茶碗類が少なくなる。

山茶碗類については時期ごとに詳しく検討する（表1参照）。まず、北伊勢での山茶碗類は、おおむね尾張型が90％以上の多数を占めている。亀山市大薮遺跡は高位段丘上に立地する一般的な中世集落遺跡であるが、第6型式期までは渥美・湖西型が少量認められるが、第7型式期では尾張型のみとなり、第8型式期では尾張型山茶碗類はすべて瀬戸窯の製品で占められている。

一方、中伊勢では尾張型と渥美・湖西型が同等かやや尾張型が多い傾向が確認される。先に紹介した戸木遺跡のみは第5型式期では渥美・湖西型が多数を占めているが、第7型式期以降では渥美・湖西型は認められない。大溝を巡らせた二つの居館とその周辺の屋敷で構成される津市大石遺跡は、近江関と安濃津を結ぶ伊勢別街道に近在するが、尾張型が渥美・湖西型の3倍から4倍程度となっている。

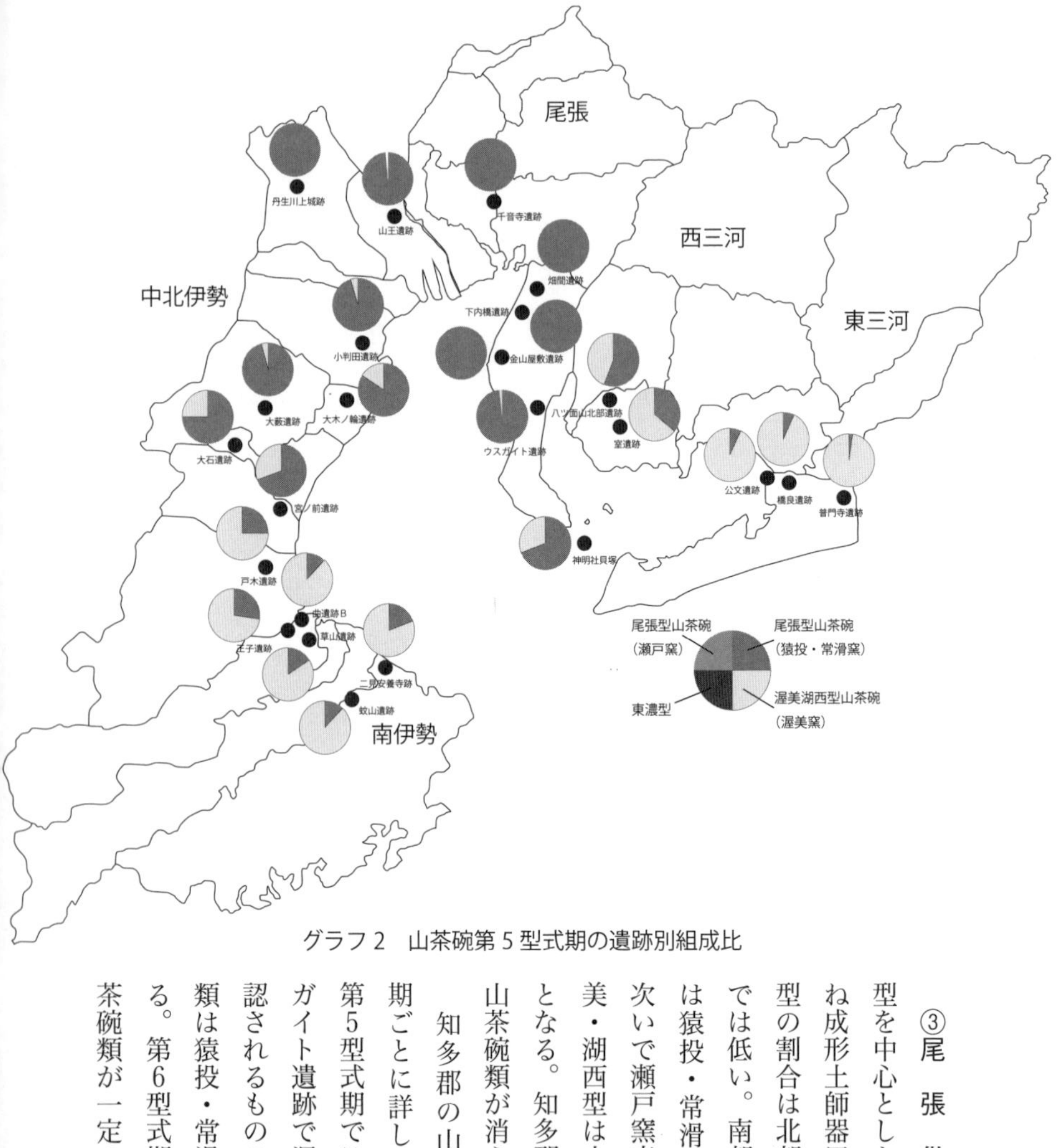

グラフ2　山茶碗第5型式期の遺跡別組成比

③尾　張　供膳具は尾張型と東濃型を中心とした山茶碗類と、手づくね成形土師器皿が主体である。東濃型の割合は北部と東部で高く、西部では低い。南部の知多郡の山茶碗類は猿投・常滑窯の尾張型が主体で、次いで瀬戸窯産の尾張型があり、渥美・湖西型は少量、東濃型は極少量となる。知多郡では第9型式期以降、山茶碗類が消える。

知多郡の山茶碗類については時期ごとに詳しく検討する（表2参照）。第5型式期では、先に紹介したウスガイト遺跡で渥美・湖西型が少量確認されるものの、全体として山茶碗類は猿投・常滑窯産で占められている。第6型式期になると瀬戸窯産山茶碗類が一定の割合で出土するよう

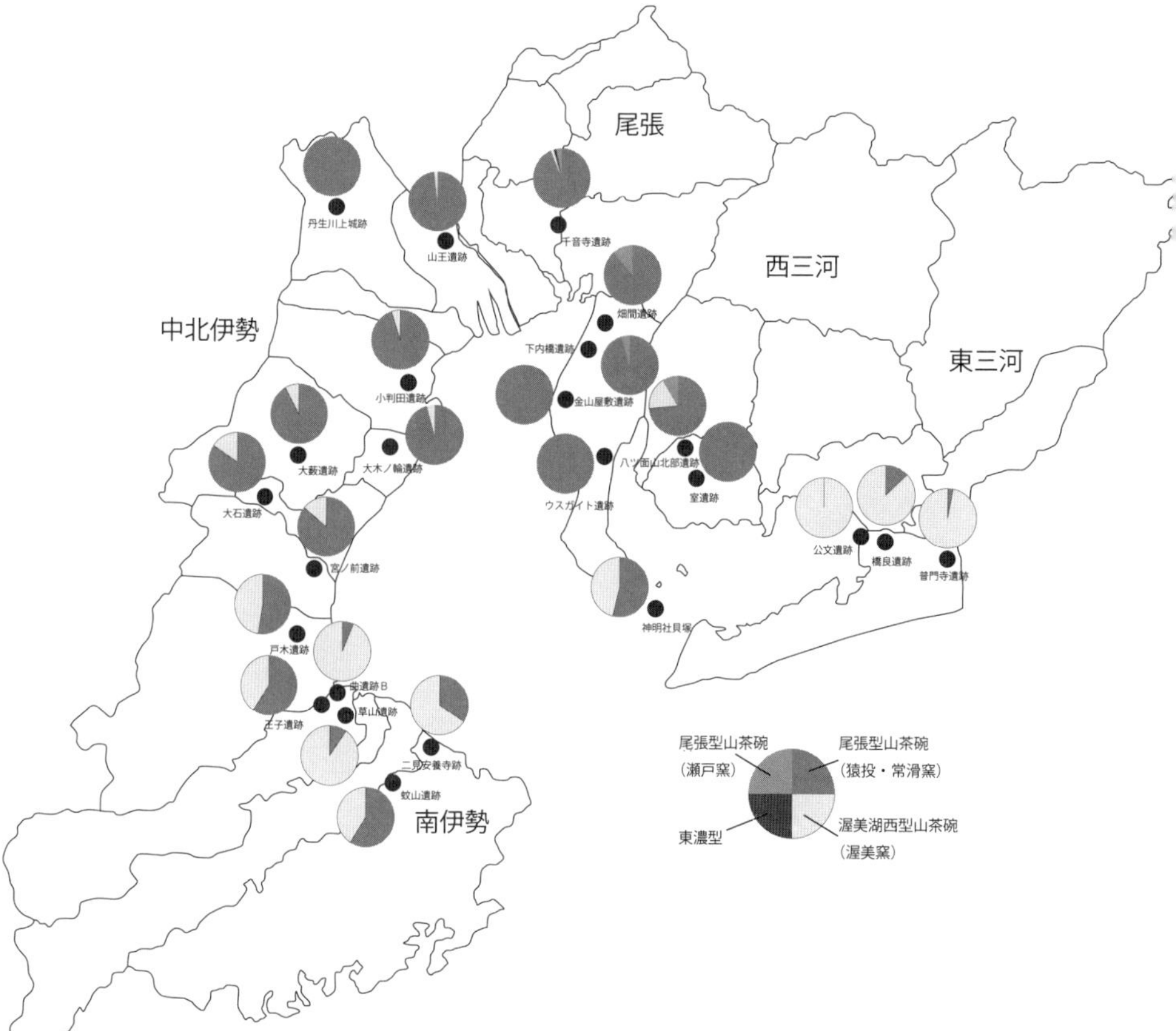

グラフ3　山茶碗第6型式期の遺跡別組成比

になり、東濃型も散見される。第7型式期では、「熱田社領注進目録」にみえる「大郷郷」の一部に比定される畑間遺跡などで瀬戸窯産山茶碗類の出土量が増加し、第8型式期では山茶碗類は瀬戸窯産が大半を占める状況となっている。

④西三河　供膳具は尾張型を中心とした山茶碗類とロクロ成形土師器皿が主体となり、第6型式期まで渥美・湖西型山茶碗類が加わり、中世前期を通じて手づくね成形土師器皿が少量存在する。ロクロ成形土師器皿は体部から口縁部にかけて直線的に開く形状で、猿投窯（山茶碗窯）などで出土するものに近似しているものもある。手づくね成形皿も一定量あるが、京都産の土師器皿の形状と

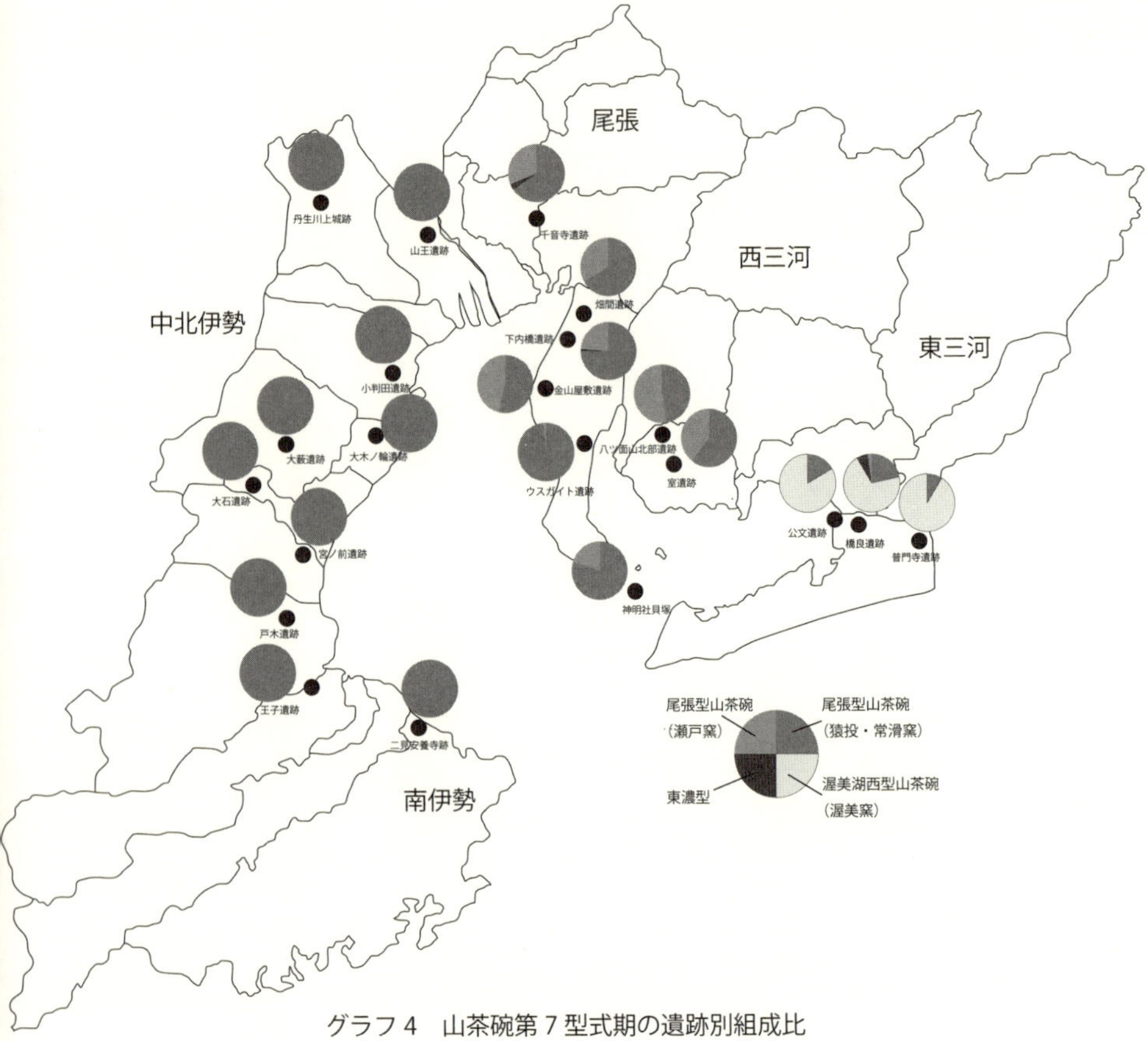

グラフ4　山茶碗第7型式期の遺跡別組成比

は異なる部分があって、在地化が進んでいる。山茶碗類の組成比を表2に示した。西三河での山茶碗類は、第5型式期までは、渥美・湖西型の割合が高いが、第6型式期になると渥美・湖西型の割合が減少する。一方、第7型式期では瀬戸窯産山茶碗類の出土量が増加し、第8型式期では山茶碗類は瀬戸窯産が大半を占める状況は、知多郡と同様である。

⑤東三河・湖西　供膳具は渥美・湖西型を中心とした山茶碗類、手づくね成形皿とロクロ成形皿が共存する。手づくね成形皿は体部を横ナデ調整し、底部が丸みを帯びるものと底部が平坦なものがあり、それぞれ大小二法量が確認される。口縁部が内側に折れるコースター状皿も含め、

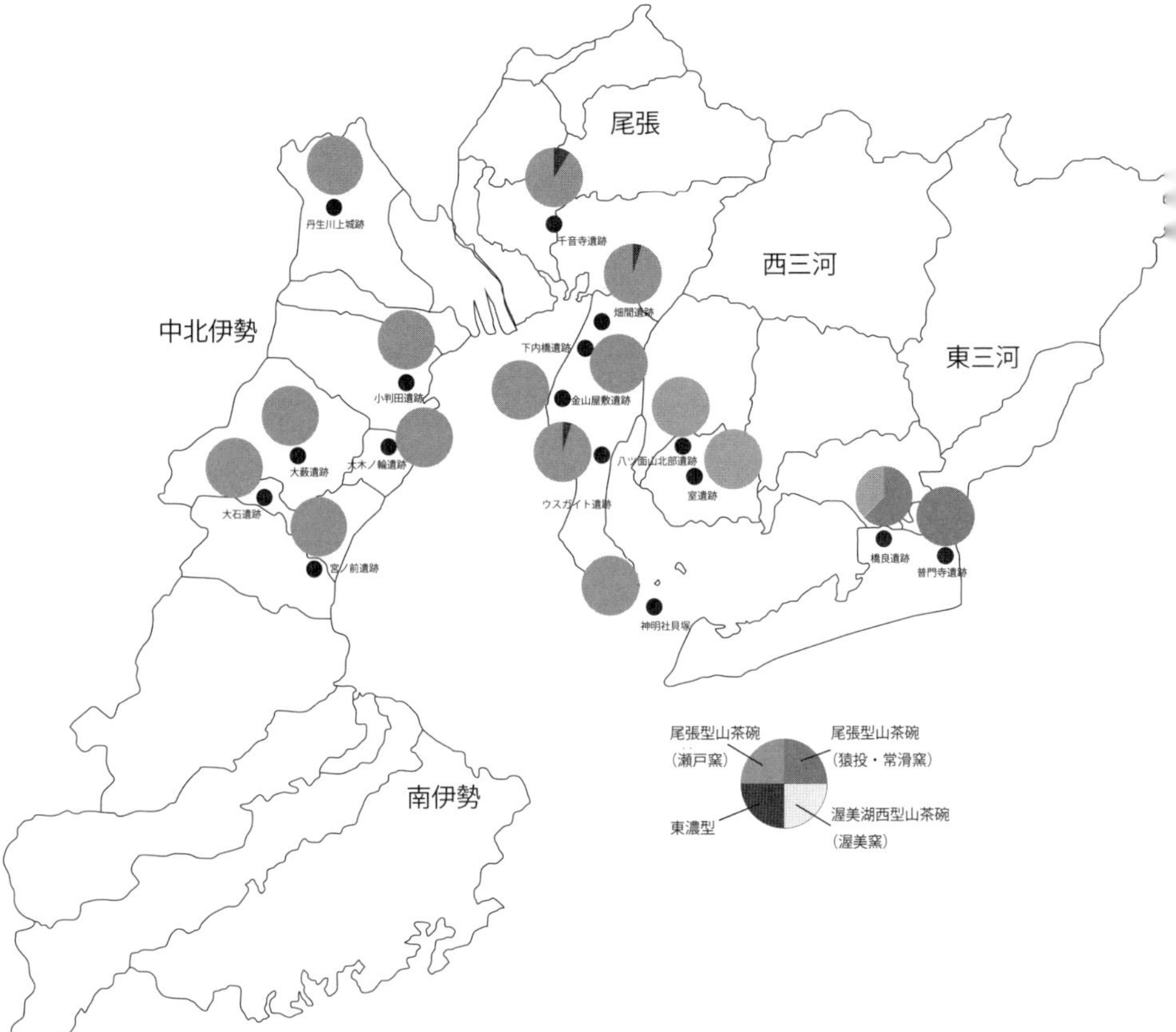

グラフ5　山茶碗第8型式期の遺跡別組成比

京都産土師器皿の影響を受けたものと思われる。このほか、器壁が薄く口縁部が内彎するものがあり、南伊勢系と評価する見解もある。ロクロ成形土師器皿も大小二法量が確認される。

　山茶碗類については、渥美・湖西型を中心に猿投・常滑窯の尾張型が少量伴い、わずかに瀬戸窯や東濃型が含まれている(表2参照)。第8型式期までは渥美窯産山茶碗類が確認される点は、他の地域にはない特徴といえる。

まとめ

　渥美窯や常滑窯の甕や壺および瀬戸窯の古瀬戸製品は東北から九州ま

での広い範囲に流通した陶器であり、遠隔地でも少ないながら一定の割合で出土が認められる。一方、山茶碗類は長野県・滋賀県・和歌山県の一部地域では一定量が出土するものの、これらの地域は東海の外縁部に位置づけられる区域である、また、京都でも多く出土するが、当時の都であることや前時代の灰釉陶器の流通のあり方を考慮すれば、ある程度の製品の移動があっても不思議ではない。また、九州地方などでもごくわずかに出土することはあるが、流通と呼べる状況ではなく、渥美窯や常滑窯、瀬戸窯のあり方とは大きく異なっている。

山茶碗類は地元で使用するために生産され流通した陶器であって、生産地と消費地の詳細な関係からも窺い知れる。尾張と東三河ではそれぞれ地元の猿投・常滑窯(・瀬戸窯)と渥美窯が優勢であり、伊勢では北伊勢は地理的に近い猿投・常滑窯(・瀬戸窯)が主体となっている。

東海の中世土器の様相は、地元に大窯業地を控えており、その製品が多量に流通することにより成立している。このため、伊勢・尾張・三河の供膳具は、この窯業地で生産される山茶碗類が多く確認できる。各窯業地の盛衰が見かけ上、そのまま供膳具の消長を示すこととなり、十四世紀以降に生産量を減じる猿投窯・常滑窯・渥美窯などが供膳具の主体となっている地域では、十四世紀~十五世紀中頃までの供膳具の様相を明らかにし難い状況となっている。

幸いにして本稿が取り扱う鎌倉時代前後の供膳具については、産地同定の難しい問題を含みながらも、概ね消費地の近隣の窯跡から山茶碗類がもたらされている状況が確認できた。山茶碗の流通のあり方について特筆すべき点は、伊勢南部では渥美窯の製品が占める割合が高く、渥美半島から直接海を渡って招来した経路が考えられる点であろう。渥美半島と伊勢の間に浮かぶ篠島(南知多町神明社貝塚)の組成比は表2に示したとおりである。第3・4型式期から第6型式期までは、山茶碗類は猿投・常滑窯と渥美窯が拮抗しているといえよう。

さらに尾張では、特に北部で東山道に属する美濃国の東濃型の割合が高い傾向にあり、必ずしも東海道を中心とした流通網の中で山茶碗が流通したとは言い難い。もともと地域に存在する土器様式＝土器文化圏に強く規制された流通のあり方を示している。

土師器の供膳具については、伝統的なロクロ成形皿とは別に十二世紀末葉頃に新たに手づくね成形皿が各地域で導入されている。この手づくね成形皿の導入は、製品の形状などからみて京都産土師器の影響を受けたものと考えられる。ただし、その導入のあり方はブロックごと(図1)によって異なっており、その落差は案外激しい。しかしながら、土師器供膳具の出土のあり方については、雲出島貫遺跡のように武家の拠点となる遺跡などで集中的に出土する傾向がある点は共通しており、形の模倣だけでなく使用方法における共通性も考慮すべきと考えられる。

このように考えていくと、山茶碗も出土状況に偏りのある遺物といわざるを得ない。山茶碗類は武家の拠点か否かにかかわらず、近隣の窯跡で山茶碗が生産された時期のほぼすべての中世集落遺跡で認められる供膳具である。しかし猿投窯・常滑窯・渥美窯などは十四世紀以降に生産量を減じるため、その主要流通地域である伊勢と三河では供膳具の様相が全く不明となる。つまり、山茶碗類は流通が途絶えてしまっても、その補完となる焼物供膳具が登場しなくても済んでしまう器物と考えることができるのである。このあたりに山茶碗の性格を知る手掛かりがあるように感じられる。

参考文献

赤塚幹也　一九六九『瀬戸市史　陶磁史篇一』瀬戸市

赤羽一郎　一九九四『常滑焼―中世窯の様相―』考古学ライブラリー23　ニュー・サイエンス社

井川祥子　二〇〇〇「岐阜市域の15世紀から17世紀の土師器皿」『城之内遺跡―長良公園整備事業に伴う緊急発掘調査』岐阜市教育委員会

伊藤裕偉　二〇〇八ａ「中北勢地域の中世土器」『三重県史資料編考古２』三重県

伊藤裕偉　二〇〇八ｂ「南伊勢・志摩地域の中世土器」『三重県史資料編考古２』三重県

井上喜久男　一九九二『尾張陶磁』ニュー・サイエンス社
内堀信雄　一九九一「分布調査の成果から」『特別展信長・秀吉の城と都市』岐阜市歴史博物館
小野田勝一・赤羽一郎　一九七七『日本陶磁全集8常滑・渥美』中央公論社
後藤建一　一九八七「遺物の年代とその様相」『長谷元屋敷遺跡』湖西市教育委員会
鈴木一有　二〇〇九「北神宮寺遺跡における中近世の遺構について」『北神宮寺遺跡』浜松市教育委員会
鈴木正貴　二〇〇五「東海における中世土器・陶磁器の編年」『全国シンポジウム　中世窯業の諸相―生産技術の展開と編年　発表要旨集』
鈴木正貴　二〇〇六「尾張の戦国期土師器皿の編年と研究の現状」『守護所と戦国城下町』高志書院
田口昭二　一九九三『美濃焼』考古学ライブラリー17　ニュー・サイエンス社
武部真木　二〇〇一「中世土師器の様相―12～16世紀の尾張平野」『考古学フォーラム13』愛知考古学談話会
中野晴久　二〇一三『中世常滑窯の研究』愛知学院大学大学院文学研究科歴史学専攻博士(文学)論文
楢崎彰一　一九六七「古代・中世窯業の技術の発展と展開」『日本の考古学Ⅵ』河出書房新社
楢崎彰一　一九七六『日本陶磁全集9瀬戸・美濃』中央公論社
藤澤良祐　一九九四「山茶碗研究の現状と課題」『研究紀要』第3号　三重県埋蔵文化財センター
藤澤良祐　二〇〇七「総論」『愛知県史　別編窯業2　中世・近世　瀬戸系』愛知県
藤澤良祐　二〇一八「東海地方における中世窯の消長―中世前半代の様相を中心に―」『東海窯業史研究論集』Ⅰ　東海窯業史研究会
前川嘉宏　一九九四「三重県における山茶椀の出土状況」『研究紀要第3号』三重県埋蔵文化財センター
松井一明　一九九三「久野城出土の陶磁器・土師質土器が提示する諸問題」『久野城Ⅳ』袋井市教育委員会
安井俊則　二〇一二「第1章総論　第2節渥美窯」『愛知県史　別編窯業3　中世・近世　常滑系』愛知県
山本智子　二〇二二「第2節　土器陶磁器各論　第3章　山茶碗」『新版 概説 中世の土器・陶磁器』日本中世土器研究会

供膳具が語る東と西——伊豆・駿河・遠江——

池谷 初恵

はじめに

十一世紀から十二世紀にかけて、古代から続く土師器・須恵器を主体とする供膳具が大きく変容し、かわらけ[1](土師器皿)や中世陶磁器等に置き換わる現象が起きている。供膳具の変容は全国的に見られるが、画期となる時期や置き換わりの種別は地域によりさまざまであり、地域差が認められる。

本稿の対象地域である静岡県は伊豆・駿河・遠江の旧三ヵ国からなり、東西の長さは一五〇キロ余に及ぶ。また、十二世紀末に成立する鎌倉幕府と、古代からの政権都市である京とは三ヵ国を貫く東海道で結ばれているため、東西両方の影響を受け、それぞれに異なる供膳具の様相を示している。本稿では、静岡県の供膳具の主体となるかわらけと山茶碗を通じて、中世前半の供膳具の様相を検討する。

1　かわらけの出現期と技術の系譜

東国においては多くの地域で古代土師器が十一世紀代に消失し、約一〇〇年間の土器空白期となる。一部の寺社や国府関連遺跡ではこの間の土器が見られるものの、量は少なく小皿形態が主体で、次時代への変遷を追える状況にはない。また、中世のかわらけ出現期には、古代からの伝統的な土器生産の技法であるロクロ成形技法によるかわらけ（以下、ロクロかわらけと略記）に、一部の地域で京都および畿内地域の影響を受けた手づくね成形技法によるかわらけ（以下、手づくねかわらけと略記）が見られ、在地土器生産に影響を与えている。以下、静岡県内の伊豆・駿河・遠江のかわらけ出現期の様相と変遷を確認する。

(1) 伊豆の様相

伊豆では、「史跡北条氏邸跡（円成寺跡）」（以下、北条氏邸跡と略記）や御所之内遺跡[2]、願成就院跡などで初現期のかわらけの様相を捉えることができる〔韮山町教委 二〇〇二、伊豆の国市 二〇一六〕。図1に示した通り、伊豆国北部のかわらけの変遷はⅠ期からⅤ期に区分できる〔池谷 二〇〇八・二〇一六〕。Ⅰ期は手づくねかわらけはなく、ロクロかわらけのみで構成される（図1―1～4）。かわらけは大小ともに底径・器高のバラつきが多く、個体差が著しい。また、小形のかわらけは前段階の土師器小皿の系譜を引くものが認められる。

次段階のⅡ期から手づくねかわらけが一定量含まれる（図1―9～11）。北条氏邸跡第2号井戸跡では、ロクロかわらけと手づくねかわらけがほぼ同じ割合の出土量を示しており、初現期から一定量使用していたと想定される。同様

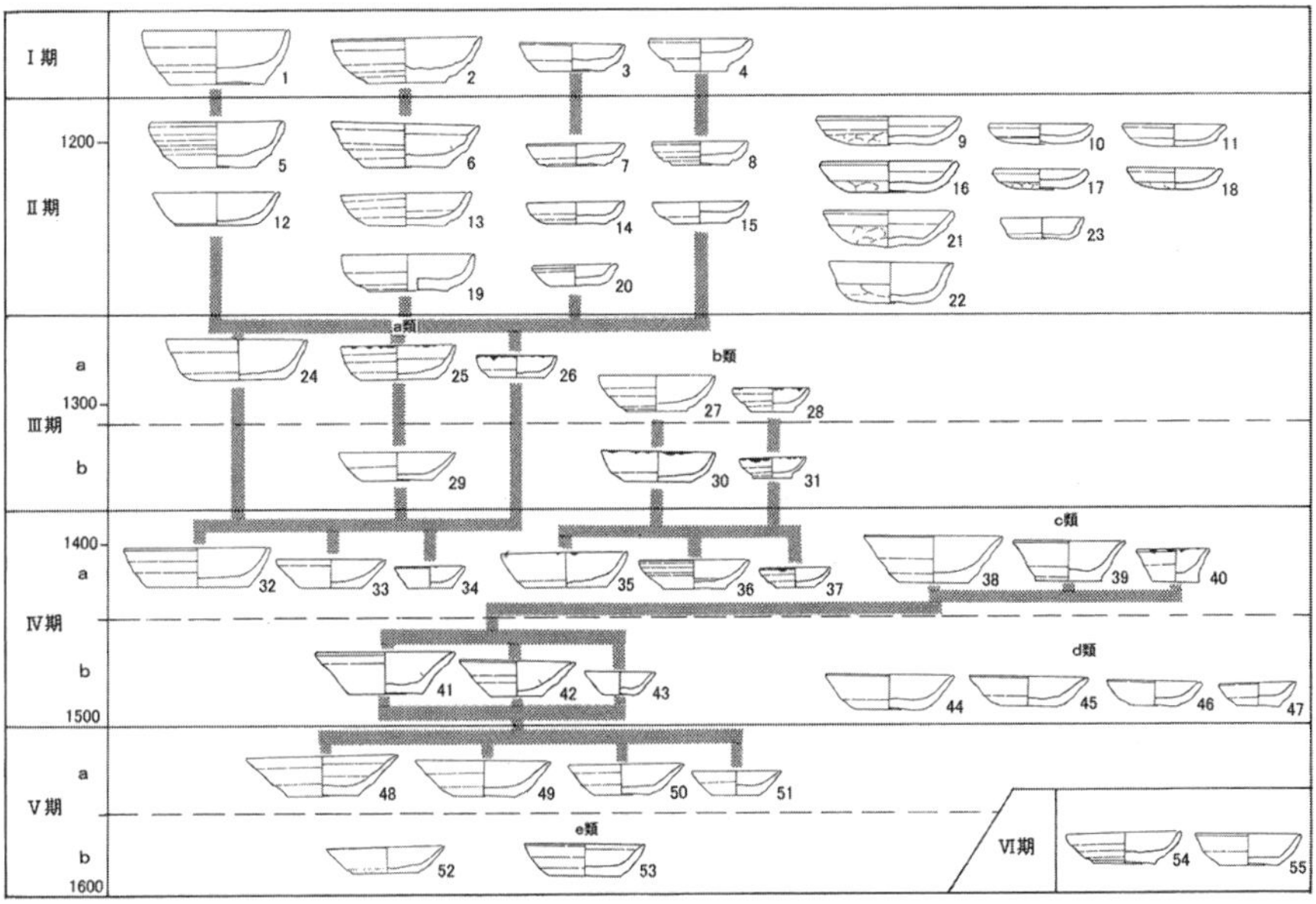

図1　北伊豆のかわらけ変遷

の手づくねかわらけは、御所之内遺跡や願成就院跡でも出土しており、伴出する陶磁器や瓦などから、年代は十二世紀末～十三世紀初頭に位置づけられる。Ⅱ期の次段階になると、三島市三嶋大社境内遺跡出土手づくねかわらけに見るように、口径の縮小傾向が顕著になる（図1—16～18）〔三島市 一九九〇・一九九七〕。ロクロかわらけも口径が縮小し、器高が減じる傾向にあり、大小ともに次第に皿形になるとともに、定型化が顕著となる。供膳具として安定した使用が想定できる。Ⅱ期後半には、手づくねかわらけの口径縮小がさらに進み、器高が高くなることにより、碗形に近い形状となる。出土量も減少傾向にあり、十三世紀中葉までには存続するものの、後葉には消失すると考えられる。

十三世紀後葉～十四世紀前葉のⅢ期には、手づくねかわらけは消失し、ロクロかわらけのみとなる。

(2) 駿　河

駿河国でまとまってかわらけが出土しているのは、富

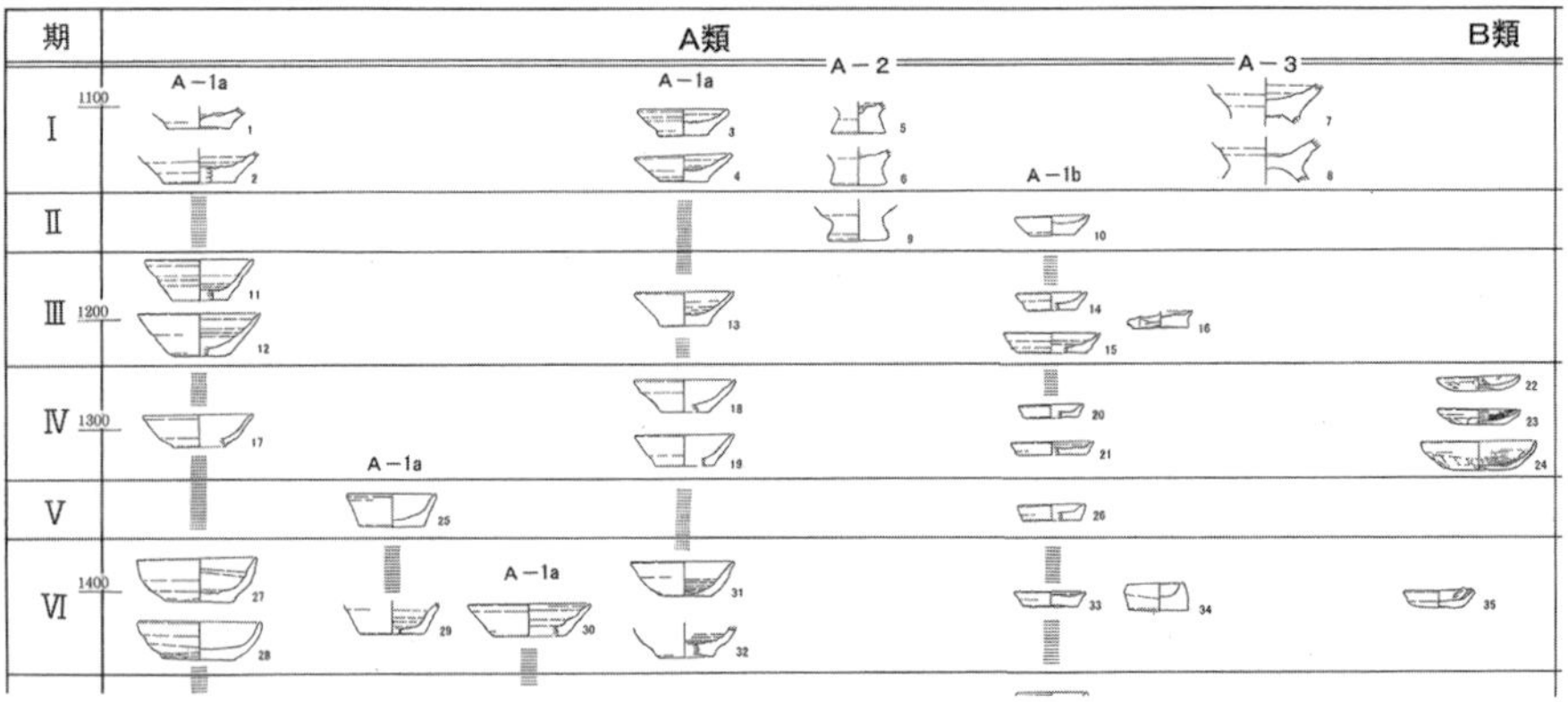

図２　浅間大社関連遺跡かわらけ変遷図

士宮市の浅間大社関連遺跡や山宮浅間神社である［静岡県埋文 二〇〇九、富士宮市教委 一九九六・二〇〇〇・二〇〇三・二〇二〇］。浅間大社遺跡では、本殿裏の調査地点で十二世紀代の小皿を主体とする大量のかわらけが出土しており、その他、境内の各調査地点においても、いくつかのかわらけの集中が見られる。浅間大社に隣接する富士大宮司館跡でも、中世全般にわたるかわらけが出土している。また、山宮浅間社は富士山体を信仰対象とする神社で、浅間大社の故地とされる。境内のトレンチでかわらけが出土し、遥拝所周辺でも地表面にかわらけが散在しているようすが見られた。

浅間大社を中心とするかわらけの変遷は、渡井英誉氏がまとめている（図2）［渡井 二〇〇九］。図で明らかなように、浅間大社周辺において、十二～十三世紀の手づくねかわらけの出土は認められない。図2―22～24の手づくねかわらけは富士大宮司館跡出土で、胎土や成・整形技法から搬入品と判断され、年代は十四世紀に位置づけられる。基本的には浅間大社周辺においては、手づくねかわらけは供膳具・祭祀具としては採用されなかった。

また、浅間大社本殿裏や山宮浅間神社遺跡など大量のかわらけが出土している事例では、全般に小皿の量が卓越している傾向がみえる。これらの大量出土のかわらけは、共伴する陶磁器などは少なく年代を判断できる資料は乏しいが、渡井氏は十二世紀後半〜十三世紀前半に位置づけており、筆者もおおよそ妥当な年代と考える。

このほか駿河東部においては、中世初頭〜前半のかわらけは沼津市西通北遺跡〔沼津市教委 二〇一三〕、下石田原田遺跡〔沼津市教委 二〇〇〇〕、裾野市大畑上屋敷遺跡〔静岡県教委・裾野市教委 一九八九〕などで出土しているが、いずれも少量でまとまった資料ではない。ただし、少量ではあるが手づくねかわらけも含まれる点には注目しておきたい。年代は判別しがたいが、伊豆の手づくねかわらけに近似しているものもあり、おおよそ十三世紀前半と想定できる。

富士川以西の西駿河地域では、さらにかわらけの出土事例は少なくなる。比較的出土量の多い瀬名川遺跡では、呪符木簡を伴う遺構からロクロかわらけの大小が出土しており、遺構外を含め手づくねかわらけは出土していない〔静岡県埋文 一九九九〕。年代は十三世紀代と捉えられる。

(3) 遠江国

遠江国では、かわらけ出現期よりロクロ・手づくねの両方があるものの、東遠江・中遠江・西遠江で法量やロクロ・手づくねの割合など、地域により異なっていることがすでに指摘されている〔松井 二〇〇五〕。以下、三地域の主な遺跡を取り上げてかわらけの様相を見ていく。

東遠江　菊川市の史跡横地氏関連城館遺跡群は、鎌倉御家人横地氏の館跡や寺院を中心に、「城下遺跡群」（町場・集落）を含めた関連遺跡群である〔菊川町教委 一九八八・一九九六・一九九八・二〇〇四〕。各遺跡の発掘調査によって遺構の状況や遺物の詳細が明らかになっている。横地氏の館跡に比定されている殿ヶ谷遺跡では、出土土器・陶磁器の97%を占める大量のかわらけが出土している（図3）。かわらけの年代別の数量、ロクロ・手づくねの成形技法に関する詳細な数字は提示されていないが、これらの遺跡の調査・報告を担当した塚本和弘氏によれば、第I期（十二世紀〜十三世

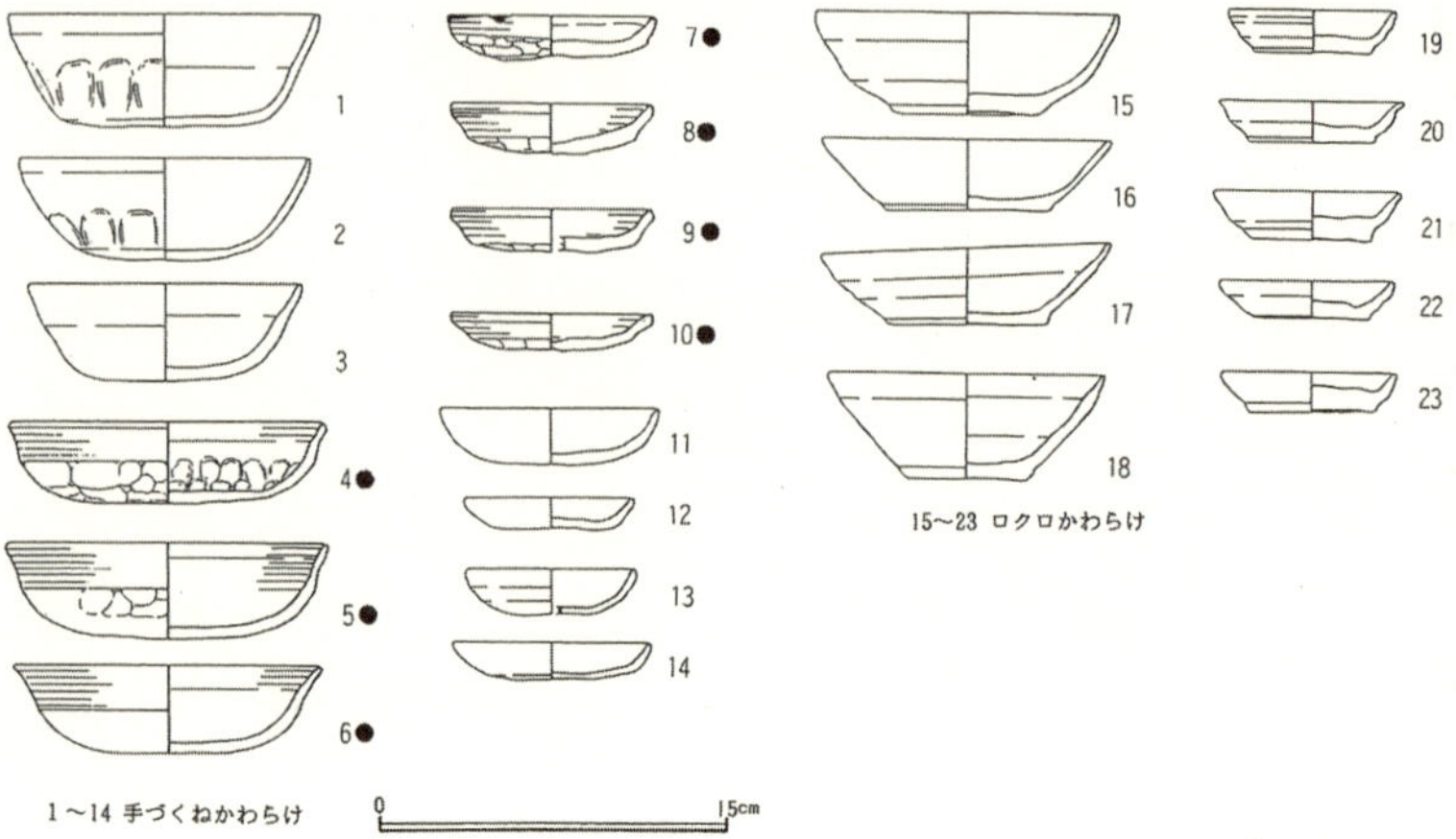

図3　殿ヶ谷遺跡出土のかわらけ（菊川シンポ2005より）

紀前葉)は、ロクロかわらけと手づくねかわらけがあり、手づくねかわらけが主力、第Ⅱ期(十三世紀中頃～十四世紀前半)は、ロクロかわらけと手づくねかわらけがある(割合は不明)、第Ⅲ期(十四世紀後半～十五世紀初頭)はすべてロクロかわらけ、という変遷が示されている[塚本二〇〇五]。城下遺跡群(五郎兵衛遺跡・才坂遺跡・諏訪下遺跡など)では、かわらけの出土率が45～54.6%であり、前述の殿ヶ谷遺跡と明確な差異が生じている。御家人本拠地におけるかわらけの実態を示す好例と言えよう。

中遠江　中遠江では中世前半のかわらけの出土事例は少ないが、磐田市一の谷中世墳墓群遺跡などで確認できる[磐田市教委一九九三]。塚墓・土坑墓・火葬遺構などの副葬品として、かわらけがまとまって出土している。ロクロかわらけ・手づくねかわらけともにあり、出土量の実数は不明であるが、報告書掲載資料で見る限り、手づくねかわらけが多い。また、小形かわらけが多い傾向にある。共伴する山茶碗から年代を比定すると、十二世紀後半から十三世紀代のものが主体である。

一の谷中世墳墓群遺跡の事例は墓域というやや特殊な使用例であるため、中遠江全体に普遍化することはむずかしいとしても、全体としてはロクロかわらけ・手づくねかわらけともに東遠江に近い様相である。ただし、手づくねかわらけが十四世紀後半以降も残る点は、東遠江とは異なる。

西遠江　西遠江の中世前半のかわらけについては、鈴木京太郎氏がかわらけ・山茶碗など供膳具の出土している西遠江の遺跡を抽出し、遺跡ごとの出土量や成形技法、時期変遷などの分析をおこなっている[鈴木 二〇一二]。

鈴木氏は遺構出土のかわらけの年代を共伴する山茶碗の年代に沿って図4のように変遷をまとめた(3)。西遠江におけるかわらけの変遷のうち、ロクロかわらけ・手づくねかわらけの割合は以下のようにまとめられている。

十二世紀〜十三世紀初頭（山茶碗Ⅰa〜Ⅱb期）　ほぼロクロかわらけで占められる。

十三世紀前半（山茶碗Ⅱc〜Ⅲa期）　ロクロかわらけから手づくねかわらけに移行する。

十三世紀中葉〜後葉（山茶碗Ⅲa〜Ⅲb期）　手づくねかわらけが主体となる。遺跡によりロクロかわらけが残存する。

十三世紀後葉〜十四世紀前葉（山茶碗Ⅲb〜Ⅲc期）　ほぼ手づくねかわらけで占められる。

全体としては、以上のような状況が確認できるが、遺跡ごとに見るとロクロかわらけと手づくねかわらけの割合にもいくつかのパターンが確認できる(4)。

Ⅲa〜Ⅲc期の山茶碗を共伴する遺構が主体である井通遺跡や中屋遺跡で手づくねかわらけが96%、87%を占め、時期変遷と同様の傾向を示す。一方で、Ⅰ〜Ⅲc期すべてにわたる遺構がある東畑屋遺跡において、ロクロかわらけが95%を占め、同じく各時期の遺構のある祝田遺跡で手づくねかわらけが82%を占めるなど、時期による傾向とは異なる数量差が認められる。これについては、鈴木氏も述べているように、遺跡の立地や性格によるものと考えられる。

鈴木氏は、西遠江における手づくねかわらけの導入については、京都周辺のかわらけ生産の影響ととらえ、「権力の存在」や「御厨」など地域の中心と想定される中屋遺跡・上組遺跡、流通の集散地の井通遺跡などにおいて、早い段階での導入が確認できるとしている。また、多量に出土する遺跡の性格や出土状況から、日常的な器ではなく、

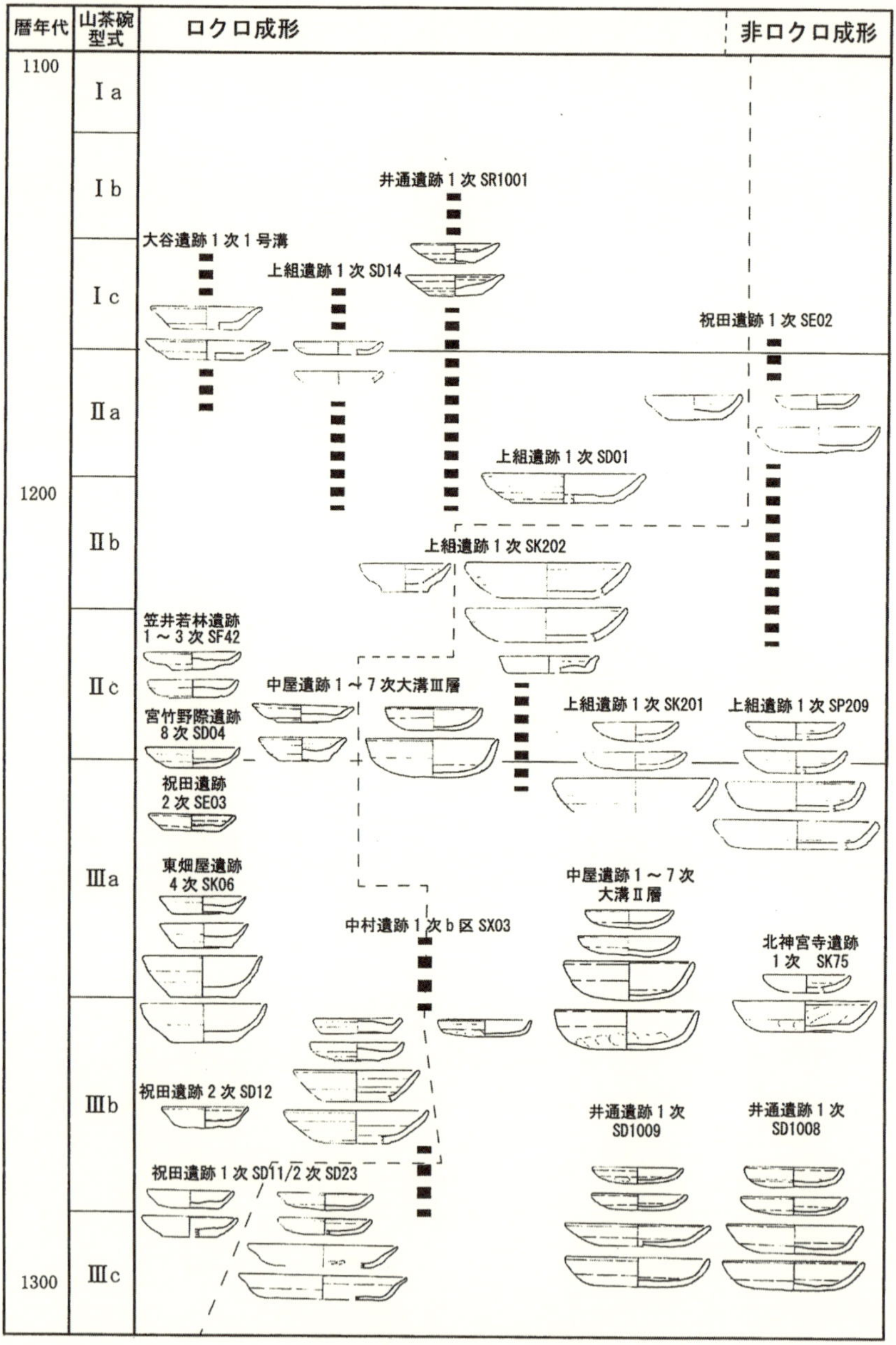

図4　西遠江のかわらけ変遷

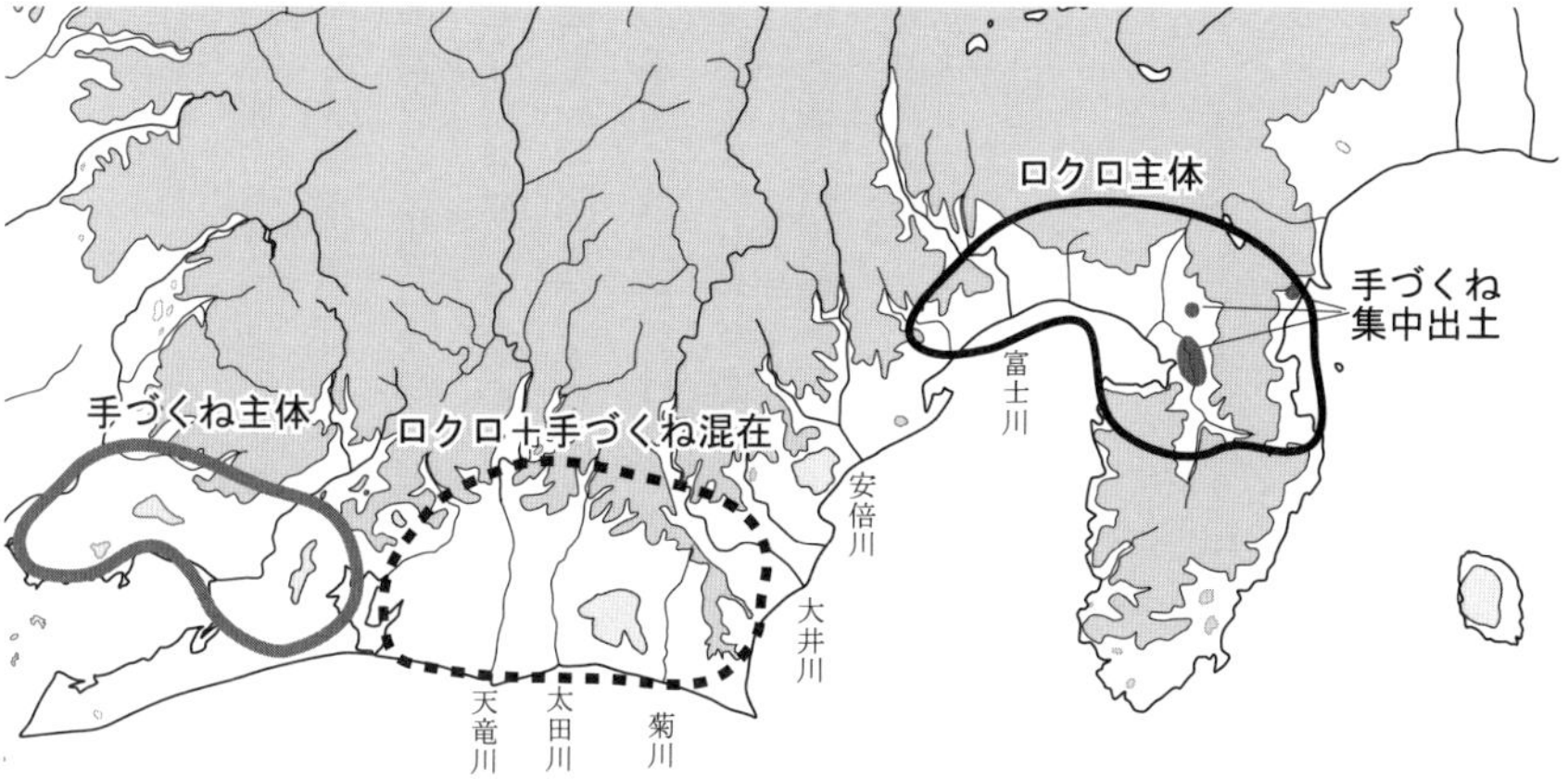

図５　かわらけ分布概念図

「特定行事」で用いられたと述べている。

鈴木氏はかわらけと山茶碗の出土量の割合についても検討している。後述するように、周辺に山茶碗の生産地が多く所在する西遠江では、山茶碗の割合が高く、かわらけの出土割合は最も高い遺跡で井通遺跡の47％である。その他、上組遺跡42％、東畑屋遺跡34％などの事例はあるが、10％以下の遺跡が多い。このように、西遠江ではかわらけと山茶碗の出土割合に明確な差が認められる。鈴木氏は、かわらけ割合の高い遺跡は、館や寺院、流通拠点などであると分析している。

(4) かわらけの東西差

以上、静岡県のかわらけの様相について旧三ヵ国ごとに概観した。本稿では、出土量の具体的な数値を示していないが、伊豆と東駿河の館や寺社が非常に多い。[5] 遠江では菊川城館関連遺跡群の殿ヶ谷遺跡のほかは、大量かつ集中して出土した例はほとんど見られない。後述する山茶碗の出土量との関連もあるが、かわらけを大量に使用し、大量に廃棄する事例は、殿ヶ谷遺跡を除けば、伊豆と東駿河の館や寺社にほぼ限られると言えよう。

かわらけの成形技法については、いずれの地域も十二世紀代はロクロかわらけが主体であり、十二世紀末葉から十三世紀前葉に手づくねかわらけが出現する。伊豆・東駿河は全体的にはロクロかわらけが主体である。伊豆で十二世紀末葉に手づくねかわらけが出現するが、大量に出土するのは一部の遺跡に限られる。十三世紀中葉に手づくねかわらけが消失し、十三世紀後葉以降は中世後期までロクロかわらけのみとなる。東遠江では十四世紀前半までロクロ・手づくねかわらけの両方が共存し、その後はロクロかわらけのみとなる。西遠江では手づくねかわらけは十三世紀初頭に出現し、遺跡によって多少の差はあるものの、全体的には十三世紀前半まではロクロかわらけと手づくねかわらけが共存し、十三世紀中葉から後葉に手づくねかわらけ主体に移行し、十四世紀以降はほぼ手づくねかわらけで占められる。

手づくねかわらけは、伊豆でやや早く出現するが、その終末をみると、伊豆が十三世紀中葉、東遠江が十四世紀前半であり、中・西遠江では中世を通じて存在し続けるという地域差が認められる。中間地域の駿河の手づくねかわらけの様相が判然としないが、手づくねかわらけの存続期間については、おおよそ東が短く、西が長いという傾向は指摘できる。

2　山茶碗の分布から見る東と西

(1) 山茶碗の生産地と出土量の傾向

山茶碗とは中世前期を中心に東海地方で生産された無釉陶器である（詳細は本書鈴木論文を参照）。主な器種は碗・小碗・小皿・鉢類で、一部の特殊な器種を除き、供膳具を中心に生産した。生産地は、東海地方の尾張・美濃・遠江・駿河に二〇ヵ所以上あり、尾張系、渥美・湖西系、東遠江系、東濃系、美濃須恵系の大きく五系統に分けられている

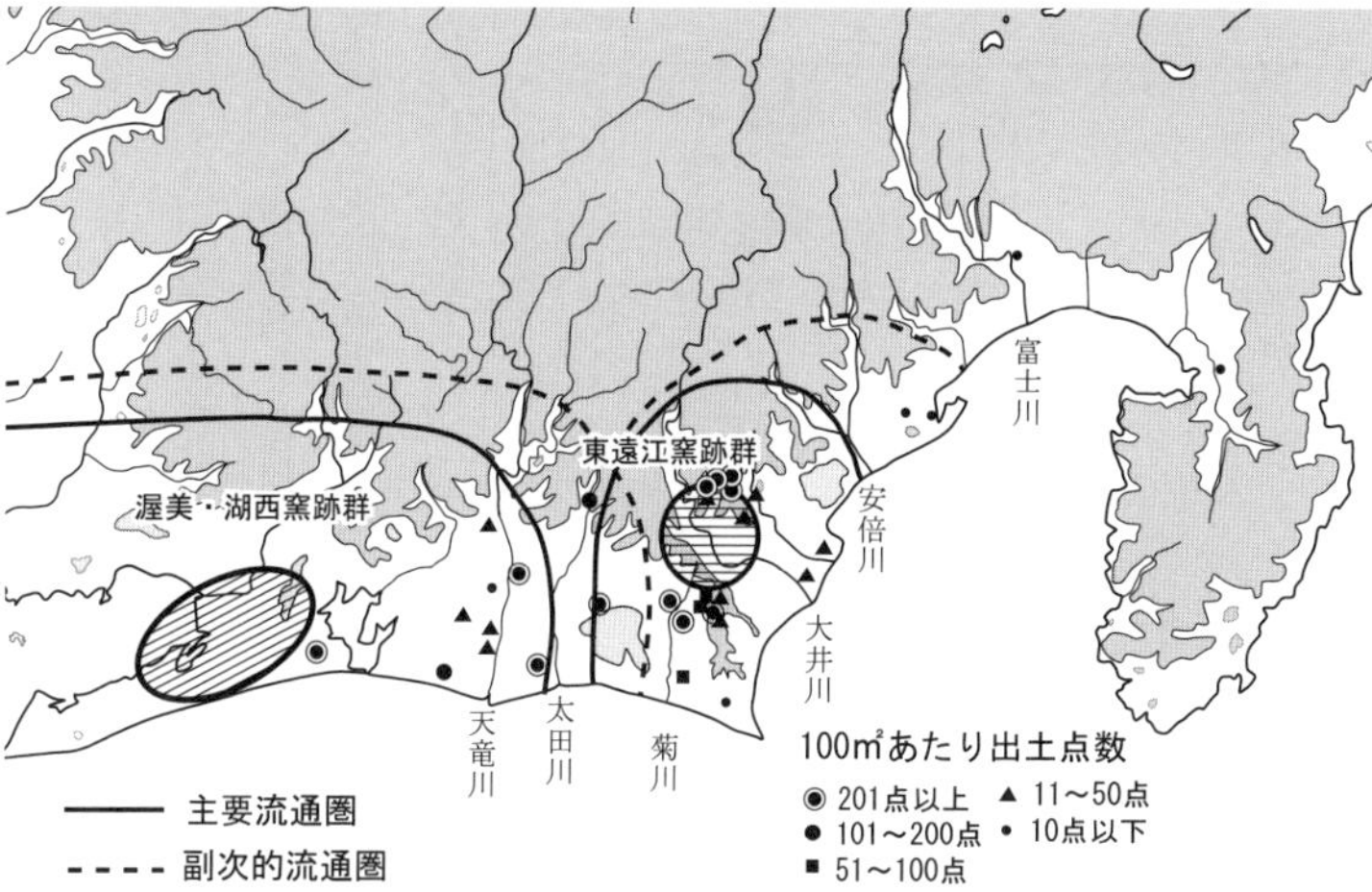

図６　山茶碗流通概念図（溝口 2005 を参考に作図）

〔藤澤 一九九四〕。

これらの系統のうち、静岡県の消費地で多く見られるのは、生産地との地理的な位置関係から、瀬戸・猿投・知多窯（常滑窯）の尾張系、東三河の渥美窯・二川窯、西遠江の湖西窯など渥美半島周辺の渥美・湖西系、東遠江から大井川を挟んで駿河西部に分布する清ヶ谷窯・皿山窯・金谷窯・旗指窯などの東遠江系である。窯の分布は遠江と駿河西端にあり、駿河中・東部や伊豆に山茶碗の生産地はない。

このような生産地の偏りは、当然ながら消費地における量的な差異を生じさせる。静岡県における山茶碗の生産・流通については、河合修・溝口彰啓両氏が詳細なデータを示して分析・考察しているので〔河合 二〇〇四、溝口 二〇〇五〕、本稿では、それらの成果に拠りながら、消費地における山茶碗の出土状況を確認していく。

静岡県では、中世遺跡の出土遺物を種別・産地別のデータをまとめており、山茶碗についても詳細な数量データが公開されている(6)〔菊川シンポジウム 二〇〇五〕。山茶碗の出土数の明らかな遺跡で１００㎡あたりの点数を比較すると、最大は西駿河の山王前遺跡の２７２６．５点、最小は東駿河の富士宮市元富士大宮司館跡の１．０点で、大きな差が生じている。図6に点数分布を表す地図を示した。西遠江では、数値データの明らかな遺跡が少ないため、プロットは少ないが、渥美・湖西窯跡群直近と天竜川流域に200点以上、100点以上の遺跡が分布する。東遠江系窯跡群のある東遠江と西駿河の大井川流域地域でも、200点以上、100点以上の遺跡が多く分布する。

一方、東駿河から伊豆では、いずれの遺跡も10点以下で、出土数は非常に少ない。図には点を落としていないが、東駿河・伊豆の遺跡では、山茶碗の出土そのものがない、もしくは出土数が10点以下、100㎡あたりでは1点に満たない遺跡が多い。

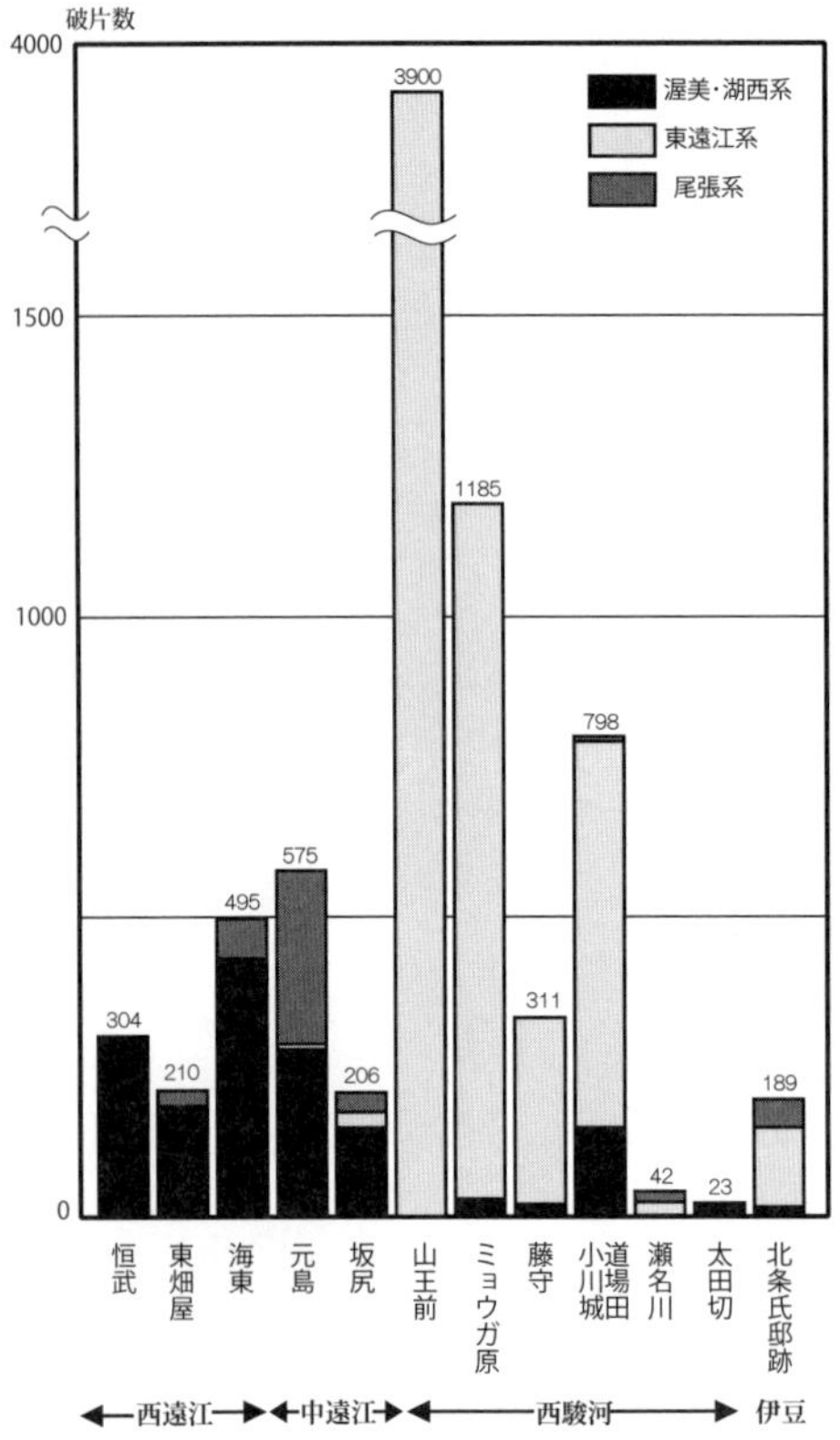

図7　山茶碗産地別出土数（溝口2005データを元に作図）

(2) 生産地別出土傾向

次に消費地における産地別の出土傾向を見る(図7)。

西遠江・中遠江に立地する恒武遺跡から坂尻遺跡にかけては、多くの遺跡で渥美・湖西系の割合が高い。例外は元島遺跡で、尾張系が50%を占めている。西駿河のうち、東遠江系の産地に近い大井川流域では、山王前遺跡・ミョウガ原遺跡など出土数が多く、ほぼ東遠江系が占める。なお、東遠江の産地別データはないが、産地に近接する菊川市横地関連遺跡では、ほぼ東遠江系が占める。焼津市の小川城・道場田遺跡でも東遠江系が大半を占めるが、渥美・湖西系が一定量出土している。西駿河の中では、安倍川以東の静岡清水平野に位置する瀬名川遺跡・太田切遺跡では、出土量が激減し、東遠江系に偏らず、尾張系や渥美・湖西系が一定量出土している。

伊豆は北条氏邸跡のデータを示したが、東遠江系が多いものの、尾張系、渥美・湖西系も一定量出土している。(6) グラフには示していないが、出土量の少ない伊豆の遺跡においては、十二世紀代では渥美・湖西系が、十三世紀代では東遠江系が出土している傾向がみえる。(7)

(3) 流通状況

以上、従来言われてきたように出土量の偏差によって、静岡県における山茶碗の分布は西高東低の傾向が顕著であることを確認した。東西の境界については、河合氏は薩埵峠、溝口氏は静岡清水平野が最東端としている。

河合氏は、窯跡の立地する丘陵部が面する平野部など直近の遺跡は、生産と直結した流通による「直接的な商圏」が確立していたとする。さらに、その商圏の周辺においても、他の生産地のものと混在する遺跡があることから、海路・陸路を経由した「販売ルート」が存在した可能性も指摘する。

溝口氏は、生産地から直接的に搬入される「一次流通」と、都市空間や流通拠点をターミナルとした「二次流通」、さらにそこから枝分かれする水陸流通網がネットワーク化している状況を示唆する。その結果、東遠江系、渥美・湖西系ともに「主要流通圏」と「副次的流通圏」(図6)が形成される。「副次的流通圏」は両者とも、主要流通圏の東側に展開する特徴が見えるため、このネットワークからはずれた東駿河・伊豆では出土量が少なく、別ルートもしくはいくつかの段階を経てもたらされたと考えられる。

一方、遠隔地の尾張系山茶碗は、遠江・駿河ともに沿岸部での出土が目立ち、海路での搬入が想定される。東駿河・伊豆においては、常滑産・渥美産の甕・壺・鉢が一定量出土していることから、尾張系山茶碗や渥美・湖西系山茶碗はこれらとともに運ばれてきた可能性が高い。しかしながら、甕・壺・鉢に比較すると、非常に少ない量であるので、主要な搬入品でなかったことは明らかである。

3　かわらけと山茶碗から見る供膳具の東西差

静岡県における中世前半の主要な供膳具であるかわらけと山茶碗の出土量をもとに、地域差や東西差について検討してきた。かわらけは出土量・出土状況・成形技法の違いから、静岡清水平野を境に大きく様相が変わってくる。山茶碗も生産地が偏在していることにより、ほぼ同じラインで境界線を引くことができる。ただし、静岡清水平野の当該期の遺跡が非常に少ないため、現状の調査事例では、この境界はグレーゾーンにならざるを得ない。

十二世紀末から十三世紀前葉に各地で出現する手づくねかわらけは、京や畿内の影響であることはすでに指摘されているが、その導入にはさまざまな要因が考えられ、地域によって異なった現象も認められる。東駿河・伊豆の手づくねかわらけの導入には、鎌倉幕府との関連が考えられており、伊豆の手づくねかわらけの終末が鎌倉とほぼ同時期であるのもその証左となろう。ロクロかわらけを含む大量使用・大量廃棄の状況も、平泉・鎌倉と続く武家儀礼の場が想定されている。遠江でかわらけが大量に出土している殿ヶ谷遺跡が鎌倉御家人横地氏の本拠の館跡であることは、無関係ではあるまい。

遠江の手づくねかわらけについては、形状や成形手法が多様であり、出土状況も遺跡によって異なることから、京や畿内から画一的に影響を受けたとは考えにくい。隣接する東三河や伊勢湾を挟んだ伊勢地域との関連も考慮して整理する必要があろう。

山茶碗の東西偏差については、溝口氏の指摘するように生産地ごとの流通圏、ネットワークが確立していたことの影響であろう。一方、ネットワークからはずれた伊豆・東駿河では、渥美・湖西系窯群のうち、渥美窯や尾張系窯群の常滑窯産甕・壺・鉢は大量に出土しているので、主に海運による搬入ルートは確立していたと考えてよい。一方で山茶碗の搬入量が少ないことは、そもそも伊豆・東駿河地域において、山茶碗の必要性が低かったこと、供膳具として山茶碗を使用する場が少なかったことを表している。

おわりに

本稿ではかわらけと山茶碗という二つの供膳具の出土様相から、中世前期の静岡県における東西の差を示した。その境界は、かわらけについてはややグレーゾーンがあるにしても、おおよそ静岡清水平野と想定できる。

東側の地域では多くの遺跡でかわらけの出土が見られるが、集中して出土するのは館や寺社が中心であって、かわらけは供膳具の中でも「非日常」の器であり、集落などでは「日常的」には漆碗や木碗が使われていたと考えられる。ただし、それら有機質の器は遺跡では遺存することが少ないため、実態は不明である。

西側の地域では山茶碗が普遍的に出土し、かつ出土量も多いことから、「日常的」な供膳具であった。特殊な事例として墓や埋納具に使用される場合もあるが、副次的な使用例と考えられる。「非日常」の器としては、かわらけが用いられたと考えられるものの、東側に見られるような大量使用・大量廃棄ではないことから、儀礼等の様式は異なっていた可能性が高い。

　十四世紀中葉に渥美・湖西系窯群、東遠江窯群ともに山茶碗生産が終了する。ほぼ時期を同じくして、十四世紀後半からは東西両地域ともに、かわらけの出土量が増加し、集落遺跡においても一定量出土するようになる。十四世紀後半以降は伊豆・駿河・東遠江はロクロかわらけのみとなり、中遠江から天竜川流域まではロクロかわらけと手づくねかわらけが混在、浜名湖西側の西遠江は手づくねかわらけのみ、という三つの分布圏に分かれる。若干の範囲の変動はあるものの、中世前半に見られた供膳具の地域差は解消されることなく中世末まで続くのである。

　本稿では、先行研究に拠りながら各地域の様相を概観した。地域差については現象面の指摘にとどまり、その背景にある政治的・社会的な違いにまで考察は及ばなかった。各方面からのご意見を参考とし、今後の課題としたい。

註

（1）　関東地方・東海地方では十一世紀後半から十二世紀前半にかけて、一部の地域を除き土器生産が断絶する。その後、ごく一部の遺跡で小皿が卓越する状況を経て、同胎土・同技法による大小の明確な法量分化と、大量使用・一括廃棄という使用状況が一般化し、関東・東海東部地域ではこれを「かわらけ」と呼ぶ。土器の断絶のない畿内では「土師器皿」と呼称し、畿内から東海地域では「土師器皿」の名称を使用している。名称の違いはあるにしろ、中世においては、同一の供膳具として扱う。本稿では、引用した論文・報告書に関わらず統一して「かわらけ」と記載する。また、ロクロ回転を使用しないかわらけについても、「手づくね成形」と「非ロクロ成形」の呼称があるが、本稿では「手づくね成形」と統一する。

（2）　「史跡北条氏邸跡（円成寺跡）」は御所之内遺跡の一部範囲が国史跡に指定されている。

（3）　鈴木氏の論考で用いた出土点数は報告書掲載分のみで、総点数ではない。

（４）山茶碗の年代は鈴木敏則［二〇一三］による。
（５）遺跡ごとの詳細な数値は菊川シンポジウム実行委員会［二〇〇五］に掲載されている。
（６）史跡北条氏邸跡（円成寺跡）のデータは、溝口［二〇〇五］の数値にその後報告書が刊行された伊豆の国市［二〇一六］の数値を加えた。
（７）本稿のデータには示していないが、伊東市の海岸部に立地する井戸川遺跡［伊東市教委二〇一八］では、山茶碗が１２２１点出土しており、その内訳は、渥美・湖西窯系９７３点、尾張系２４３点、東遠江系５点である。南伊勢系鍋も１２２１点出土している。年代は十二世紀代が中心であり、井戸川遺跡の性格は伊豆東海岸の海路を通じた流通拠点に想定できる。

参考文献

池谷初恵　二〇〇八「伊豆地域におけるかわらけの変遷とその背景」『地域と文化の考古学』Ⅱ　明治大学文学部考古学研究室　六一書房
池谷初恵　二〇一六「伊豆韮山と相模の土器」『中世武士と土器（かわらけ）』高志書院
伊豆の国市　二〇一六『史跡北条氏邸跡（円成寺跡）発掘調査報告Ⅱ』
伊東市教育委員会　二〇一八『井戸川遺跡』
磐田市教育委員会　一九九三『一の谷中世墳墓群遺跡』
河合　修　二〇〇四「山茶碗流通の諸相」『中近世土器の基礎研究ⅩⅧ』
菊川シンポジウム実行委員会　二〇〇五『陶磁器から見る静岡県の中世社会』
菊川町教育委員会　一九八八『殿ヶ谷遺跡』
菊川町教育委員会　一九九六『殿ヶ谷遺跡第４次』
菊川町教育委員会　一九九八『殿ヶ谷遺跡第５次』
菊川町教育委員会　二〇〇四『横地城下遺跡群第９次』
静岡県埋蔵文化財調査研究所　一九九九『瀬名川遺跡』
静岡県埋蔵文化財調査研究所　二〇〇九『浅間大社遺跡　山宮浅間神社遺跡』
鈴木京太郎　二〇二一「西遠江における中世前期のかわらけ」向坂鋼二先生米寿記念論集『地域と考古学２』向坂鋼二先生米寿記念論集

刊行会
鈴木敏則　二〇一三「渥美湖西窯の山茶碗編年」『第2回東海土器研究会渥美窯編年の再構築』東海土器研究会
静岡県教育委員会・裾野市教育委員会　一九八九『富沢原・千福馬場添・大畑・桃園入ノ洞』
塚本和弘　二〇〇五「横地　御家人の本拠の実態」『中世の伊豆・駿河・遠江』高志書院
韮山町教育委員会　二〇〇二『史跡北条氏邸跡発掘調査報告Ⅰ』
沼津市教育委員会　二〇一三『西通北遺跡』
藤澤良祐　一九九四「山茶碗研究の現状と課題」『研究紀要』第3号　三重県埋蔵文化財センター
富士宮市教育委員会　一九九六『浅間大社遺跡』
富士宮市教育委員会　二〇〇〇『元富士大宮司館跡』
富士宮市教育委員会　二〇〇三『浅間大社遺跡Ⅱ』
富士宮市教育委員会　二〇二〇『史跡富士山発掘調査報告書　山宮浅間神社遺跡　村山浅間神社遺跡　人穴富士講遺跡』
富士宮市教育委員会　二〇一四『元富士大宮司館跡Ⅱ—大宮城跡にかかわる埋蔵文化財発掘調査報告書—』
松井一明　二〇〇五「中世見付とその周辺」『陶磁器から見る静岡県の中世社会』菊川シンポジウム実行委員会
三島市教育委員会　一九九〇『三嶋大社境内遺跡Ⅰ』
三島市教育委員会　一九九七『三嶋大社境内遺跡第3地点』
溝口彰啓　二〇〇五「山茶碗」『中世の伊豆・駿河・遠江』高志書院
渡井英誉　二〇〇九「浅間大社遺跡における土師器皿の変遷（予察）」『浅間大社遺跡　山宮浅間神社遺跡』静岡県埋蔵文化財調査研究所

初期鎌倉幕府の文化源流としての伊豆・駿東地域

――伊豆狩野氏の拠点とその周辺から――

渡邊 浩貴

はじめに

鎌倉幕府がその草創期より京都人材を招請し続けて文化事業を推進したことはよく知られ、これまで多数の研究が積み重ねられてきた［野口 一九八九、佐々木 二〇〇六、平雅行 一九九九・二〇〇〇・二〇〇九、渡邊 二〇一九・二〇二〇・二〇二三b］。その一方、箱根神社や伊豆山神社・三嶋大社など東国在来の宗教勢力からも、文化事業の実施に際して支援を受けたことがすでに注目されている［岡田 二〇〇六］。ただし、東国在来勢力が果たした鎌倉幕府の文化形成については、いずれも寺社のみの検討にとどまり、鎌倉の文化形成が、京都―鎌倉という単線的な文化移入・受容関係の説明に偏ってしまっているという印象は否めない。

かつて筆者は、鎌倉初期制作の陵王面を手がかりに、房総半島から六浦を経由して鶴岡八幡宮寺の職掌（神楽男）が集められていた事例を踏まえ、草創期・初期鎌倉幕府における房総地域からの文化流入の可能性とその歴史的意義を述べたことがある［渡邊 二〇二一・二〇二二］。すなわち鎌倉周辺の東国には、鎌倉に先行して京都からの影響を受けながら文化を育んできた、いわば〝先進地域〟(1)が複数存在し、これらの地域から鎌倉への文化流入あるいは文化的影響を検証する視座も重要になると思われる。京都―鎌倉の関係に収斂しない複線的な文化伝播の様相を探ることが、今後一層重要となってこよう。

以上の課題を踏まえ本稿では、房総半島とならび、鎌倉への文化的な影響力を持った先進地域として伊豆半島・富士山麓・駿河湾一帯の地域を取り上げたい。当該地は頼朝の配流先という関わりだけでなく、先述した箱根神社・伊豆山神社・三嶋大社を含み、鎌倉幕府の文化形成において多大な影響を与えた地域でもある。これまで狩野川流域の伊豆北条氏の遺構・遺物が注目されているが〔池谷 二〇一〇・二〇一六、押木 二〇二二〕、同氏以外にも非常に多くの武士が拠点を築き、駿河湾や狩野川、東海道を経由しながら、さまざまな人・モノが活発に行き交う場でもあった。これらは個別に言及されるが、鎌倉幕府への文化的影響なども含めて論じた研究は管見の限り認められない(2)。

とりわけ頼朝挙兵前の伊豆国内では、狩野川流域から駿河湾・富士山麓一帯、さらには西方の駿河の東海道沿線にかけて「工藤介」を称す有力在庁狩野氏が影響力を持ち、一族が拠点を築いていた。同氏は、これまで石井進・杉橋隆夫・菱沼一憲・高橋秀樹各氏によって関説され、姻戚関係や地域交通への関与が早くから注目されるも〔杉橋 一九九四、石井 一九七四、菱沼 二〇〇四、高橋 二〇一一、今野 二〇〇七〕、その全貌の解明には至っていない。伊豆国内の武士は、先述した北条氏〔野口 二〇〇六・二〇〇七a・二〇二二、高橋 二〇二三〕や、妙本寺本(真名本)『曽我物語』に登場する有力在庁の伊東氏に関心が集まってきた〔坂井 二〇〇七〕。だが、伊東氏に比肩しうる地域権力として、やはり「工藤介」を称した狩野氏は改めて着目されるべきだろう。

そこで本稿では、伊豆半島・富士山麓・駿河湾一帯の地域を「伊豆・駿東地域」と総称し、まず伊豆狩野氏の地域基盤や存在形態を明らかにしながら、親族・地域を介したネットワークの広がりを把握する。その上で、草創期・初期鎌倉幕府の文化形成における地域間での伝播・移入・受容の様相を明らかにするため、狩野氏や彼らの周縁にある人々との交流から、東海道沿線に属する伊豆・駿東地域における幕府成立以前の武士拠点での文化状況、および鎌倉への文化流入の歴史的過程を追うこととする。

1　狩野氏と周縁の親族・地域ネットワーク

(1)狩野氏と狩野川・駿河湾・東海道

『尊卑分脈』藤原氏乙麿卿孫をみるに、狩野氏は為憲流藤原氏(工藤流藤原氏)から生じた一族で、その系統は大きく時信系と維景系の二つに分かれ、伊豆狩野氏の祖は維景とされる(〔系図1〕参照)。時信系統は駿河国内を拠点に入江氏・船越氏・岡部氏・興津氏・天野氏・吉川氏などと分流し、維景系統は狩野の名字を名乗り、伊豆国内を拠点に祐継系が工藤氏・宇佐美氏へ、祐家系が伊東氏・河津氏へと分流し、茂光系は狩野の名字を名乗り続け、代々「工藤介」「狩野介」「狩野新介」を称す。本稿で扱う狩野氏は、伊豆国蓮華王院領狩野荘を本拠とし(『吾妻鏡』文治四年六月四日条、以下『吾妻鏡』は『鏡』と略記)、頼朝挙兵時には「工藤介茂光」「子息五郎親光」が従う。かつて保元の乱では「狩野工藤四郎・同五郎」(陽明文庫蔵本『保元物語』新編日本古典文学全集四一『将門記・陸奥話記・保元物語・平治物語』小学館、二〇〇二年)が源義朝に従っており、狩野一族は亡父義朝以来の河内源氏と関わりのある伊豆国の武士勢力だった。なお以下本稿では煩雑を避けるため、維景系統に属する一族全体を「維景系工藤氏」、「工藤介」を称する伊豆国の武士一族を「狩野氏」、維景系から分流した工藤の名字を名乗る甲斐の武士一族を「甲斐工藤氏」、維景系工藤氏に含まれ名字の地を名乗らない他の工藤氏(本稿では工藤祐経)を「工藤氏」、と分けて便宜的に呼称する。

幕府成立以前の狩野氏の動向は、鎌倉末期頃成立の妙本寺本(真名本)『曽我物語』の記述が参考になる(『曽我物語』

〔系図1〕狩野一族関係略系図

※『尊卑分脉』藤原乙麿卿孫と「伊東大系図」(『伊東市史　史料編　古代・中世』伊東市、二〇〇七年) より作成。

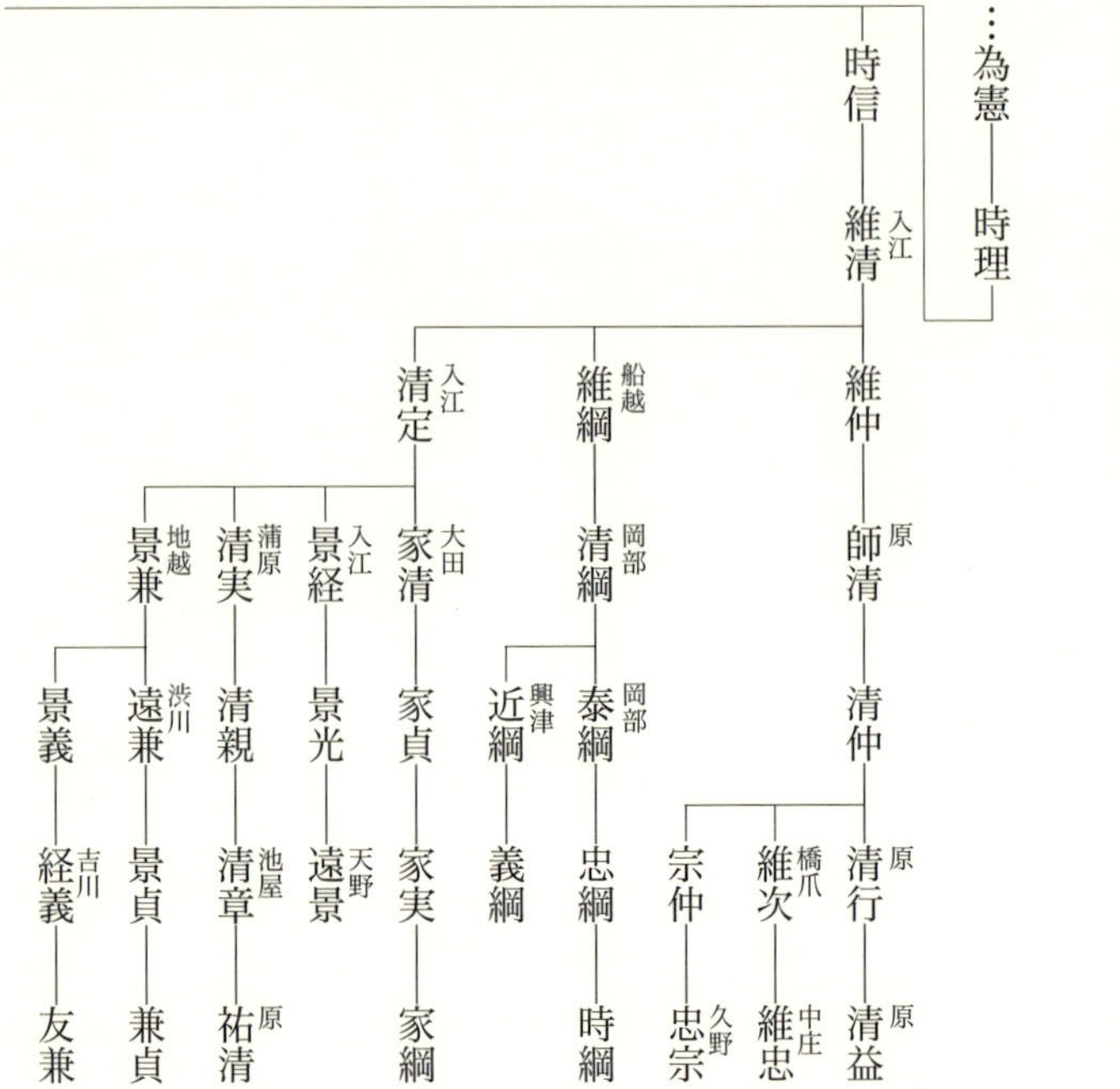

〔系図2〕狩野氏の姻戚関係図

※真名本『曽我物語』と菱沼2004より作成

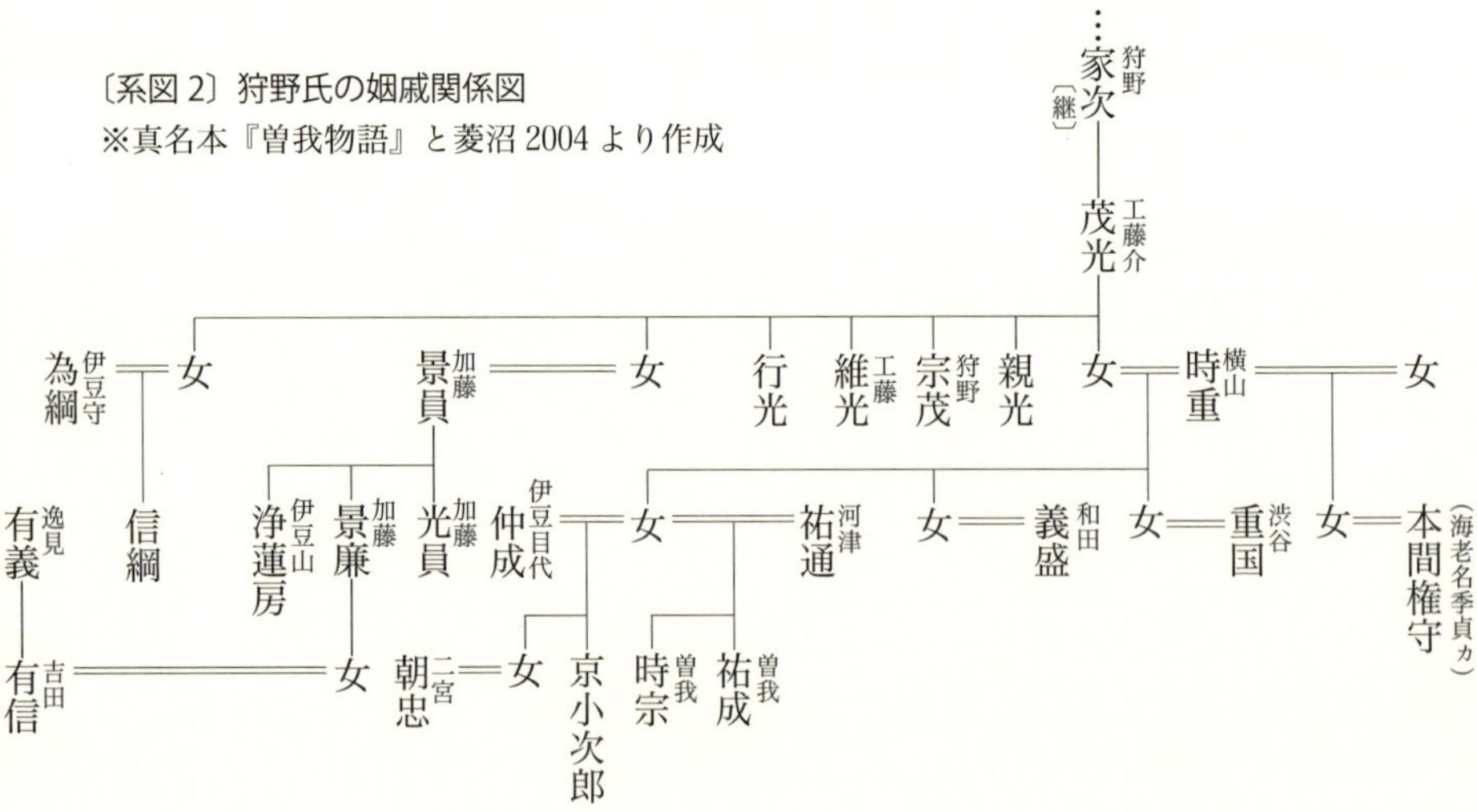

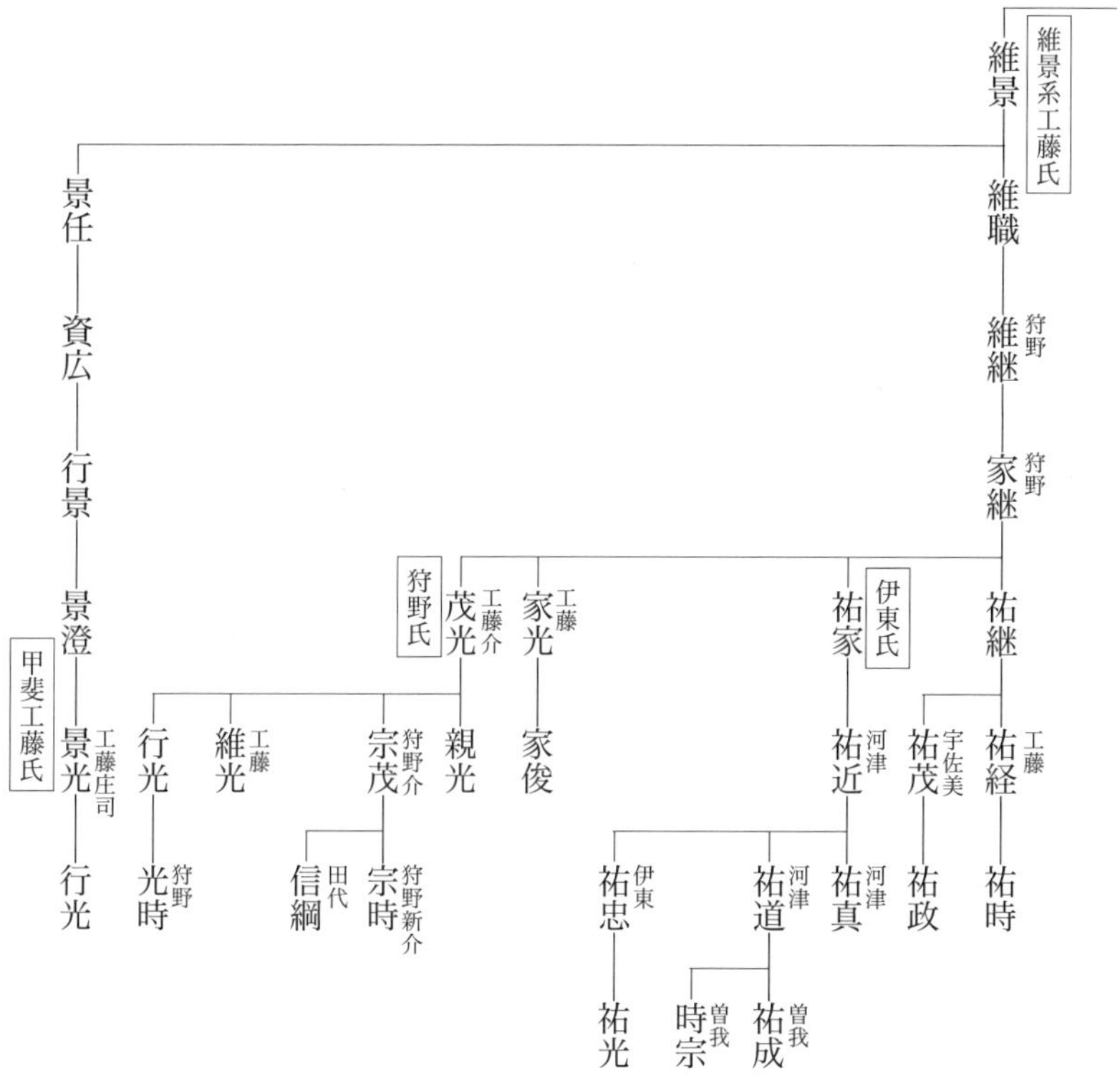

は『貴重古典籍叢刊三 妙本寺本 曽我物語』角川書店、一九六九年を使用)。伊東氏・工藤氏間での所領紛争に端を発する本作では、まず主人公の曽我兄弟から数えて四代前に遡る人物「萳美《(楠見)》入道寂心(俗名宮藤《(工藤)》太夫助隆)」(先の狩野家継に比定)の所領萳美荘(伊豆国大見・宇佐美・伊東の三箇所)をめぐる伊東祐親《〔近〕》と工藤祐経との確執が取り上げられる。本作では伊東祐親の相模以西へ拡がる武士勢力との親族ネットワークが「伊藤一門広《ひろかりける》」と表現されるが、同じく彼に比肩する人物として狩野茂光が「鹿《(狩)》野介姫君九人御しけり、彼や此こに幸い下《たま》いし故、其の一門は広かりき、之に依りて北条・早河・鹿《(狩)》野・田代・土肥・岡崎・本間・渋谷・海老名・渋美《(二宮)》・松田・河村・秦野・中村・三浦・横山の人々同心して」(『同』巻五)と描かれる(以下〔系図2〕参照)。作中で茂光の孫娘たちは、それぞれ伊

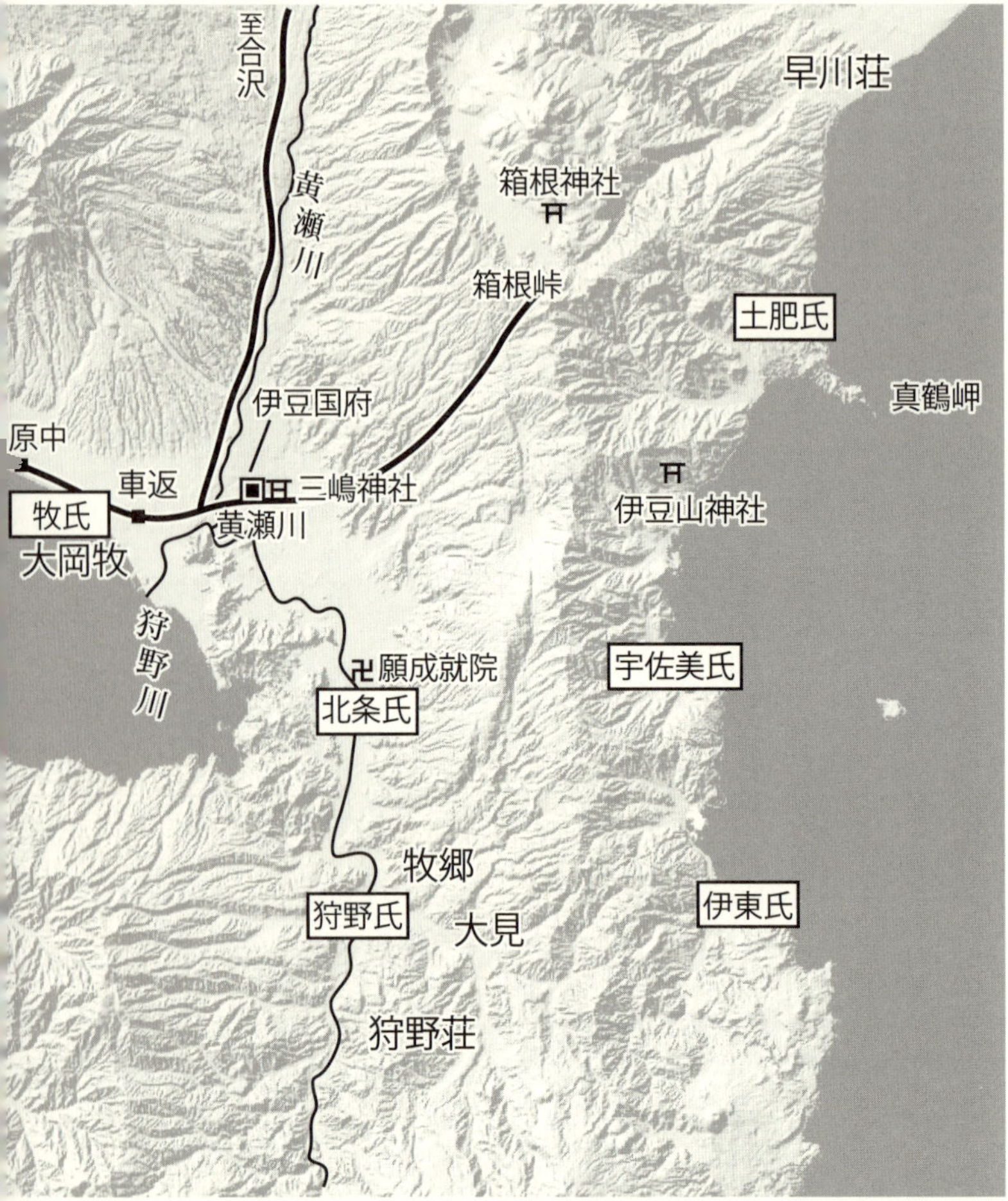

地図1　伊豆・駿東地域関係地図

ベースマップは国土地理院陰影起伏図を使用した。

中世東海道の経路は『静岡県史2中世』（静岡県、1997年）を参照し推定も含む。

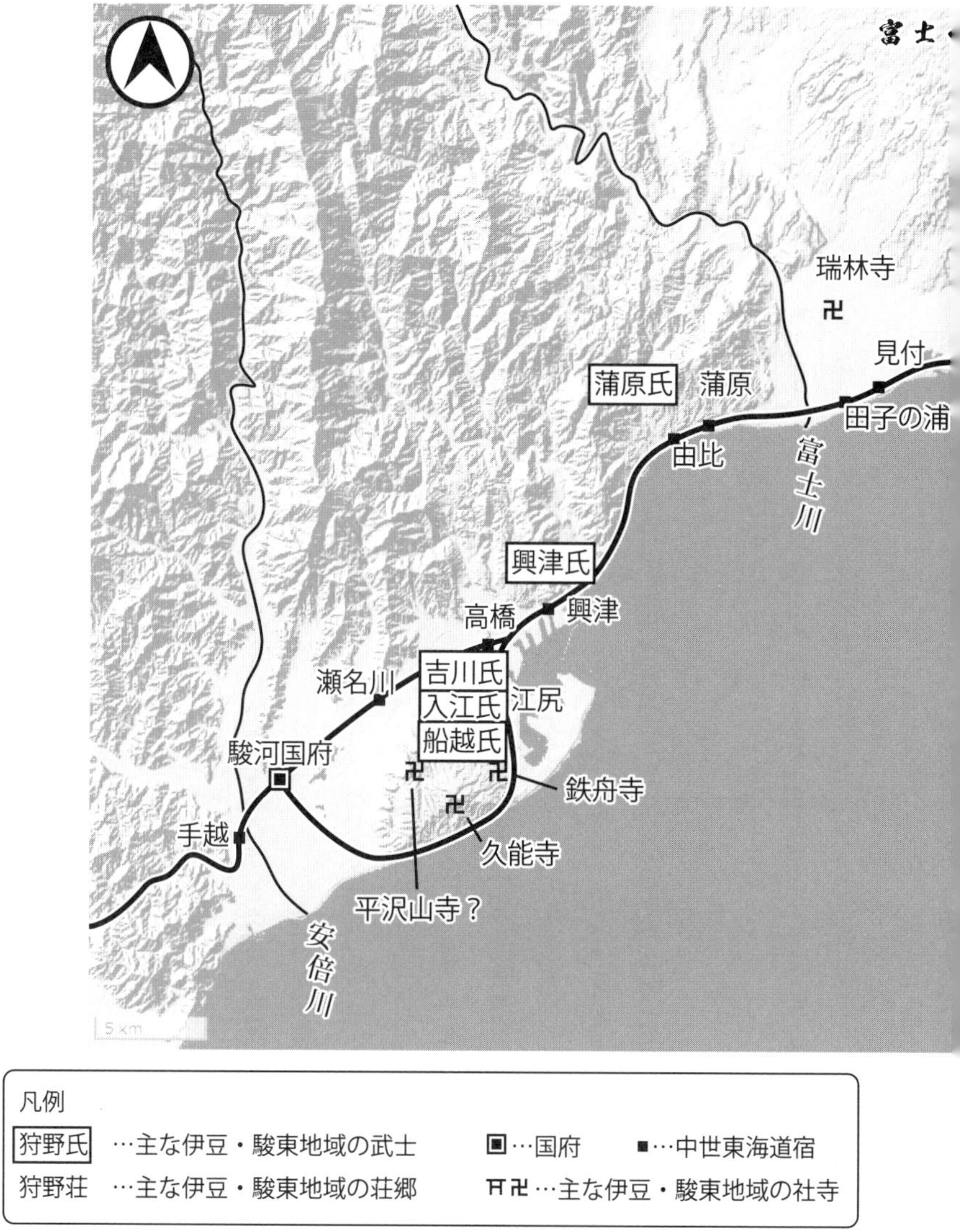
富士・
瑞林寺
見付
蒲原氏
蒲原
田子の浦
由比
富士川
興津氏
高橋
興津
瀬名川
吉川氏
入江氏
江尻
船越氏
駿河国府
鉄舟寺
手越
久能寺
平沢山寺？
安倍川
5 km
凡例
狩野氏 …主な伊豆・駿東地域の武士
狩野荘 …主な伊豆・駿東地域の荘郷
…国府
…中世東海道宿
…主な伊豆・駿東地域の社寺

東(河津)祐通・和田義盛・渋谷重国・本間権守(海老名季貞ヵ)といった地域の武士勢力に嫁し、また『曽我物語』中に明記されない曽我兄弟の母方祖父(母方祖母は狩野茂光の娘)については、菱沼一憲氏により、他の武家系図との比較検討を通じて武蔵国横山党の横山時重に比定されている[菱沼 二〇〇四]。

伊豆国内での茂光の優位性を象徴するものとして、伊豆国守との姻戚関係があげられ、茂光の娘は伊豆守為綱に嫁し、生まれた信綱は狩野荘田代郷を相伝して田代氏を名乗る[石井 一九七四]。とくに、伊豆国司源頼政の嫡子伊豆守仲綱の乳母子にあたる同国目代仲成と、孫娘との婚姻は重要であろう(真名本『曽我物語』巻一)。保元の乱後、伊豆守には摂津源氏出身の源頼政が就き、以後も頼政は伊豆国の国守ないし知行国主の立場にあった。また頼政は八条院(鳥羽院の皇女暲子内親王)の重要な軍事力として仕え、以仁王の挙兵に参加して一族の多くが滅ぶ[永井 二〇一二]。茂光の「工藤介」の有力在庁と思しき肩書は、そもそも当該期社会でどれほど実態を伴ったかは分からない。ただし、平安中期の地域社会内で実権を伴わない揚名国司の肩書について、各地域勢力が中央政界の有力者と結ぶことで獲得し、地域小集団のなかで一定の影響力を及ぼしていたという指摘を踏まえるに[渡辺 二〇一四a・二〇一四b]、茂光の「工藤介」という名乗りも、伊豆国守源頼政―八条院という中央権力への接近の帰結として理解できよう。また、本拠である狩野荘が後白河院御願寺の蓮華王院領(院領荘園)であるのも、その立荘時期は未詳であるものの、保元の乱頃の伊豆国守が、後に後白河院近臣となる吉田経房が務めていたことと無関係ではないだろう[森 一九九〇]。狩野荘の成立背景に後白河院権力の関与も垣間見えるのである。

維景系工藤氏の親族ネットワークで興味深いのは、先行研究でも指摘されるように、早くから分流した時信系との密接な交流が窺える点である[菱沼 二〇〇四]。伊東祐親に所領を奪われた工藤祐経が祐親殺害を企てる際、「駿河国高橋に付きつつ、船超(越)・木津輪(吉川)の人共を語らいて本意を遂げんと欲する処に」(真名本『曽我物語』巻一)と、時信系から分出した船越氏・吉川氏が協力している。仮名本『曽我物語』では、さらに荻野氏・蒲原氏・入江氏を加えて祐経と外戚関係にあったことも記す。また、物語終盤で曽我兄弟の遺骸を探し出した「宇佐美禅師」という人物は「駿河国平沢山寺に在りけるを、本は久能法師なり、此人共の為には従父《いとこ》なり」（真名本『曽我物語』巻十）とあるため、駿河国入江荘平沢を拠点とする継景系の宇佐美氏が、伊東祐親・河津祐道と親族関係にあったことも窺える。またこの宇佐美禅師がもといた久能寺（駿河国有度郡）は、先の駿河国高橋にほど近く、時信系の船越氏・吉川氏等の勢力圏内にある天台系の古刹である。

時信系の拠点である高橋・蒲原の地などは中世東海道の宿であり、また入江氏の拠点入江荘は中世の「入江庄市」に比定される海上交通の要衝江尻に近い〔湯之上 一九九七・二〇〇〇〕。幕府成立以前の維景系工藤氏の親族関係とその交流は、本拠狩野荘とそのなかを貫流する狩野川だけでなく、駿河湾沿岸や駿河までの東海道沿線一帯に拡がっていることを、ここで確認しておきたい。建久四年（一一九三）に北条時政が富士の巻狩り準備のため駿河へ下向した折、「御旅館以下の事、伊豆・駿河両州御家人等に仰す、狩野介《（宗茂）》相共に沙汰せしめ給うべきの由」と頼朝に命ぜられていることから（『鏡』同年五月二日条）、維景系工藤氏の嫡流たる狩野宗茂（茂光子息）は、本拠伊豆国内だけでなく駿河方面の武士も動員できる立場にあったと考えられる。当該期の宗茂の立場（「狩野介」）は、前述した東海道沿線の交通拠点に立地する親族たちとのネットワークを背景とした実力に起因したものと評価できる。

(2) 狩野茂光娘聟加藤一族と富士山・伊豆・箱根

さらに狩野茂光個人の親族関係についても、「父景員、敵ニ怖テ、伊勢国ヲ逃出テ、伊豆国ニ下テ、公《（工）》藤介茂光ガ聟ニ成テ居タリケリ」（延慶本『平家物語』第二末の十二〔『延慶本平家物語　本文篇上』勉誠出版、一九九〇年〕）と、伊勢国出身の加藤景員が出奔して茂光の娘聟として迎えられている。加藤氏も頼朝挙兵当初から従軍し、石橋山合戦での敗走の際、箱根山に潜伏した後に「光員等周章し断腸すと雖も、老父を走湯山に送り〈此の山において景員出家を遂ぐと云々〉、兄弟甲斐国へ赴き、今夜亥剋伊豆国府に到着し祓士《抜出》すの処、土人等之を怪み、追い奔るの間、光員・景廉共に以って分散し、互に行方を知らずと云々」「光員・景廉兄弟駿河国大岡牧において各に相逢う、悲涙更に襟を湿らす、然る後富士の麓に引き籠もると云々」(『鏡』治承四年八月二十七日・二十八日条)とある。景員らは箱根山を発った後、父景員は走湯山に隠れ出家し、光員・景廉兄弟は伊豆国府から駿河国大岡牧を経由して富士山麓へ至っている。

幕府草創期の加藤氏の拠点は、すでに網野善彦氏の研究がある。網野氏は系図類を用いながら、伊豆国狩野荘牧郷に光員が、伊豆国河津荘・甲斐国大原荘・同国小松等に景廉が所領を有したこと、兄弟の一人が浄蓮房として伊豆山に入っていることから、同氏が伊豆国内に一定の基盤を築いていたこと、甲斐方面での拠点保有と甲斐源氏との連携(甲斐国小松を相続した景廉女が甲斐源氏の吉田有信に嫁す)を指摘している[網野 一九九一]。加藤氏の伊豆国内の拠点は、狩野茂光の娘聟となった結果獲得したものであろうが、先の加藤氏の逃走ルートを踏まえれば、富士山麓にある甲斐国大原荘は、同氏の頼朝挙兵以前の所領であったのだろう。(5) なお、甲斐国と狩野氏の関係について、維景系工藤氏より分派した景任系が甲斐工藤氏として定着している[今野 二〇〇七、伊東市史 二〇〇七]。甲斐の工藤景光・行光親子は治承四年(一一八〇)の甲斐源氏安田義定らとともに波志太山で平家方と戦う(『鏡』同年八月二十五日条)。また景光は、早河合戦で北条時政の子宗時を殺害した平井紀六久重の捜索において、犯人を相模国波多野荘内で捕えていることから(『鏡』養和元年正月六日条)、景光の活動範囲は本拠地の甲斐から駿河・相模に及んでいた。甲斐工藤氏と伊豆狩野氏との幕府成立以前の親族間交流を直接示す史料は確認できないが、狩野茂光の娘聟として留住した加藤氏の拠点ネットワークとその活動範囲は、伊豆狩野氏(維景系)・甲斐工藤氏(景任系)の勢力圏内のなかに収まる。

ところで、石橋山合戦後の加藤氏の逃走ルートは、走湯山を拠点に伊豆・駿河・甲斐に跨がる伊豆修験ネットワークに依拠したものだったことが指摘される[西川 二〇一五]。伊豆山は「伊豆走湯」(『新猿楽記』)・「伊豆の走湯」(『梁塵秘抄』)と、少なくとも平安末期には東国霊場の一つと認識されていた。十二世紀前半に富士登頂を果たし、村山修験の整備と富士山頂に大日寺を建立した末代上人はもともと伊豆国走湯山の行者であった[西岡 二〇〇〇・二〇〇三・二〇〇四]。その他、富士山と伊豆山との交流を示すものとして、医王寺経塚出土(富士市比奈)の承安四年(一一七四)銅製経筒銘文に願主「僧鑒應」がみえる。富士山・走湯山に関わる人物で「鑒」の字をもつのは、久安五年(一一四九)に鳥羽院ら結縁の一切経を山頂に納経した富士上人有鑒(末代)や、仁安元年(一一六六)に走湯山東谷上松尾谷にて書写活動をおこなった金剛仏子惟鑒の事例がみえる。この共通点からすれば、この願主「僧鑒應」も走湯山で修行経験のある僧の可能性が高い[藤村 二〇二二]。

伊豆修験の形成期は経塚造営や祭祀遺品の残存から、十一世紀〜十三世紀頃が想定されており[深澤 二〇一六・二〇二〇、國學院大學博物館 二〇二二]、加藤氏の移動経路は、まさに形成されつつあった伊豆修験ネットワークに沿っていた。当該期の箱根霊場について、「箱根権現縁起」(十四世紀成立)の詞書に箱根山・伊豆山・大磯の密接な関係を示す本地物語が展開されるが、その原型はすでに建久二年(一一九一)の年紀を持つ「筥根山縁起并序」(室町期書写)でみられることから、遅くとも頼朝挙兵時期には箱根山・伊豆山の関係は構築されていた。(6) また、石橋山合戦後に北条時政は、「行実同宿の南光房を差して之を送り奉る、件の僧相伴す、山臥の巡路を経て甲州に赴き給う」(『鏡』治承四年八月二十五日条)と、箱根別当行実の配慮で案内者南光房を付けてもらい修験者の山道を利用して甲斐へ向かっている。箱根と甲斐(さらには富士)との修験による日常的な交流を示す事例であろう。加藤氏の箱根山—伊豆山—伊豆国府—

大岡牧―富士山麓へと至るルートは、有力在庁狩野氏の親族ネットワークに加え、当該期の伊豆修験および外縁にある箱根霊場の宗教的ネットワークといった複数の地域交流圏に支えられたものだった。

維景系工藤氏嫡流の有力在庁狩野氏や、同氏と密接な親族関係にある加藤氏の事例を通じて、頼朝挙兵以前の伊豆・駿東地域における交流の様相を検討してきた。その結果、狩野氏・加藤氏は、港湾を扼する入江荘や中世東海道宿の高橋・蒲原の地など、交通拠点に立地する親族たちとのネットワークを東海道沿線に築きつつ、さらに伊豆修験や富士山、および外縁にある箱根霊場のネットワークといった複数の宗教的な地域交流圏が重層的に重なり合うなかに存在していたことが了解される。

2　初期鎌倉幕府の音楽受容と狩野一族

(1) 工藤祐経の音楽教養とその周辺

ここでは伊豆狩野氏をとりまく重層的な親族・宗教ネットワークと音楽教養との関係に焦点を当ててみたい。音楽は国家や地域権力に必須な要素であり、草創期・初期鎌倉幕府では京都大内楽所出身の楽人が一時的に招請され、音楽受容が積極的にされていた。幕府側では鎌倉へ下向した京都出身の下級官人や在京経験豊富な御家人たちが主に音楽を担っており［渡邊二〇一九等］、その最初期の鎌倉音楽界をリードしたのが工藤祐経だった。

十四歳で伊東祐親に伴われて上洛した祐経は、伊東荘の領家平重盛に祗候し院武者所に入って在京生活を送っていた（真名本『曽我物語』巻一）。彼の父祐継も院武者所に属した在京経験者であり（『尊卑分脈』）、祐経も「是数代勇士の家に生まれ、楯戟の塵を継ぐと雖も、一臈上日の職を歴て、自ら謌吹の曲に携わるの故なり」（『鏡』文治二年四月八日条)と武士でありながら、院武者所最上席職員(「一臈上日」)を務め音楽芸能に長けていたことが記される。祐経は狩野氏たちに比べ遅れて頼朝に従ったが、その都振りの高い音楽教養は京都出身の要人との儀礼交渉の場面でいかんなく発揮された。元暦元年(一一八四)に鎌倉へ護送された平重衡の接遇では、祐経は鼓を打ち今様を詠じ(『鏡』同年四月二十日条)、また文治二年の静御前の鶴岡八幡宮寺での舞曲でも演奏に参加している(『鏡』同二年三月十六日条)。武芸ではなく音楽教養によって頼朝に重宝された祐経は、先学で「特異な御家人」とも評されるが[坂井 二〇〇〇・二〇一四]、頼朝が当該期進めていた積極的な音楽受容政策と幕府の音楽儀礼整備事業を勘案するに、音楽演奏者が乏しい鎌倉の人材状況のなか、京都人からしても見劣りしない彼の教養は初期鎌倉幕府の文化事業において必須であった。

後に頼朝は、建久五年(一一九四)に鶴岡でおこなわれた舞童による舞楽と僧侶の延年を鑑賞した際、「故祐経今に存命せしめば、定めて興に入るるかの由仰せ出ださる、頗る御落涙の気有りと云々」と彼の死を悼む(『鏡』同年三月十五日条)。奇しくもこの時期、頼朝が推進した鎌倉音楽の整備事業は一つの到達点を迎えようとしていた。前年には鶴岡放生会での童舞の実施が、これまでの箱根神社・伊豆山神社からの舞童派遣ではなく、鶴岡供僧門弟や御家人子弟の自力でなされるようになり、かつ鶴岡での御神楽の秘曲演奏も、鶴岡の陪従が独力でおこなえるまで成長を遂げている[渡邊 二〇二〇]。祐経存命の頃の音楽環境とは隔世の感のある現在の状況を受け、頼朝は彼の死を惜しみ涙しているのであろうか。祐経が初期鎌倉幕府の音楽整備事業のなかで如何に重要な立場にあったかが偲ばれよう。

ただし、祐経の音楽教養はどうも京都だけで培われたわけでなかった。一般的に武士の男子教育は十一~十三歳の頃に管絃の学習が施されるという[田端・細川 二〇〇二]。祐経が十四歳で上洛する以前の教育は地域でなされたとみるべきだろう。彼の周縁親族にまで視野を広げると、前節でみた元久能寺住の「宇佐美禅師」は、曽我兄弟の親類で、また久能寺周辺には祐経が祐親殺害計画に誘った親族の船越氏・吉川氏がいた。同寺には、幕府草創期の音楽文化を知る手がかりとなる史料が残っている。

〔史料1〕「久能寺縁起」（該当記事抜粋・傍線筆者、以下同。原漢文）

越の大石の形吉なるを舟に積み渡す、申し伝うるに伊豆北条大御堂を建立す、堂供養久能寺に宣旨有り、然り而して舞童・妓楽の衆船に乗りて渡る、帰る時大風吹きて船共損失す、其の時碼碯の羯鼓・寒竹の簫の笛・方磬・尺八・箏・琴・琵琶悉く失い畢んぬ、此の碼碯の羯鼓は聖一国師入唐の時に求む、然らば久能寺昔の由緒有りて御寄進有り、其の外に笛・舞童の装束竜虎の錦乱綴繍等の唐物御寄進、此の時失い畢んぬ、寔に竜神の望みを成して奪い取ると申し合わす、是に併せて寺の衰微の前相なり、猶々其れに従いて以来伽藍坊中昔に似ず衰える、人の信仰は薄く成り行き、国々の所領は人に給うるを成す、縦い末代と雖も、信力を励めば智行の道強ちに争でか昔に劣らんか、本尊豈に垂応せざらんや、

康永元（一三四二）壬午稔六月十七日　沙門敬白

（『静岡県史資料編四　古代』（静岡県、一九八九年）説話・物語・縁起三三号）

康永元年の年紀を持つ「久能寺縁起」は、文治三年（一一八七）に北条時政の発願で願成就院（「大御堂」）を建立した時、久能寺から舞童・妓楽衆ら楽人の派遣があったことを記す。幕府草創期、久能寺は地域の音楽儀礼を支援する、音楽文化の優れた拠点だったことが窺われる。同寺は北条氏の文化活動を支えていたのである。

縁起では堂供養の帰りに大風に遭い、寺宝の楽器や装束が海中に没しているが、そのうち碼碯の羯鼓は、鎌倉中期の入宋僧で久能寺僧の円爾（「聖一国師」）による請来品とあるため、時期的に齟齬が生じる。だが、同寺のある駿河国有度郡は、古代より東国風俗歌の舞楽である東遊が発達した地であり〔荻　一九九三〕、現・鉄舟寺所蔵（旧久能寺伝来）の陵王面は鎌倉後期制作とされるなど〔村山　二〇〇二・二〇〇四〕、地域音楽文化の様相が濃厚に看取される。また、願成

就院の遺構変遷や伊豆北条氏の同院への関与を勘案するに、鎌倉前期までが願成就院の盛期であることから［池谷 二〇一〇］、縁起の内容に疑義があるものの、鎌倉初期段階で久能寺が地域音楽文化の拠点であったことは認めてよかろう。

工藤祐経とその親族船越氏・吉川氏（また仮名本『曽我物語』では入江氏・蒲原氏らも）は、久能寺という地域音楽拠点の近くに本拠を構え、おそらく同地に関わりのある武士勢力だったのである。久能寺周辺から、直接京都文化に触れ音楽教養を高めていく武士が登場したことになる。祐経の周辺では、すでに地域の高度な音楽環境が準備されていたと判断できよう。(7)

その他、親族関係にはないが、狩野川河口の駿河国大岡牧の領主牧宗親は平頼盛の家人となり、弟の国親は在京する京都文化に明るい武士だったという［浅見 一九九七］。この宗親も弟に劣らず文化人の素養があったようで、鎌倉の邸宅が火災に遭った際、彼は急ぎ自邸に戻り箏を取り出して顔左側の鬢を焼いてしまったという逸話が残る（『鏡』建久三年十月三十日条）。宗親も箏を嗜み、音楽文化に明るかったのであろう。草創期幕府のなかで京都の音楽文化を知る人材は貴重であり、伊豆・駿東地域からそうした人材が幕府へ供給されていたことは注目される。

上述の音楽文化が育まれた背景として、伊豆国に視点を移すならば、寺院荘厳と密接に関わる音楽儀礼において、京都で活躍する僧侶たちが伊豆へ配流された事実は重要である。たとえば伊豆僧正とも称された摂関家藤原忠通の子にして、興福寺一条院院主の恵信は仁安二年（一一六七）に伊豆へ配流されているし（『興福寺略年代記』同年五月十五日条）［坂井 一九九三］、治承元年（一一七七）には天台座主明雲も伊豆への配流が決定され、知行国主源頼政が移送を担う（『玉葉』同年五月二十二日条）。鎌倉初期でも文治元年（一一八五）に平教盛の子で山門僧の小川法印忠快が伊豆へ配流され、狩野宗茂の預かりとなっている（『鏡』同年七月二十六日条）。恵信・明雲も狩野氏の預かりであったかは確認できないが（明雲の場合は可能性が高い）、かつて京都の文化人が多く房総に配流され、上総広常周辺の豊かな造像・音楽文化形成に寄与していった事例を踏まえれば〔渡邊　二〇二一・二〇二二〕、伊豆半島の地も京都の流人によってもたらされた京都文化の影響も想定できる。伊豆へ配流された山木兼隆の館で郢曲が催された事例をあわせるならば（『鏡』治承四年八月四日条）、流人頼朝を囲繞する京都出身の人材もさることながら〔野口　一九八九〕、頼朝を支えた地域勢力もまた度々下向してくる流人たちから文化的影響を受けていたのは確かであろう。伊豆出身の工藤祐経の音楽教養を、ひとり京都に求めるのではなく、先述の地域寺院に加え、流人たちから受ける文化的影響も考慮すべきである。

(2) 東海道の遊女と狩野氏

祐経が曽我兄弟に討たれた建久四年の富士の巻狩では、手越宿と黄瀬川宿の遊女たちが群集し（『鏡』同年五月十五日条）、祐経殺害現場には手越宿遊女少将と黄瀬川宿遊女亀鶴が居合わせた（真名本『曽我物語』巻九）。当時の史料に登場する遊女は、地域有力層で実力のある一族から輩出され、また遊女が高度な音楽芸能を持つがゆえに京都政界と幕府武家社会と交流を持った存在であったという〔豊永　一九八九、服藤　二〇一二〕。この点を踏まえるに、祐経と共寝していた手越遊女との間には当然ながら音楽的交流があったのだろう。これら遊女も、鎌倉幕府の音楽を形成する上で欠かせない存在で、将軍渡御や都市鎌倉の音楽芸能の場に登場する。(8)

鎌倉幕府の成長とともに整備された権門都市鎌倉には、次第に音楽技能を身につけた人材が、鎌倉・京都・地域（本拠・拠点）の都鄙間を活発に往来した御家人たちの交流を通じて招かれる。たとえば、文治三年（一一八七）に鎌倉内の三浦義澄宅に信濃国保科宿の遊女長者が訴訟のために寄宿し、源頼朝と対面を果たし郢曲を披露している（『鏡』同年二月二十五日条）。また建仁二年（一二〇二）に鎌倉内の比企能員宅には京都から芸能に優れた舞女微妙という人物が訪れ、流罪となった父の消息を源頼家に訴える（『鏡』同年三月八日条）〔岩田 二〇一一〕。彼女らはそれぞれ三浦義澄・比企能員を頼って鎌倉に赴いているのであり、三浦氏・比企氏らの広範な人脈が芸能者にもつながっていたことが垣間見える。

そうしたなか、初期鎌倉幕府における源頼朝の儀礼交渉の場に、千手前という遊女が加わり囚人平重衡の接遇を担っていた。

〔史料2〕延慶本『平家物語』第五末ノ九「重衡卿千寿前ト酒盛事」

（『延慶本平家物語　本文篇下』勉誠出版、一九九〇年）

兵衛佐殿ヨリ、「無情不可奉当、湯殿シテ労リ奉レ」トテ、湯殿へ奉入、年廿許ナル女房ノ、白綾ノ小袖着ルガ、湯殿ノ戸ヲ引開テ参ル、中将、「アレハ如何ニ」ト被仰ケレバ、「兵衛佐殿ヨリ、御呵嘖ニ参レト候」ト申ケレバ、鹿（狩）野介近候ケルガ、「ナニトカクナ申サレソ、早参給へ」ト云ケレバ、女房内へ入ヌ、其後年十六七計ナル美女、紫ノ小袖着テ、手箱ノ蓋ニ櫛入テ、持テ参タリ、中将御イカケシテ上リ給ニケリ、此女房、『何事モ思食候ハム事ハ被仰候へ』ト、兵衛佐殿ノ仰候ツル」ト申ケレバ、女房此由ヲ兵衛佐殿ニ申ス、「頼朝ガ私ノ敵ニアラズ、争無左右可奉切」トゾ被申ケル、中将、鹿（狩）野介ニ、「只今ノ女房ハイタヒケシタル物哉、何ナル者ゾ、名ヲバナニト云ゾ」ト被問ケレバ、「手越宿ノ君ノ長者ガ娘、千手ト申者ニテ候、心立テ痛気シタル者ニテ候之間、兵衛佐殿ノ御前ニ此四五六ヶ年被召仕進セテ候也」トゾ申ケル、

〔史料2〕では、元暦元年（一一八四）に捕縛され鎌倉へ護送されてきた平重衡を源頼朝が接遇する際、重衡を狩野宗茂の宅に預けて音楽芸能に通じた「手越宿ノ君ノ長者ガ娘、千手ト申」（傍線部）す遊女を召し出している。千手前はすでに「兵衛佐殿ノ御前ニ此四五六ケ年被召仕進セテ候」（同）とあり、少なくとも頼朝の挙兵以前から仕えていた。彼

女は『平家物語』中で、京都政界で音楽芸能に通暁した重衡すら感嘆させる技芸を披露し、また楽曲を通じて死を覚悟する重衡を慰撫するほどの人物として造形され〔由井 一九九八〕、『吾妻鏡』では工藤祐経とともに慰問団に加わり琵琶を弾いている(同年四月二十日条)。初期鎌倉幕府において、千手前は工藤祐経と双璧をなす貴重な音楽芸能者であったのだろう。

かつ、千手前は狩野宗茂を介して重衡の許へ向かい、しかも鎌倉内の宗茂宅で両者が引き合わされている。このことから、先に見た三浦義澄や比企能員それぞれへの伝手を頼って鎌倉へ来訪した遊女の事例を斟酌するに、頼朝と手越宿千手前との関係は狩野宗茂の仲介があったこと、その前提として宗茂と千手前との交流があった可能性が浮上する。

というのも、すでに前節で指摘したように、時信系統の入江・興津・蒲原・吉川などは駿河国内の東海道沿線の交通拠点に本拠を構え、とくに入江氏は中世港湾の江尻をも臨む。また建久四年(一一九三)、狩野宗茂が北条時政とともに駿河国内の武士を動員する立場として頼朝に認識されていたことを想起したい(『鏡』同年五月二日条)。加えて、手越宿遊女たちは、甲斐源氏と婚姻関係を結び武田信義・逸見光長が生まれている(『尊卑分脈』)。前節で触れた、甲斐工藤氏の景光・行光親子が甲斐源氏安田義定らの挙兵に従い、その後頼朝方に参戦して駿河・相模を活動範囲としていたことも思い出される。いずれにせよ、狩野氏・甲斐工藤氏ともにその活動圏が千手前のいる駿河国手越宿を包摂し、時信系・維景系工藤氏の東海道沿線の広範な交流を踏まえるならば、手越宿をはじめ東海道宿の遊女と交流が生まれたことは極めて自然なことであろう。かかる交流を前提として、流人頼朝の許へ狩野氏(当時は茂光か)を介して手越宿千手前が召し出されたことが推測されるのである。

草創期・初期鎌倉幕府の文化事業のなかで、これまで工藤祐経個人は注目されても、彼を輩出した維景系工藤氏の文化環境が取り上げられることはなかった。だが、祐経と関わりを持つ時信系統の駿河国内での交流や文化基盤、狩野氏や甲斐工藤氏の伊豆・駿東地域でのネットワークに鑑みると、狩野一族を含む維景系工藤氏は頼朝周辺の文化レベル向上に重要な人材を供給していたのである。

3 初期鎌倉幕府の造像事業と地域交流

(1) 源頼朝の南都仏師起用と情報ルート

伊豆・駿東地域の文化基盤は鎌倉幕府・御家人たちの造像にも影響を及ぼした。

源頼朝が当初より南都仏師(運慶・快慶ら後の慶派仏師)を幕府造像事業に起用していたことはよく知られ(以下、系図3を参照)、文治元年(一一八五)の勝長寿院供養では、「南都大仏師成朝」に本尊丈六阿弥陀如来坐像の制作を依頼している(『鏡』元暦二年五月二十一日条・文治元年十月二十四日条)。彼の起用理由に、河内源氏嫡流を意識する頼朝が、同じく南都仏師嫡流で定朝に連なる正系仏師の成朝(康朝の弟子)の存在を重視したこと[塩澤 二〇〇四・二〇〇九・二〇二〇]、加えて彼の起用は、勝長寿院の建立意図である亡父義朝の復権を内外に誇示し、頼朝自身を河内源氏嫡流と喧伝することとリンクすることが指摘される[川合 二〇二一]。

ところが、そもそも成朝に畿内で造像実績を示す作例は見当たらず、文治二年に勝長寿院造像の功績で頼朝が彼を南都大仏師職に推挙した時点では、別の仏師院性に同職を奪われそうになりながら、「成朝先師相承連綿無絶」と自己が定朝正系の嫡男であることを主張する(『鏡』同年三月二日条)。成朝を定朝正系嫡男とする実否は措いても、当該期の成朝の置かれた状況を考慮すると、『吾妻鏡』中の成朝の評価はやや誇大な印象を否めない。

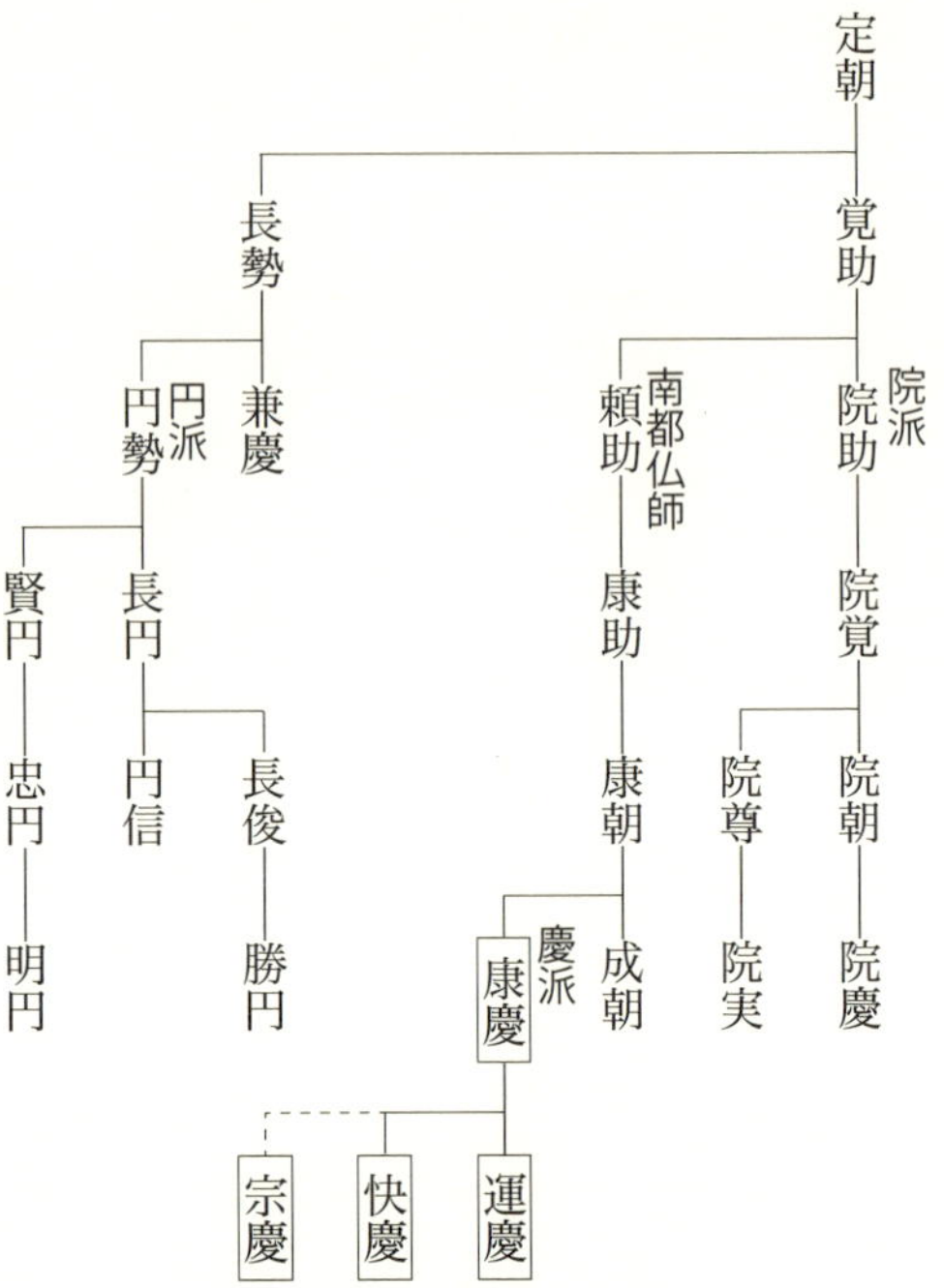

〔系図3〕院政期仏師の略系図
※奈良国立博物館展示図録『運慶・快慶とその弟子たち』（奈良国立博物館、1994年）より作成
※破線は同世代と考えられる仏師

むしろこの時期、同じく康朝の弟子康慶（運慶の父）の方が南都仏師を代表する存在として院政期社会のなかで認められ、康朝の後継者として後白河院の蓮華王院五重塔の造像に携わり、治承元年（一一七七）に法橋位も得ている。建久三年（一一九二）に康慶が蓮華王院丈六不動明王二童子像を制作したことは、当時彼が院関係の造像を手がける代表的仏師とされていたからと考えられている〔田邉 一九七二、奈良国立博物館 一九九四、根立 二〇〇三、奥 二〇一〇〕。翌年の興福寺供養で、康慶は法眼位に就く。草創期幕府の造像事業は、南都仏師の系譜に連なるも京都院政期社会のなかで不遇だった成朝しか人材として起用できなかった、というのが実態だったのではないか。

しかし、鎌倉幕府の永福寺造営期間（一一八九～九二）になると状況は一変する。後白河院近臣の日野範綱と大江広元との公武交渉の一端を示す、次の史料を見てみよう。

〔史料3〕「藤原範綱書状」（『和歌真字序集（扶桑古文集）』紙背文書）〔藤原・末柄 二〇〇七所収〕

（前欠）奏者給はる事に候なり、本人若し悋惜の事や候はんするを、聊か朝恩などだに候はば、彼の人の大切に候か、今一両日の間、便宜を伺い能々披露すべく候なり、康慶の事、委に申せしめ候了んぬ、下向異議□(無カ)候か、毎事見参の次を期し候、恐々謹言、

(建久二年)二月十日　(藤原)範綱

建久二年(一一九一)、大江広元宛に記された[史料3]には傍線部「康慶の事、委に申せしめ候了んぬ、下向異議□(無カ)候か」と、頼朝側から康慶の下向を院側へ要請したことが読み取れる[平雅行 二〇一一]。当該期に仏師を必要とした幕府造営事業は永福寺であり、この翌年に同寺は完成する。従来は永福寺跡出土遺物から同寺造像を康慶の子運慶が担当したと推定されてきたが[9]、本史料により幕府が院政期社会で活躍する康慶を欲したことが窺えよう。なお、康慶下向の要請に先立つ建久元年、頼朝は上洛を果たし、平治の乱以来久方ぶりに後白河院と対面している。そうなれば、この在京期間中に院周辺の造像を担う仏師康慶の存在を頼朝が知り、その下向を要請したことも考えられるが、実はこの頼朝と康慶の関係は挙兵以前に遡る。

牧野あき沙氏が検討を加えた、治承元年(一一七七)の年紀銘を持つ仏師康慶作の瑞林寺地蔵菩薩坐像(静岡県富士市)によれば、結縁者のなかに「行実」(箱根権現別当)、「義勝」(義勝房成尋)の名が見出せ、成尋・行実という頼朝挙兵当初から従軍した人物が、すでに仏師康慶と交流を持ったことが分かる[牧野 二〇〇〇]。富士山麓へ康慶の作例が伝世した経緯は未詳であるものの、富士御室浅間神社ではすでに失われた造像の銘文に「奉造立勧進走湯山住金剛仏子覚実覚台坊二十度仏子興福寺運珍円浄作文治五年(一一八九)七月廿八日」(日本武尊神像)や、「奉造立勧進走湯山住金剛仏子覚実覚台廿五度仏師興福寺住定海宝月坊作建久三年(一一九二)四月九日」(女体合掌ノ神像)と記す(『甲斐国志』下、甲陽図書刊行会、一九一一・一二年)。鎌倉初期の御室浅間明神にて興福寺仏師が造像活動をおこなった記録もあるため、同じく南都仏師の康慶が富士山麓で造像をおこなっていても不思議ではない。

以上より、挙兵以前の頼朝には、すでに院政期京都社会で活躍する南都仏師や、当時著名になりつつある仏師康慶の情報が彼を取り巻く人的基盤から入っていたことになる。そうなると、勝長寿院造像での成朝の起用は、かかる南都仏師に関する情報を摑んでのものであろうし（しかし京都社会で活躍している人材をすぐさま呼べた訳ではない）、上洛と後白河院との対面を果たした結果、院周辺で最も活躍し南都仏師の正系に連なる康慶を、頼朝は永福寺造像で招請するに至ったと推測される。

ならば、頼朝周辺の南都仏師康慶と関わった人材がどのような性格を持ち、また後の幕府造像事業や御家人による個別の造像で、なぜ南都仏師（とくに慶派仏師）が重用されるに至るのか。次項ではこの経緯と歴史的意義を、本稿でこれまで述べてきた伊豆・駿東地域での武士たちの文化交流の観点から再度考えてみたい。

(2) 伊豆・駿東地域と武士たちの文化交流

瑞林寺地蔵菩薩坐像の結縁者に名を連ねる箱根別当行実は、「此の行実と謂う者、父良尋の時、六条廷尉禅室《源為義》并びに左典厩《源義朝》等において聊か其の好みあり、茲に因りて行実京都において父の譲を得、当山別当職に補さしめ下向するの刻、廷尉禅室下文を行実に賜りて備《(称)》わく、東国輩、行実若し相催さば従うべし、てえり、左典厩の御下文に云わく、駿河・伊豆家人等、行実相催せしめば従うべし、てえり」（『鏡』治承四年八月二十四日条）とある人物で、源為義・義朝以来の河内源氏との関係が強調される。記載通り行実が東国の家人編成を任されていたかは未詳だが、為義・義朝との関係は京都で結ばれており、その後に行実は箱根へ下向した経緯が窺える。[10] 先の造像段階で、行実は箱根別当の地位にあったことになろう。

また、義勝房成尋は横山党小野氏出身で頼朝挙兵当初から従い、兄の「野三刑部成綱」は安達盛長とともに流人時代の頼朝に扈従していた（延慶本『平家物語』第二中「兵衛佐伊豆山ニ籠ル事」、以下〔系図4〕参照）。『吾妻鏡』には鎌倉勝長寿院の供養を催すにあたり、「梶原源太左衛門尉景季・義勝房成尋等使節として上洛するなり、南御堂供養導師御布施并びに堂荘厳具〈大略已に京都に調え置く〉奉行のためなり」（文治元年九月二日条）と、儀礼用の装束・荘厳具等を調達するため京都へ派遣されている〔鎌倉 二〇一八〕。同じく上洛した梶原景季の父景時がすでに京都徳大寺家と関わりが深いことを踏まえるに〔野口 一九八二〕、成尋もすでに京都政界に何らかの伝手があったと見るべきである。あるいは頼朝流人時代にあって、兄の成綱は伊豆に在国し、成尋は在京活動をおこなっていたのかもしれない。また成尋は後白河院一周忌千僧供養や東大寺供養への参加、永福寺奉行人を務めるなど幕府宗教儀礼に密接に関わった人材だった。前掲の牧野氏も指摘するように、成尋は「城南寺修行」（「小野系図」『続群書類従　第七輯上　系図部』）と

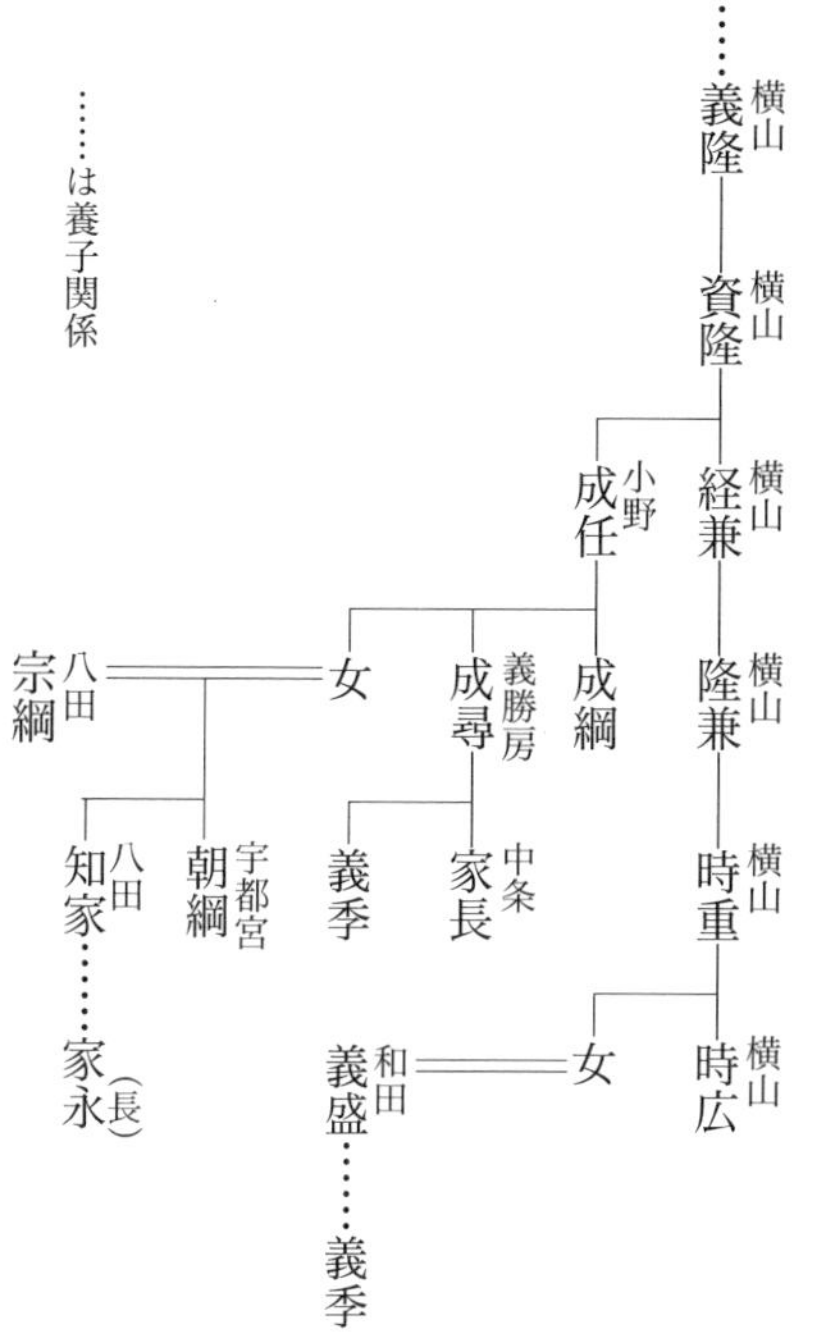

〔系図4〕横山氏・小野氏・八田氏関係略系図

※「小野系図」『尊卑分脈』より作成

あって城南寺（安楽寿院カ）執行の肩書きを持つ。仮に城南寺が鳥羽安楽寿院に比定できるとなると、同院の造像は南都仏師の康助・康朝が関与したこととなり、成尋が康朝の子康慶と知遇を得る機会があった可能性も浮上する〔牧野 二〇〇〇〕。

もちろん、成尋と安楽寿院の関係は推測に推測を重ねたもので、康慶との直接的な交流契機を確言することは現時点で難しい。しかし、成尋・成綱の出身である横山党は武蔵・

相模（相模川流域あたりまで）両国を活動拠点とし、彼ら以外の横山党一族が頼朝に挙兵当初から従軍した徴候が窺えない。そうしたなか、流人時代から加わる成尋・成綱はやはり特異な存在である［鎌倉 二〇一一・二〇一〇、小林 二〇一六］。兄弟が流人頼朝に扈従した理由は、同じく仕えた安達盛長が頼朝の乳母比企尼の娘聟となっていた所縁に拠ったのと同様、成尋が頼朝乳母寒河尼（八田宗綱女）の縁者であったことが大きく関わろう［野口 一九八九］。成尋は寒河尼の兄弟八田知家と姻戚関係を結んでおり、しかも成尋子息の中条家長は知家の養子になっている（「小野系図」）。そして知家は、保元の乱で源義朝に従っており、(11) 頼朝挙兵時には兄の宇都宮朝綱・義兄弟の小山政光とともに参戦している。成尋・成綱と頼朝の関係は、頼朝乳母寒河尼とその出身である八田氏の縁を介して結ばれたものだったのである。

さらに成尋・成綱について、頼朝の挙兵を支えた狩野氏のなかで、茂光の娘が横山時重（横山党横山氏）にかつて嫁していたという指摘を想起するならば［菱沼 二〇〇四］、狩野氏と横山党小野氏との関係も朧気ながら見出せよう。横山時重と成尋・成綱は同じ横山党に属し、時重の娘が和田義盛に嫁し（「小野系図」）、かつ成尋の子息義孝が義盛の養子となっており（同）、両者は和田義盛を媒介として密接に結びつく。さらに狩野茂光の孫娘は和田義盛にも嫁す（真名本『曽我物語』巻五）。頼朝挙兵を支えた三浦一族の和田義盛を中心にみると、狩野氏と横山党横山氏・小野氏は挙兵以前から姻戚関係によって結ばれていたことになる。(12)

そして個々の武士勢力の姻戚関係だけでなく、彼らはかつて東国に軍事基盤を形成した頼朝の亡父義朝と関わりを持つ。前述したように、狩野氏の「狩野工藤四郎・同五郎」や八田知家は保元の乱で源義朝に従った。その軍勢のなかに、武蔵国の「横山悪次（広家）」もおり（人名比定は「小野系図」に拠る）、広家の伯父隆兼（時重の父）が、愛甲内記太郎殺害事件を契機に源義朝の父為義の家人になっている［鎌倉 二〇一〇］。つまり、横山党横山氏もまた河内源氏の家人となっているのである。箱根別当行実も義朝のもとで伊豆・駿河両国の家人編成を担ったと主張する。そして和田義盛は、そもそも三浦一族が義朝と密接に連携し、義盛と同族の「和田太郎助弘」も義朝が紛争介入した大庭御厨乱行事件において、義朝が加担した在庁官人側で登場する（天養二年三月四日「官宣旨案」『平安遺文』六―二五四八）。彼らはみな義朝と関わりのある人物ばかりなのである。義朝が形成した東国武士たちとの関係は、もちろんそれぞれの置かれた政治状況や利害関係による濃淡もあって一概に軍事基盤と評価するには議論もある〔元木 一九八八・一九九四・二〇〇二・二〇〇四、鎌倉 二〇一〇、川合 二〇一七、渡邊 二〇二四〕。しかし、如上で取り上げた頼朝挙兵段階における伊豆・駿東地域の武士勢力の交流が、個々の姻戚関係だけでなく、亡父義朝とも所縁を有していたことは改めて注目されよう。義朝の所縁を通じて、頼朝挙兵の基盤となる軍事勢力が準備されていたのである。

かかる交流のなかで、頼朝挙兵の前段階において、康慶―行実―義勝房成尋という幕府の宗教・文化政策に多大な貢献を果たした人材がすでに頼朝との関係を構築していた点は重要である。行実・義勝房成尋はともに義朝に所縁を持つという点で共通する。横山党小野氏出身の成尋は、狩野氏とも姻戚関係でつながり、かつ行実と同様に義朝の所縁で結ばれる。そして、瑞林寺での造像が富士山麓でなされた点、また富士山麓と宗教的に連携した伊豆・箱根のうち箱根別当行実が関与している点は、本稿でみる伊豆・駿東地域の文化交流を捉える上で大きな意味を持つ。1節でみた富士山へ接続する箱根霊場の宗教的ネットワークの圏内でこれら活動が営まれたことが想像される。

伊豆・駿東地域の武士たちは、狩野氏の姻戚関係に基づく親族ネットワーク、富士山・伊豆・箱根の宗教的ネットワーク、そして源義朝による軍事編成といった多様な関係によって結びつき合いながら交流していた。この交流圏に南都仏師康慶がすでに関わりを持っていたのである。

(3) 義勝房成尋・行実と初期鎌倉幕府の造像環境

前項で検討した義勝房成尋・行実は、初期鎌倉幕府の宗教・文化政策に大きな影響を与えた人物と評価しうる。周知の通り、彼らが結縁した南都仏師康慶の子息運慶は、鎌倉幕府や有力御家人たちの本拠での造像事業に深く関わった。建久二年(一一九一)の永福寺造営期間中に康慶の招請が後白河院へ要請される以前、これまで知られている運慶の東国での造像作例は、確実なところで、文治二年(一一八六)五月三日に制作が開始された北条時政発願の願成就院にある阿弥陀如来坐像・不動明王立像・二童子立像・毘沙門天立像(同院は文治五年六月六日に落慶供養)、文治五年三月二十日に制作された和田義盛発願の浄楽寺(神奈川県横須市)にある阿弥陀如来坐像・両脇侍立像・不動明王立像・毘沙門天立像が認められる[山本 二〇一〇、東博 二〇一七]。

まず浄楽寺の造像では、結縁者に大願主和田義盛とその妻小野氏(横山時重女)が名を連ねる。頼朝が康慶に永福寺の造像を依頼する以前の段階で、義盛は康慶子息の運慶へ造像を依頼する所縁を持っていたことになる。先にみた、義盛を取り巻く親族関係をひもとけば、義盛の妻が横山党出身だけでなく、義盛の養子に義勝房成尋の子息義季が入っている(「小野系図」)。このような関係を踏まえれば、義盛が運慶の知遇を得た契機を、彼個人の在京活動による京都社会とのつながりと見るよりも、義盛よりも京都文化に知悉し、かつすでに仏師康慶を知る義勝房成尋の所縁に拠るものと考えられる(13)。

また、願成就院の造像では、北条時政が鎌倉御家人のなかでいち早く運慶の造像を求めた人物として注目される。当該期の運慶は、文治二年二月に興福寺西金堂本尊の釈迦如来像を制作しており、すでに興福寺との密接な関係が築かれていたことが指摘される[横内 二〇〇七]。先の康慶と所縁を持つ箱根別当行実は、かつて建久二年(一一九一)に箱根山の縁起を「筥根山縁起并序」として起草した際、その執筆を「南都興福寺住侶信救」がおこなっている。この信救は「故木曽左馬頭義仲朝臣の右筆大夫房覚明の者有り、元は是南京の覚《（学）》侶なり、義仲朝臣誅罰の後、本名に帰し、信救得業と号す、当時筥根山に住むの由、聞こし食さるるに就き之に及ぶ」（『鏡』建久六年十月十三日条）とあって、かつて興福寺僧として木曽義仲に従軍し、義仲が討たれた元暦元年（一一八四）以降は箱根山中に逃れ、信救と改名して別当行実の庇護下にあったことが分かる。延慶本『平家物語』では文才に優れた興福寺学僧として登場し、また関東に下向した信救（覚明）は、建久元年五月の勝長寿院における一条能保室の追善仏事で導師役を務めており、鎌倉で活動していた（『鏡』同年五月三日条）。すでにこの時期、興福寺での諸文化活動の情報は箱根別当行実を媒介として、頼朝周辺にもたらされていたのである。南都仏師との所縁や情報を持つ箱根別当行実・信救の存在は重要であり、頼朝の外戚であった北条時政の許にかかる仏師情報がもたらされていても不思議ではなかろう。北条氏による願成就院造像での仏師運慶の起用は、〝先進地域〟たる伊豆・駿東地域で形成された人脈と情報、およびそれらが頼朝周辺へもたらされた帰結である、と理解したい[14]。

その他、永福寺完成後の事例であるが、保寧寺（埼玉県加須市）阿弥陀堂には仏師康慶がまだ存命中の建久七年（一一九六）の阿弥陀三尊像があり（康慶は建久七年以降に造像活動が見えなくなる）、如来坐像には「大仏師宗慶」の銘があり、康慶弟子の宗慶が造像している。この宗慶は、先の康慶が制作した瑞林寺地蔵菩薩坐像にて「結縁小仏師」[15]の中に名を連ね、康慶工房の仏師として参加している。保寧寺の造像に慶派仏師が関わった背景は未詳であるも、康慶工房に加わる慶派仏師の情報は、すでに頼朝挙兵を支えた周辺の東国武士たちの間で共有されていたのだろう。

以上より、頼朝挙兵を支えた伊豆・駿東地域の人的基盤のもとに、すでに鎌倉幕府や御家人たちの造像事業につながる南都仏師（以後の慶派仏師）の情報が蓄積されていたことが了解されよう。その中心は、草創期・初期鎌倉幕府の宗教・文化政策に多大な影響を与えた箱根山の別当行実や横山党小野氏出身の義勝房成尋の所縁であり、彼らのもとに集うさまざまな人材と情報であった。以後、慶派仏師の造像は正治元年（一一九九）までになされた運慶による下野足利氏の鑁阿寺での造像や、建保六年（一二一八）の運慶による北条義時発願の鎌倉大蔵薬師堂の造像へとつながっていく。

さらにこれら幕府や有力御家人たちの造像事業を整理すると、鎌倉殿の造像事業と有力御家人のそれでは、以下のように家格や地位、経済力に応じて厳然たるレベルの差も認められる。すなわち、鎌倉殿たる頼朝主導の造像事業（幕府公式事業の勝長寿院や永福寺）では、すでに法橋位にあり、後白河院周辺の造像で南都仏師のなかで主導的地位にある康慶の起用を企図し（最初期は定朝正系嫡男たる成朝に依頼）、その他の北条時政や和田義盛など有力御家人たち個別の本拠での造像事業では、彼の弟子である運慶や宗慶を起用していたのである。文化的〝先進地域〟である伊豆・駿東地域からもたらされた仏師との所縁やその情報は、鎌倉幕府と御家人たちの造像事業と、そこで示される文化的ヒエラルキーの形成にも大きな影響を与えていったのである。(16)

伊豆・駿東地域における武士たちの文化交流は、鎌倉幕府と南都仏師の邂逅にも寄与し、やがて鎌倉幕府・御家人たちの造像事業で活躍する慶派仏師の起用へと結実していった。そして、鎌倉幕府内部での家格・地位・経済力を背景とする序列化に応じて、慶派仏師のなかで誰を起用するかが異なっている。幕府内・御家人間での仏師起用の差異は畢竟、文化的ヒエラルキーの形成へとつながっていったと考えられよう。

おわりに

ある地域の武士本拠や拠点のなかで、「京都」の影響を見出すことは、実はそれほど難しいことではない。平安末期の武士が程度の差こそあれ京都社会と関わっていたことは、もはや自明であるし、国守の目代など定期的に京都から地域へ下向してくる人々もいる。(17)これらの事象のみをとらえて、ある武士本拠や拠点で確認される文化的な性格や特徴を「京都」の影響として説明することは、あるいは可能なのかもしれない。それは武家の中心となった鎌倉も同様であろう。

しかし、個々の武士本拠・拠点にしても鎌倉にしても、それらはみな地域社会のなかに存立し、その影響を多分に受けながら存続している以上、地域と切り離して理解することはできない。武士本拠・拠点や鎌倉は地域社会のなかでスタンドアローン(孤立・単独的)な存在ではないのである。(18)「京都」からの影響も、京都―武士本拠・拠点や京都―鎌倉と個別・単線的に結びつけて理解してしまうのではなく、地域社会の文脈のなかで、地域間交流が果たした文化環境の形成過程や、京都文化の伝播・移入・受容の様相を考慮して把握する必要がある。

本稿では、鎌倉幕府の成立に貢献した伊豆・駿東地域を事例に、とりわけ当該地で影響力を持った伊豆狩野氏の親族・地域ネットワークを明らかにしつつ、当該地域で育まれた人的・文化的基盤―本稿では音楽・造像の文化を例示した―が、いかにして初期鎌倉幕府の文化形成に影響を与えたのかを検討してきた。それらの結論は各節で詳述したため繰り返さないが、ややもすれば、京都との関係で語られがちな鎌倉の文化伝播・受容の有り様も、鎌倉を囲繞するいわば〝先進地域〟たる伊豆・駿東地域からの影響に着目することで、地域間の文化的交流の実相を明らかにし得たものと考える。そして文化的〝先進地域〟として把握した伊豆・駿東地域も、その実態は多様であり、京都文化と直接・間接に関わる人材・情報もあれば、東海道沿線にある既存の人材・情報もあり、その文化レベルは一様ではなく濃淡がある。地域文化の有り様も、武士本拠・拠点や社寺を中心に複合的かつ重層的に形作られるものであり、それら地域間交流の延長に、鎌倉の文化形成はあった。いやむしろ、本稿が対象とした伊豆・駿東地域こそが、初期鎌倉幕府の文化源流の場であったと評価できよう。

註

（1）本稿で述べるいわゆる〝先進地域〟について、野口実氏の一連の研究によって京都から個別の地域にもたらされる文化的影響が明らかにされているが［野口二〇一五・二〇二二］、それら〝先進地域〟を地域社会のなかで、あるいは鎌倉との交流で捉える視座はまだ出されていなかった。

（2）東海道沿線の富士山麓・伊豆半島地域の文化状況と交流については、『静岡県史通史編二　中世』（静岡県、一九九七年）、湯之上隆『三つの東海道』［二〇〇〇］で概要が示されており、本稿でも多くの示唆を受けた。

（3）『吾妻鏡』の引用に際しては、吉川家本を底本とする高橋秀樹編『新訂吾妻鏡』一～五（和泉書院、二〇一五～二〇二二年（刊行中））に拠る。

（4）『保元物語』に登場する「狩野工藤四郎・同五郎」について、前者は『尊卑分脈』に登場する四郎を仮名とする狩野氏をみると、まず「狩野四郎大夫」を名乗った嫡流的立場にある狩野家継があげられる。また家継の子息で狩野姓を名乗った茂光については、その仮名は未詳なものの、茂光の子息に「五郎親光」（『鏡』治承四年八月二十日条）がみえることから、あるいは茂光の仮名は五郎であったか。というのも、茂光が石橋山合戦で敗死した後は親光がその名跡を継承し（『鏡』同年十月二十三日条）、当初は嫡流と目されていた。しかし、親光が奥州合戦で討死すると、兄弟の宗茂にその地位が移っていく。いずれも確言はできないが、維景系工藤氏のなかでも狩野の名字を名乗る家継―茂光系統に連なる人物が源義朝の軍勢に参加していたことは確かである。

（5）また北条時政の妻牧の方の親族牧宗親が拠点とする狩野川河口の大岡牧が、加藤兄弟たちの逃走ルートの中継地として選択されていることも興味深い。頼朝挙兵時点で、平頼盛家人の牧宗親が親頼朝派として認識されていた。

（6）以上、「箱根権現縁起」「筥根山縁起并序」とも『箱根神社大系　上巻』（名著出版、一九八〇年）を参照。また近年発見された平安後期制作の神像群（箱根神社所蔵）は箱根三所権現像に比定されるものも含んでいることが指摘されており［薄井二〇〇九］、箱根縁起で示される世界観は平安期まで遡りうるものだろう。

（7） 鎌倉期成立の『沙石集』には、後嵯峨院の御前で伊勢国の百姓が見事な詠歌を披露した逸話が載る（巻第五ノ二）。この百姓は「百姓が子なりけれども、児（ちご）だちにて、和歌の道心得たりける」と、地域寺院の稚児として教育されたので和歌の教養を持ち合わせていた（この事例は［田端・細川編 二〇〇二］でも紹介される）。工藤祐経の音楽素養も、少年期に久能寺のような地域寺院で稚児として教育された結果習得されたものと想像される。なお、祐経の音楽素養形成において、伊豆山神社の役割は無視できないが史料で明らかにできなかった。久能寺であれ、伊豆山であれ、いずれにせよ伊豆・駿東地域内に音楽を学ぶ基盤があったことは確かである。

（8） たとえば、建久元年（一一九〇）に頼朝が鎌倉内の小山朝政家に渡御した際、白拍子が参加し（『鏡』建久元年六月十四日条）、建久五年に頼朝・政子等が三浦三崎へ渡御した際は遊女も参加している（『鏡』建久五年閏八月二日条）。

（9） 永福寺跡出土の金属製荘厳具の形姿に関し、運慶作の滝山寺（愛知県岡崎市）の聖観音・梵天・帝釈天の諸尊像や運慶周辺の仏師作とみなされる満願寺（横須賀市）の菩薩立像との類似性が指摘されている［三本 二〇一〇］。

（10） 別当行実期の建久二年（一一九一）、「筥根山縁起并序」を起草した信救（覚明）は元興福寺僧で木曽義仲に従い、元暦元年（一一八四）に箱根山中へ隠れ住んだことが知られる。覚明（信救）については、さしあたり梶原正昭「軍僧といくさ物語—大夫房覚明の生涯」［一九七五］などを参照。箱根山への隠棲を踏まえるに、行実と覚明の関係はすでに結ばれていたのかもしれない（行実と覚明との関係は後述）。また、河内源氏と箱根の関係については、すでに延慶本『平家物語』の中で、義経が平家追討の大将として鎌倉から上洛する時に「昔ヨリ箱根権現ニ参詣ノ志オハシケルアヒダ」（第五本「梶原与佐々木馬所望事」）と述べられ、河内源氏と箱根権現の関わりが窺える［落合 二〇〇五］。

（11） 諸系図のなかでは、八田知家を源義朝子息とする記載もある（「宇都宮系図」『続群書類従 第六輯下 系図部』）。

（12） ただし、政治的状況の変化のなか、姻戚関係を通じてどこまで狩野氏と横山氏との間で連携があったかは未詳でもあり（坂井孝一氏は、狩野氏と横山氏の連携がある段階から機能しなくなったことを想定している［坂井 一九九七］）、婚姻関係のみで狩野氏・横山党小野氏の連携を説明するには躊躇する。本稿で後述するように、彼らの間でかつて結ばれた頼朝の亡父義朝が形成した地域ネットワークの存在も想定する必要があろう。

（13） なお、和田義盛が三浦一族出身であるため、京都とネットワークを有する三浦氏の影響という可能性も残る。しかし、三浦一族で慶派仏師による造像が認められるのは、十三世紀初頭の制作とされる庶流佐原氏発願の満願寺（神奈川県横須賀市）にある観音菩薩立像・地蔵菩薩立像であり［横須賀市 二〇〇九］、佐原氏と慶派仏師の邂逅は源頼朝による建久六年（一一九五）三月の東大寺供養のための上洛であると考えられる［渡邊 二〇二三a］。東大寺供養には佐原義連・子息景連だけでなく、畠山重忠や津戸為守、小代行平も供奉し、それぞれ在京期間中に明恵・法然・仏師快慶との知遇を得ていることを踏まえると［山野 二〇一九］、東大寺供養への参加によってもたらされた、東国御家人への文化的インパクトは絶大であったのだろう。そうなれば、それ以前の時期における和田義盛の造像に、義盛自身の在京活動や三浦一族の影響を想定することは難しい。

(14) 最近野口実氏は、願成就院での造像事業を運慶が担った背景に、北条一族の在京活動とそれに基づく興福寺との所縁があったことを指摘する［野口 二〇二二］。各武士がそれぞれ京都社会とつながり、文化的影響を受けていたという当該期の状況に鑑みるに、北条氏もその可能性は確かにあろう。しかし本稿で明らかとしてきた点を踏まえると、伊豆・駿東地域には、狩野氏が卓越した地域勢力として存在し、かつ伊豆・箱根・富士山の宗教的ネットワークが重層的に存在した（1節）。また願成就院の落慶供養には久能寺から楽人が派遣されており、地域音楽文化との関わりも窺える（2節）。北条氏の文化環境をひとり京都周辺との関係のみに収斂させてしまうのではなく、同氏が本拠を置く文化的〝先進地域〟の伊豆・駿東地域という文脈であったり、かかる地域の影響を受けて形成された源頼朝と彼を支える人的基盤（あるいは、次第に文化形成がされる鎌倉の地）の文化環境のなかで改めて捉える必要があるのではないか。武士本拠は地域社会のなかで決してスタンドアローン（孤立・単独的）な存在ではなく、そして本拠への京都文化の影響もまた個別・単線的なものではないと考える。

(15) 保寧寺の阿弥陀如来坐像については、同じく「願主藤原弘□」を鎌倉御家人四方田弘綱にあてる見解もあるが（『日本彫刻史基礎資料集　鎌倉時代　造像銘記篇　第一巻〈解説〉』中央公論美術出版、二〇一五年）、そもそも本像の伝来過程を明らかにし得えず、また四方田氏と当該地の関係も未詳であり、現時点で従い難い。

(16) 鎌倉では、源頼朝が本拠として以降に土器が出現し始めたという。この土器の利用から、儀礼・酒宴を通じた幕府内での御家人間の序列化が指摘されている［八重樫・高橋 二〇一六］。では、こうした序列を、儀礼だけではなく、鎌倉や本拠の地で可視化するようなアイテム(＝モノ)はあったのだろうか。貿易陶磁器といった威信財も想定できるが、筆者は外護した寺院での慶派仏師の起用は、鎌倉幕府での序列を示す(あるいは序列に応じた)一つの指標だったと想定している。鎌倉御家人の造像事業と文化ヒエラルキーについては別稿を準備している。

(17) 当該期武士の動向については、たとえば野口実氏の「一所傍輩ネットワーク」[野口 二〇〇七b・二〇一五]や川合康氏の「京武者社会」[川合 二〇一九]という概念が提案され、説明されている。

(18) むしろ今後重要なのは、京都文化を地域社会側がどのような意図・論理で受容したのかという視点である。本稿での考察を踏まえると、草創期・初期鎌倉幕府の文化形成では、基盤的地域にして文化的〝先進地域〟たる伊豆・駿東地域から、京都文化が幾重にも地域のフィルターを介して移入されたことになり、京都文化がそのまま移入されていた訳ではない(狩野氏ら武士本拠・拠点の場合も同様である)。その場合、平泉藤原氏の事例で指摘されるような受容者側による取捨選択を踏まえた(都合の良い)模倣がされたのか[八重樫 二〇一九]、はたまた中世後期の京都系土器の列島内での受容において示される、それを受容する周辺地域側によって京都の価値・規範性が創造・増幅されていった事例はあるのか[伊藤 二〇一八]、という検討はすべて今後の課題であろう。鎌倉の文化形成にしても、それを支えた平安末期の地域社会の武士本拠・拠点での文化形成にしても、依然として課題が山積している。

参考文献

浅見和彦　一九九七「『閑谷集』の作者―西行周辺の歌人たち―」『東国文学史序説』岩波書店　二〇一二年所収
網野善彦　一九九一「加藤遠山系図」『網野善彦著作集　第十四巻』岩波書店　二〇〇九年所収
池谷初恵　二〇一〇『鎌倉幕府草創の地　伊豆韮山の中世遺跡群』新泉社
池谷初恵　二〇一六「伊豆韮山と相模の土器」八重樫忠郎・高橋一樹編『中世武士と土器』高志書院
石井　進　一九七四『中世武士団』小学館
伊東市　二〇〇七『伊東市史　史料編　古代・中世』
伊藤裕偉　二〇一八「京都系土師器の周囲・周縁・外部」中世学研究会編『幻想の京都モデル』高志書院
岩田慎平　二〇一一「舞女微妙とその周辺」『紫苑』九

薄井和男　二〇〇九「箱根神社の神像群について」『國華』一一四
上横手雅敬　二〇〇九「源頼朝の宗教政策」『権力と仏教の中世史―文化と政治的状況―』法藏館
岡田清一　二〇〇六「鎌倉幕府と二所詣」『鎌倉幕府と東国』続群書類従完成会
荻美津夫　一九九三「東遊と駿河・伊豆国」『古代中世音楽史の研究』吉川弘文館　二〇〇七年所収
奥　健夫　二〇一〇「大仏師康慶の造像」山本勉監修『別冊太陽　運慶』平凡社
押木弘己　二〇二一「宗教的空間と柱状高台土器」『中近世土器の基礎研究』二八
落合義明　二〇〇五「境界の宿としての箱根」『中世東国の「都市的な場」と武士』山川出版社
梶原正昭　一九七五「軍僧といくさ物語―大夫房覚明の生涯」『軍記物語の位相』汲古書院　一九九八年所収
鎌倉佐保　二〇一〇「十二世紀の相模武士団と源義朝」入間田宣夫編『兵たちの時代Ⅰ　兵たちの登場』高志書院
鎌倉佐保　二〇一一「多摩郡の武士と所領形成―横山氏を中心として―」『多摩のあゆみ』一四三
鎌倉佐保　二〇一八「中条家長」『熊谷市史　通史編上巻　原始・古代・中世』熊谷市
川合　康　二〇一七「保元・平治の乱と相模武士」関幸彦編『相模武士団』吉川弘文館
川合　康　二〇一九「京武者社会」『院政武士社会と鎌倉幕府』吉川弘文館
川合　康　二〇二一『源頼朝』ミネルヴァ書房
小林一岳　二〇一六「横山党の拡大と十二世紀の内乱」「鎌倉幕府の成立と横山党の衰退」『新八王子市史　通史編二中世』八王子市
今野慶信　二〇〇七「藤原南家武智麿四男乙麻呂流鎌倉御家人の系図」峰岸純夫・入間田宣夫・白根靖大編『中世武家系図の史料論　上巻』高志書院
國學院大學博物館　二〇二二『走湯山と伊豆修験―知られざる山伏たちの足跡―』特別展示図録
坂井孝一　一九九三「伊豆僧正恵信―或る門閥僧侶の悲劇―」『創価大学人文論集』五
坂井孝一　一九九七「婚姻政策から見る伊東祐親」『曽我物語の史的研究』吉川弘文館　二〇一四年所収
坂井孝一　二〇〇〇『曽我物語の史実と虚構』吉川弘文館
坂井孝一　二〇〇七「中世成立期東国武士団の婚姻政策―伊豆国伊東氏を主な素材として―」『曽我物語の史的研究』吉川弘文館　二〇一四年所収
坂井孝一　二〇一四「御家人としての工藤祐経」『曽我物語の史的研究』吉川弘文館
佐々木馨　二〇〇六『日本中世思想の基調』吉川弘文館

杉橋隆夫　一九九四「国司の土着と武士団の形成」『静岡県史通史編一　原始・古代』静岡県
塩澤寛樹　二〇〇四「成朝、運慶と源頼朝」『日本橋学館大学紀要』三
塩澤寛樹　二〇〇九『鎌倉時代造像論―幕府と仏師』吉川弘文館
塩澤寛樹　二〇二〇『大仏師運慶―工房と発願主そして「写実」とは―』吉川弘文館
平　雅行　一九九九「将軍九条頼経時代の鎌倉の山門僧」薗田香融編『日本仏教の史的展開』塙書房
平　雅行　二〇〇〇「鎌倉山門派の成立と展開」『大阪大学大学院文学研究科紀要』四〇
平　雅行　二〇〇九「鎌倉寺門派の成立と展開」『大阪大学大学院文学研究科紀要』四九
平　雅行　二〇二一『改訂　歴史のなかに見る親鸞』法蔵館
高橋秀樹　二〇一一「相模武士河村氏・三浦氏と地域社会」『三浦一族の研究』吉川弘文館　二〇一六年所収
高橋秀樹　二〇二三「挙兵前の北条氏と牧の方の一族をめぐって」『国史学』二三八
田邉三郎助　一九七二『運慶と快慶』『日本の美術』七八　至文堂
田端泰子・細川涼一編　二〇〇二『日本の中世四　女人、老人、子ども』中央公論新社
豊永聡美　一九八九「中世における遊女の長者について」安田元久先生退任記念論集刊行委員会編『中世日本の諸相　下巻』吉川弘文館
東京国立博物館　二〇一七『運慶―興福寺中金堂再建記念特別展』展示図録
永井　晋　二〇二一『八条院の世界―武家政権成立の時代と誇り高き王家の女性―』山川出版社
奈良国立博物館　一九九四『運慶・快慶とその弟子たち』展示図録
西川広平　二〇一五「治承・寿永の内乱と甲斐源氏」同編『甲斐源氏―武士団のネットワークと由緒―』戎光祥出版
西岡芳文　二〇〇〇「尊経閣文庫所蔵「古文状」について」『金沢文庫研究』三〇五
西岡芳文　二〇〇三「中世の富士山―「富士縁起」の古層をさぐる―」峰岸純夫編『日本中世史の再発見』吉川弘文館
西岡芳文　二〇〇四「新出『浅間大菩薩縁起』にみる初期富士修験の様相」『史学』七三
根立研介　二〇〇三「運慶の二つの肩書きをめぐって」『京都美学美術史』二
野口　実　一九八二「東国武士と中央権力」『増補改訂　中世東国武士団の研究』戎光祥出版　二〇二一年所収
野口　実　一九八九「流人の周辺―源頼朝挙兵再考―」『増補改訂　中世東国武士団の研究』戎光祥出版　二〇二一年所収
野口　実　二〇〇六「「京武者」の東国進出とその本拠地について」『東国武士と京都』同成社　二〇一五年所収
野口　実　二〇〇七a「伊豆北条氏の周辺―時政を評価するための覚書」『京都女子大学宗教・文化研究所研究紀要』二〇

野口　実　二〇〇七b「一所傍輩ネットワーク」『源氏と坂東武士』吉川弘文館
野口　実　二〇一五『東国武士と京都』同成社
野口　実　二〇二一『増補改訂　中世東国武士団の研究』戎光祥出版
野口　実　二〇二二『北条時政』ミネルヴァ書房
菱沼一憲　二〇〇四「姻戚関係からみる『曽我物語』」『ぐんしょ』再刊六五
深澤太郎　二〇一六「「伊豆峯」の考古学―伊豆修験の形成と展開―」『國學院大學博物館研究報告』三二
深澤太郎　二〇二〇「「伊豆峯」のみち―考古学からみた辺路修行の成立―」山の考古学研究会編『山岳信仰と考古学Ⅲ』同成社
服藤早苗　二〇一二『古代・中世の芸能と買売春―遊行女婦から傾城へ―』明石書店
藤村　翔　二〇二一「平安時代末期の富士信仰―富士市・医王寺経塚出土資料とその周辺―」『富士山学』一
藤原重雄・末柄豊　二〇〇七「東京大学史料編纂所所蔵『和歌真字序集（扶桑古文集）』紙背文書」『東京大学史料編纂所研究紀要』一七
牧野あき沙　二〇〇〇「瑞林寺地蔵菩薩坐像の銘文と仏師康慶」『美学・美術史学科報』二八
三本周作　二〇一〇「鎌倉時代前・中期における仏像の金属製荘厳具―意匠形式の分類と制作事情を中心に―」『佛教藝術』三一三
村山　閑　二〇〇二「陵王面の形式変遷―鎌倉時代新形式の成立を中心に―」『美術史』一五三
村山　閑　二〇〇四「舞楽面の基礎研究―遺品の分布と形式分類―」『鹿島美術研究』二一
元木泰雄　一九八八「保元の乱における河内源氏」『大手前女子大学論集』二二
元木泰雄　一九九四『武士の成立』吉川弘文館
元木泰雄　二〇〇二「源義朝論」『古代文化』五四
元木泰雄　二〇〇四『保元・平治の乱を読みなおす』日本放送出版協会
森　幸夫　一九九〇「伊豆守吉田経房と在庁官人北条時政」『季刊ぐんしょ』再刊八
八重樫忠郎　二〇一九『平泉の考古学』高志書院
八重樫忠郎・高橋一樹編　二〇一六『中世武士と土器』高志書院
山野龍太郎　二〇一九「小代行平に関する覚書」『日本史学集録』四〇
山本勉監修　二〇一〇『別冊太陽　運慶―時空を超えるかたち―』平凡社
由井恭子　一九九八「平家物語「千手前」における芸能について」『梁塵　研究と資料』一六
湯之上隆　一九九七「交通の発達と東海道」『静岡県史通史編二　中世』静岡県

湯之上隆　二〇〇〇『三つの東海道』静岡新聞社
横内裕人　二〇〇七「『類聚世要抄』に見える鎌倉期興福寺再建―運慶・陳和卿の新史料」『佛教藝術』二九一
横須賀市　二〇〇九『新編横須賀市史　別編　文化遺産』
渡辺　滋　二〇一四a「揚名国司論―中世的身分表象の創出過程―」『史学雑誌』一二三―一
渡辺　滋　二〇一四b「平安中期における地域有力者の存在形態―河内国における源訪を事例として―」『上智史学』五九
渡邊浩貴　二〇一九「中世都市鎌倉と地下楽家中原氏―中原有安・景安・光氏の系譜と活動を中心に―」『神奈川県立博物館研究報告(人文科学)』四六
渡邊浩貴　二〇二〇「初期鎌倉幕府の音楽と京都社会―「楽人招請型」の音楽受容とその基盤―」『神奈川県立博物館研究報告(人文科学)』四七
渡邊浩貴　二〇二一・二〇二二「二つの中世陵王面―鎌倉鶴岡八幡宮と六浦瀬戸神社―(上)(下)」『民具マンスリー』五四―三、五五―一
渡邊浩貴　二〇二三a「三浦佐原一族の本拠と造寺活動―満願寺出土中世瓦群との関連から―」『総合研究　岩戸満願寺遺跡の研究―三浦半島における鎌倉時代寺院の瓦―』神奈川県立歴史博物館
渡邊浩貴　二〇二三b「鎌倉幕府の音楽と地下楽人―都市鎌倉の成長と「独自編成型」の音楽受容―」『神奈川県立博物館研究報告(人文科学)』五〇
渡邊浩貴　二〇二四「源義朝権力の地域基盤と武士拠点―「義朝ガ一ノ郎等」鎌田正清と東海地域の場合―」『国立歴史民俗博物館研究報告』二四五

駿河湾から広がる塩の流通
――地域経済の多層性を捉えるために――

貴田　潔

はじめに

駿河湾の海村で生産された塩は、内陸部の甲斐国へもたらされた。本稿はこうした東海地方の塩の流通を素材として、列島社会における地域経済の一つの像を描き出そうとする試みである。

中世社会において、塩は民衆にとっても需要の高い消費物であった。また、在地領主層は関の経営を通じて地域的交通の支配を目指したが（本書湯浅論文・伊藤論文）、一方でそうした人とモノの移動が民衆にとって何を意味していたかも欠かせない論点だろう。

さて、塩の流通をめぐる本稿の叙述を進める上で、地域経済圏論との関わりをテーマとして設定したい。ここでいう研究用語としての「地域経済圏」とは何か、その定義を正確に捉えることは案外に難しい。しかし、その提唱者である鈴木敦子氏が求心的経済構造論への批判からこの概念を提起したことからすれば、京都や畿内社会を介さない経済の広がりを含意したものとひとまず理解されよう［鈴木 二〇〇〇a］。

ただし、鈴木氏が一つの市場を取り巻く商圏を主に取り上げたのに対し、その議論を受けた矢田俊文氏は太平洋広域流通圏や西日本海広域流通圏の存在すらも地域経済圏論の範疇に収めようとする［矢田 二〇一〇］。このように「地域経済圏」の語から描かれる像には現時点で研究者間の差異も感じられ、提唱者である鈴木氏の手を離れた研究用語としてこの語を使う際には難しさがある。

そして、京都や畿内社会の求心性に収斂しない経済のあり方を探るという意味で地域経済圏論を継承し、それをより理論的に洗練させていく上では、以下のような諸点に課題を感じる。

第一に、中世後期における地域経済圏の成熟を強調したために、古代・中世前期の問題が鈴木氏の議論から捨象された。荘園制が広範に展開する以前、すでに古代には交換の場となる市場が各地に存在した。東海地方でも美濃国小川市・三河国矢矧市・駿河国安倍市が知られる。求心的経済構造論への批判として、京都や畿内社会を介さない経済の広がりを「地域経済圏」を定義するならば、それは古代・中世前期から萌芽的に存在したとも論じられよう。

第二に、中世におけるモノの流通は極めて分節的であり、その結果、形成された社会経済の構造は多層的なものとして捉えられる。例えば、考古遺物の分布から考えても明らかだろう。広域流通品としての瀬戸・美濃窯陶器は遙かに北海道地方まで至るが（本書山本論文）、これに対して狭域流通品であるかわらけの分布は大きく異なる。東海地方に限れば、畿内近国に近い遠江国では手づくね成形のかわらけが多いが、一方で関東地方に近い伊豆国ではロクロ成形のかわらけが主となる（本書池谷論文）。つまり、太平洋岸に沿って列島社会の北端まで広がる瀬戸・美濃窯陶器に対して、かわらけの様式は東海地方の西と東で様相を異にしている。このように、中世に流通したモノやそれを取り扱った人々のうち、研究者が分析の対象として何あるいは誰を選択するかによって、地域経済の描かれ方は大きく変わる。

第三に、京都を中核とした求心的経済構造の相対化が挙げられよう。鈴木氏自身の想定する「地域経済圏」は自己完結的なものでなく、重層的蜂房構造を取り、その外部に接続していたと述べられる。また、前述のように、地域社会のなかでモノの交換はそもそも古代・中世前期から存在し、経済の広がりは多層的な構造を有した。求心的経済構造を大きな一つの骨格とする列島社会のなかで、他方で層として重なりあう無数の「地域経済圏」をどのように接続させ、中世全期のトータルな像を描くかは未だに残された課題といえる。

ところで、鈴木氏の手を離れた「地域経済圏」の語が多層的に使用されることを許すべきだと、筆者が考える理由には、「地域」の語が帯びる柔軟性がある。例えば、n地域論に代表されるように、「地域」とは観察者による選択が可能なもので、ときに伸縮し、ときに重なりあうものと理解される[板垣 一九九二]。

本稿の関心に即してみれば、「西国」「東国」と区分される列島社会のなかで、東海地方はその中間帯に位置する。しかし、そうした境界的な地帯にも人々が主体的に創り出した独自の社会性は存在したはずであり、地域史としてこれを紡ぎ出す試みが求められる。

中世には京都と鎌倉が二つの権力的な中核都市となり、これらを結ぶ東海道の陸上交通や太平洋海運が発達した。だが、その経路と重なる東海地方において、交通とはどのような意味を持ちえたのか。地域社会の人々を歴史の客体でなく、主体として認識するならば、彼らこそを起点に置いたネットワークの像を捉えることも必要だろう。

そこで、本稿では分析の対象として、駿河湾の海村で生産され、内陸部の甲斐国へもたらされた塩の流通を追ってみたい。京都や畿内社会を介さない経済という意味では、先の地域経済圏論の視角を継承するものである。

本稿の構成は微視的な個人から巨視的な社会へと視野を広げていく。第1節では、甲斐国身延山で記された日蓮書状を読み解き、内陸部における塩の入手のあり方を考えよう。そこから、第2節では駿河湾周辺へ、第3節では東日本を主とした列島諸地域へと視野を広げ、塩によって結ばれる中世の地域社会の姿を描き出したい。

1　日蓮書状にみる贈答品と「塩の道」

本節では、檀越の南条時光に宛てられた日蓮書状を手がかりに、個人の視点から塩の入手のあり方を考える。

(1) 南条氏から日蓮への贈答品

日蓮は晩年になり、文永十一年(一二七四)に甲斐国身延山に入り、弘安五年(一二八二)の没年までここに留まった。そして、同山の日蓮を経済的に支えた著名な檀越として、南条時光という人物がよく知られる。後述のように、彼が様々な布施を贈ったことは、一連の日蓮書状から読み取れる。

近年では得宗被官として南条氏の性格も強調されるが[梶川 二〇〇八]、日蓮教団を支える上で同氏の重要な所領となったのが駿河国上野郷である(図1)。後に日蓮の最高弟の一人である日興は同郷に大石寺を開き、彼の法脈を継承する富士門流が展開していった。

なお、上野郷には慶長十四年(一六〇九)検地帳が複数残り、現在、そのうち下精進川村のものが活字として知られる(旧上野村役場文書B五号)[富士宮市教委 二〇一四]。この検地帳によれば、同村の耕地は、田地四町一反七畝二〇歩(約一二%)・畠地三一町二反九畝二三歩(約八八%)という内訳になる。一村の情報だが、中近世移行期には畠作が広く営まれていた。

さて、日蓮書状を読み解くと、南条氏がどのような布施を日蓮に贈っていたかがよく分かる(表1)。全体的な傾向を捉えると、畠作物として栽培が可能なものが多い。大豆・麦・牛蒡・蒟蒻・生姜(「しやうかう」「はしかみ」)・大

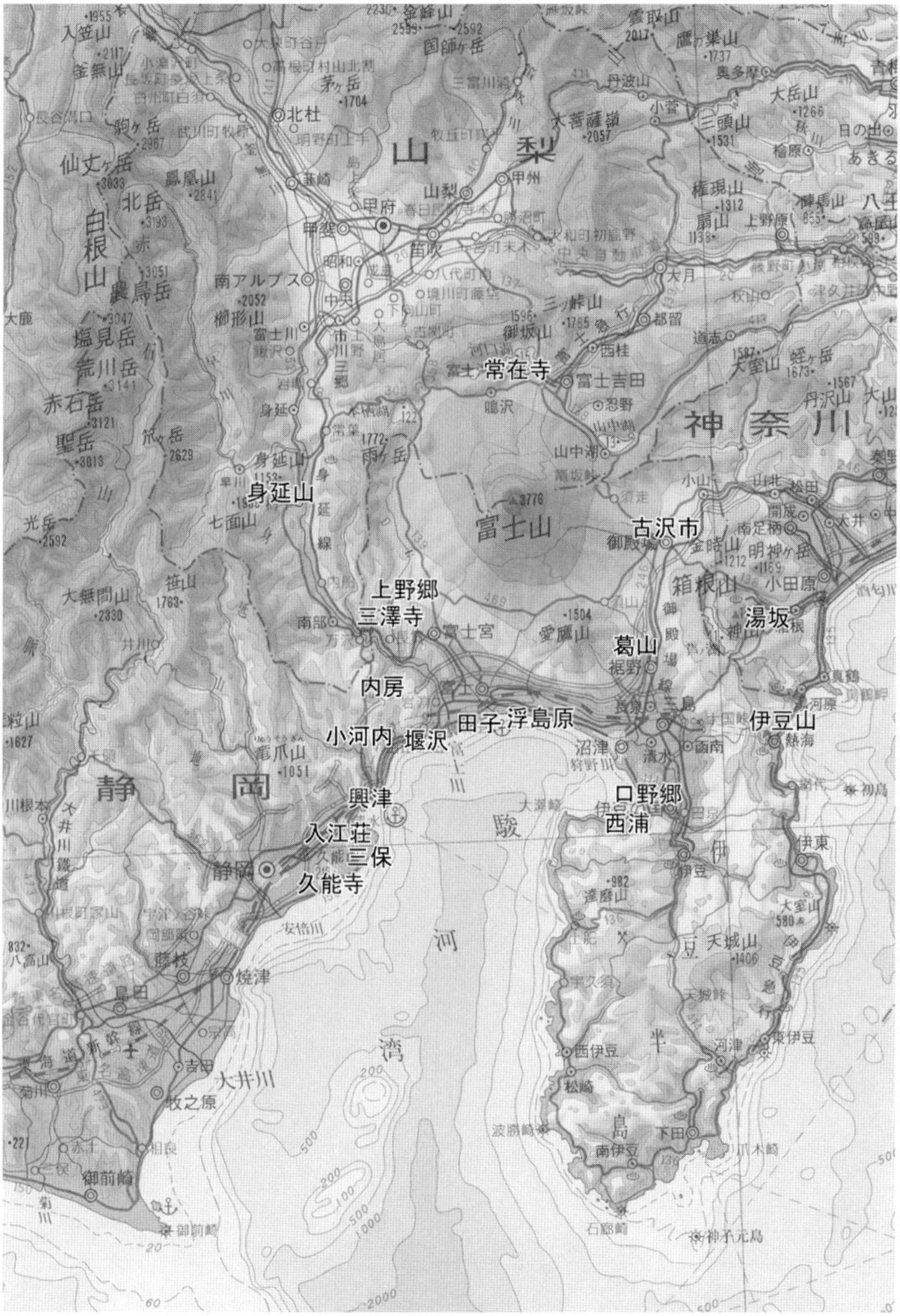

図1　第1節・第2節で触れる主な地名
（原図：1/1,000,000 地方図「日本」II　国土地理院、2017 修正）

根などが挙げられようか。なかでも特に多いのが里芋（「あらひいも」「いものかしら」「いゐの芋」「蹲鴟」）である。また、河苔・筍・山芋（「薯蕷」「やまのいも」）のように河川・山野の資源として採集されるものや、柑子・柿・柚などの果実類も多い。やはり上野郷の産物であったのかもしれない。

一方、南条氏から日蓮への布施のなかには、郷内で生産できないものも含まれていた。貨幣としての銭（「鵝目」、No.2・21・26・27）や、これから本稿で論じていく塩がそうである。

表1　日蓮書状にみる南条氏からの贈答品

	書状の年次	南条氏からの贈答品に関わる記述	書状の宛先	出典
1	（文永2年ヵ）11月28日	御供養物種種給畢、	（上野殿後家尼（南条兵衛七郎妻））	日蓮聖人遺文―一一四九号
2	（文永11年ヵ）7月26日	鵞目十連・かわのり（河苔）二帖・しやうかう（薑）二十束給候了、	（上野殿（南条時光））	日蓮聖人遺文―一二一六号
3	（文永11年ヵ）11月11日	聖人二管・柑子一籠・根莟（蒟蒻）十枚・薯蕷一籠・牛房（牛蒡）一束、種々物送給候、	南条七郎次郎殿（時光）	日蓮聖人遺文―一二一七号
4	（建治元年ヵ）5月3日	さつき（五月）の二日に、いものかしら（芋頭）、いし（石）のやうにほさ（干）れて候一駄、ふし（富士）のうへの（上野）よりみのふ（身延）の山へをくり（送）給て候、	上野殿（南条時光）	日蓮聖人遺文―一二三三号
5	（建治元年ヵ）7月2日	白麦一俵・小白麦一俵・河のり（苔）五てふ（帖）送給候、	南条殿（時光）	日蓮聖人遺文・大石寺文書―一二三六号
6	（建治2年ヵ）正月19日	はる（春）のはしめ（初）の御つかひ（使）、自他申こめまいらせ候、さては給はるところのすす（種々）の物の事、もちゐ（餅）七十まい（枚）・さけ（酒）ひとつゝ（一筒）・いも（芋）いちた（一駄）・河のり（苔）ひとかみふくろ（一紙袋）・たいこん（大根）ふたつ・やまのいも（山芋）七ほん（本）等也、ねんころ（懇）の御心さし（志）はしなしな（品々）のものにあらはれ（表）候ぬ、	南条殿（時光）	日蓮聖人遺文―一二三八号

7	建治2年3月18日	いものかしら（芋頭）・河のり（苔）、又わさひ（山葵）、一々人々の御志承候ぬ、	南条殿（時光）	日蓮聖人遺文―二二四一号
8	〔建治2年ヵ〕閏3月24日	かたひら（帷子）一・しを（塩）いちた（一駄）・あふら（油）五そう給候了、	南条殿（時光）	日蓮聖人遺文・大石寺文書―二二四二号
9	建治2年9月15日	いゑの芋（家芋）一駄送給候、	（南条）九郎太郎殿	日蓮聖人遺文―二二四六号
10	建治2年12月日	法華経御本尊御供養の御僧膳料米一駄・蹲鴟一駄送給候畢、	南条平七郎殿	日蓮聖人遺文―二二四八号
11	〔建治3年ヵ〕5月15日	五月十四日にいものかしら（芋頭）一駄、わさと（態）をくりひて（送給）候、	上野殿（南条時光）	日蓮聖人遺文―二二五七号
12	〔建治3年ヵ〕7月16日	むき（麦）ひとひつ（一櫃）・かわのり（河苔）五条・はしかミ（薑）六十給了、いつもの御事に候へハ、をとろか（驚）れす、めつらしか（珍）らぬやうにうちをほへて（打覚）候ハ、ほむふ（凡夫）の心なり、	上野殿（南条時光）	日蓮聖人遺文・大石寺文書―二二五八号
13	〔建治4年ヵ〕2月25日	蹲鴟・くしかき（串柿）・焼米・栗・たかんな（筍）すつつ給候了、	〔上野殿（南条時光）〕	日蓮聖人遺文―二二七一号
14	〔弘安元年ヵ〕4月1日	白米一斗・いも（芋）一駄・こんにやく（蒟蒻）五枚、わさと（態）送給候了、	上野殿（南条時光）	日蓮聖人遺文―二二七三号
15	〔弘安元年ヵ〕5月24日	八木二俵送給畢、度度御志難申尽候、	〔南条殿女房（南条時光妻）〕	日蓮聖人遺文―二二七六号
16	〔弘安元年ヵ〕7月8日	むきのしろきこめ（麦白米ヵ）一駄・はしかみ（薑）送給了、	上野殿（南条時光）	日蓮聖人遺文―二二七九号
17	弘安元年9月19日	塩一駄・はしかみ（薑）送給候、（中略）七月なんとは、しほ（塩）一升をせに（銭）百、しほ（塩）五合を麦一斗にかへ（替）候しか、いま（今）はせんたいしほ（塩）なし、何を以てかかう（抱）へき、みそ（味噌）もたえぬ（絶）、小児のち（乳）をしのふ（忍）かことし、かゝるところにこのしほ（塩）を一駄給て候、	上野殿（南条時光）	日蓮聖人遺文―二二八四号

18	〔弘安元年ヵ〕閏10月13日	いゑのいも（家芋）一駄・かうし（柑子）一こ（籠）・せに（銭）六百のかわり（替）・御さのむしろ（莫蓙筵）十枚給了、	上野殿（南条時光）	日蓮聖人遺文―二八六号
19	弘安元年11月1日	いも（芋）一駄・くり（栗）・やきこめ（焼米）・はしかみ（薑）給候ぬ、	（南条）九郎太郎殿	日蓮聖人遺文―二八七号
20	〔弘安2年ヵ〕正月3日	餅九十枚・薯蕷五本、わさと御使をもつて正月三日ひつし（未）の時に、駿河国富士郡上野郷より、甲州波木井の郷身延山のほら（洞）へおくりたひて（送給）候、	上野殿（南条時光）	日蓮聖人遺文―二八九号
21	〔弘安2年ヵ〕8月8日	鵞目一貫・しほ（塩）一たわら（俵）・蹲鴟一俵・はしかみ（薑）少々、使者をもて送給了、（中略）此の山中にはいえのいも（家芋）・海のしほ（塩）を財とし候そ、竹子（筍）・木子（茸）等候へともしほ（塩）なけれは、そのあちわひつち（土）のことし、	上野殿（南条時光）	日蓮聖人遺文―三〇四号
22	〔弘安2年ヵ〕12月27日	白米一た（駄）をくり（送）給了、	上野殿（南条時光）	大石寺文書―三一六号
23	弘安3年正月11日	十字六十枚・清酒一筒・薯蕷五十本・柑子二十・串柿一連送給候畢、法華経御宝前にかさり（飾）進らせ候、春始三日、種々の物法華経御宝前に捧候畢、	上野殿（南条時光）	日蓮聖人遺文―三一九号
24	弘安3年3月8日	故上野殿御忌日の僧膳料米一たはら（俵）、たしかに給候畢、御仏に供しまいらせて、自我偈一巻よみまいらせ候へし、	上野殿（南条時光）	日蓮聖人遺文―三三二号
25	〔弘安3年ヵ〕	はくまい（白米）ひとふくろ（一袋）・いも（芋）一た（駄）給了、	〔南条時光ヵ〕	大石寺文書―三四九号
26	〔弘安3年ヵ〕10月24日	南条故七郎五郎殿の四十九日御菩提のために送給物の日記の事、鵞目両ゆひ（結）・白米一駄・芋一駄・すりたうふ（擂豆腐）・こんにやく（蒟蒻）・柿一籠・ゆ（柚）五十等云々、	上野殿母尼御前	日蓮聖人遺文―三五七号
27	〔弘安3年ヵ〕12月27日	鵞目一貫文送給了、御心さし（志）の候へは申候そ、よく（欲）ふかき（深）御房とおほしめす（思召）事なかれ、	上野殿（南条時光）	日蓮聖人遺文―三六四号

28	〔弘安4年ヵ〕正月13日	聖人ひとつゝ(一筒)・ひさけ(提子ヵ)十か(荷)・十字百・飴ひとをけ(一桶)二升か(荷)・甘子(柑子)ひとこ(一籠)・串柿□くし、ならひにくり(栗)□(給)了、	上野尼御前	大石寺文書―一三六六号
29	〔弘安4年ヵ〕3月18日	蹲鴟一俵給了、又かうぬし(神主)のもとに候御乳・塩一疋、並口付一人候、	上野殿(南条時光)	日蓮聖人遺文―一三六八号
30	弘安4年9月11日	塩一駄・大豆一俵・とつさか(鶏冠)一袋・酒一筒給候、上野国より御帰宅候後、未入見参候、牀敷存候し処に、品々の物とも取副候て、御音信に預候事、申尽難き御志にて候、	南条兵衛七郎殿	日蓮聖人遺文―一三七一号
31	弘安4年9月20日	いゑのいも(家芋)一駄・こはう(牛蒡)一つと(苞)・大根六本、いもは石のことし、こはうは大牛の角のことし、大根は大仏堂の大くき(釘)のことし、あちわひ(味)は忉利天の甘露のことし、	上野殿(南条時光)	日蓮聖人遺文―一三七二号
32	〔弘安4年ヵ〕11月15日	蘘牙一駄〈四斗定〉・あらひいも(洗芋)一俵送給て、南無妙法蓮華経と唱へまいらせ候了、	上野尼御前	日蓮聖人遺文―一三七四号
33	〔弘安4年ヵ〕12月8日	の米(野米)一た(駄)・聖人一つゝ(筒)〈二十ひさけか〉・かつかうひとかうふくろ、おくり(送)給候了、(中略)しかるにこのさけ(酒)はたゝかにさしわかして(差沸)、かつかうをはたとくい切て、一度のみて(飲)候へハ、火を胸にたかく(たくかヵ、焚)ことし、	上野殿母御前	大石寺文書―一三七五号
34	〔弘安5年ヵ〕正月20日	さては御送物の日記、八木一俵・白塩一俵・十字三十枚・いも(芋)一俵給了、	上野殿(南条時光)	日蓮聖人遺文―一三八二号

※「出典」には静岡県編『静岡県史』資料編5 中世一(同県、一九八九)の史料番号を示した。

(2) 塩の贈答

さて、本稿で注目したいのは塩の贈答である。南条時光は日蓮書状のなかで「上野殿」と呼ばれるが、彼が支配の拠点を置いた駿河国上野郷は内陸部の富士山南西麓にあった。それにも関わらず、南条氏から日蓮に対しては、海産物である塩がしばしば贈られていた（No.8・17・21・29・30・34）。

本稿ではこうした塩の贈答という事実に注目したいが、まずは史料の読解から始めよう。次は弘安元年（一二七八）日蓮書状である。

〔史料1〕

①塩一駄・はしかみ（薑）送給候、金多して、日本国の沙のことく（如）ならは、誰かたから（財）としてははこ（箱）のそこ（底）におさむ（納）へき、餅多して、一閻浮堤の大地のことくならは、誰か米の恩をおもく（重）せん、②今年は正月より日々に雨ふり（降）、ことに（殊）七月より大雨ひま（暇）なし、このところ（処）は山中なる上、南は波木井河、北は早河、東は富士河、西は深山なれは、③長雨・大雨時々日々につつく（続）間、山さけ（裂）て谷をうつみ（埋）、石なかれ（流）て道をふせく（塞）、河たけく（猛）して舟わたらす（渡）、富人なくして五穀ともし（乏）、商人なくして人あつまる（集）事なし、④七月なんと（等）は、しほ（塩）一升をせに（銭）百、しほ（塩）五合を麦一斗にかへ（替）候しか、今はせんたいしほ（塩）なし、何を以てかかう（抱）へき、みそ（味噌）もたえ（絶）ぬ、小児のち（乳）をしのふ（忍）かことし（如）、か丶る（斯）ところ（処）にこのしほ（塩）を一駄給て候、御志、大地よりあつく（篤）、虚空よりもひろし（広）、予か言は力及ふへからす、たた法華経と釈迦仏とにゆつり（譲）まいらせ（進）候、事多と申せとも、紙上にはつくし（尽）かたし（難）、恐々謹言、

弘安元年（一二七八）九月十九日　日蓮（花押）

上野殿（南条時光）御返事

（日蓮聖人遺文一二八四号、『静岡県史』資料編5　中世一。以下、『静』資と略す。）

傍線部①に見えるように、この書状は「塩」と「はしかみ」（生姜）の贈答に対する返信である。傍線部②によれば、弘安元年（一二七八）は雨量の多い天候不順の年であったという。傍線部③では、長雨・大雨により、交通路が遮断され、物資の流通が阻害されていた状況を記す。「商人なくして人あつまる《集》事なし」という表現からすれば、塩を含む諸品の交易は商人の手を介していたのだろう。

そのため、塩の入手にも困難が生じていた。ゆえに、傍線部④で述べられるように、七月頃には塩の価格が一升で銭一〇〇文に、ないし五合で麦一斗になるほど騰貴し、さらにこの書状が書かれた九月の段階では塩そのものの入手が極めて難しくなっていたという。

そうした状況のなかで南条時光は塩一駄を贈ったのであり、この書状の主題として日蓮の謝意が伝えられる。ただし、注意すべき点として、先に述べたように上野郷は富士山南西麓にあり、直線距離にして駿河湾とは二〇㌔近く離れている。そのため、おそらく同郷でも間接的にしか塩は入手できなかったはずである。つまり、南条氏自身も（A）商人からの購入や、（B）他の領主層からの贈答を介して塩を入手した可能性が想定される。

(3) 駿河国から甲斐国への「塩の道」

いずれの可能性にしても、日蓮・南条氏・上野郷をとりまく地域社会のネットワークについてもう少し考えるべきだろう。例えば、（B）の可能性に関しては、日蓮を支えた檀越たちのつながりが視野に入る。

まず、建治四年（一二七八）のものとも推定される三沢氏宛日蓮書状に注目してみよう。この書状の追而書には「柑子一百・こふ《鵠》・のり・をこ《苔》等のすゝ《種々》の物、はる〳〵《遙々》とわさ〳〵《態々》山中へをくり《送》給て候、ならひにうつふさ《内房》の尼こせん《御前》の御こそて《小袖》一給候了」と見える（日蓮聖人遺文一二七〇号、『静』資5）。日蓮に帰依した三沢小次郎は三澤寺（現静岡県富士宮市大鹿窪）を開いた人物として一般に知られるが、この日蓮書状によれば、三沢氏は自らの贈答品とともに内房尼からの小袖を身延山へ送っていた。

ちなみに、駿河湾に面した入江荘でも、正平六年（南朝一三五一）足利尊氏下文のなかに「駿河国入江庄内三沢小次郎跡」とある（駿河伊達文書─四六二号、『静』資6）。この「三沢小次郎」については、三澤寺を開いたと伝えられる上記の三沢氏と同族関係にあった可能性が高かろう。同荘の地名に「三沢村」の表記も見え、これは近世の村名としても受け継がれていく（同─九七五号、同書）。

先の三沢氏宛日蓮書状に戻ると、同氏は内房尼からの小袖を身延山に送った。現在、静岡県富士宮市の地名として大字内房があり、まさに入江荘と身延山の中間に位置する。

また、他の事例を挙げると、駿河湾岸の興津を名字の地とする興津氏は、十四世紀後半には上野郷へ勢力を伸ばしていたことが知られる［佐藤二〇二二］。

こうした三沢氏・興津氏の動向を踏まえると、入江荘・興津─内房─上野郷・身延山と結ばれる交通路が見えてくる。いわゆる身延道と大きく重なるが、彼らはこのルートを介して自身の所領経営や他の領主層との交流をなしえたのだろう。こうした交通路を前提とすれば、（A）商人からの購入やあるいは（B）他の領主層からの贈答を介して、南条氏自身も駿河湾で生産される塩を入手しえたと理解できる。さらに、同氏が入手した塩は身延山に送られた。ここに、駿河国から甲斐国へと結ばれる「塩の道」を認めたい。

2　駿河湾周辺における塩の生産と流通

次に節を改めて、もう少し視野を広げつつ、駿河湾周辺における塩の生産と流通を探っていこう。なお、市民を対象とした書籍でも先にこの問題に触れたが〔貴田 二〇一九〕、さらに史料を補い、地域経済としてその関係をより論理的に描き出したい。

駿河湾周辺での塩の生産・流通は、文献史料のみならず、紀行文・歌集・説話集などの文学作品にも記述された。これらを組み合わせることで、塩をめぐる中世社会のあり方を立体的に復原できよう。

(1) 文学作品にみる塩の生産

まず、よく知られるように、東海道を経由した中世の紀行文には、塩の生産に関わる風景が描かれた。「塩屋」「塩竈」やそこから立ち上る「煙」などの描写である。

表2ではその一覧を示したが、注目すべき点として、東海道のなかでも駿河国中東部にその記述が集中している（No.3〜7）。駿河湾は中世における塩の主要な生産地の一つであった。

加えて、『春の深山路』の作者である飛鳥井雅有は、私家集『隣女和歌集』のなかで三保や田子の製塩について「もしほ《藻塩》やく《焼》あま《海人》の住むらんみほ《三保》の崎まつ《松》にかさね《重》て立つけぶり《煙》かな」「たごのうら《田子浦》になびく《靡》煙をしるべ《標》にてあま《海人》の塩屋に尋ねき《来》にけり」と詠む（『新編国歌大観』第七巻）。これらは、塩を焼く海人たちが住んでいるのだろうと推し量りつつ、煙が立ち上る情景を詠んだ歌である。

表2　中世の紀行文に描かれた塩の生産

	国	観測地	年次（ ）内はグレゴリオ暦	記述	比定地	出典
1	尾張国	鳴海潟	―	鳴海の浦の潮干潟、音に聞きけるよりもおもしろく、浜千鳥むら〳〵に飛び渡りて、蜑のしわざに年旧りにける塩竈どもの、思ひ〳〵にゆがみ立てたる姿ども、見慣れず珍しき心地するにも、思ふ事なくて都の友にもうち具したる身ならましかばと、人知れぬ心の中のみさま〴〵苦しくて、「これやさはいかに鳴海の浦なれば思ふかたには遠ざかるらむ」	愛知県名古屋市	『うたたね』
2	遠江国	堺川付近	貞応2年4月10日（5月18日）	此山（高志山）ノ腰ヲ南ニ下テ遙ニ見クダセバ、青海浪々トシテ、白雲沈々タリ。（中略）下リハツレバ、北ハ韓康独往ノ栖、花ノ色夏ノ望ニ貧ク、南ハ范蠡扁舟ノ泊、浪ノ声夕ノ聞ニ楽シム。塩屋ニハ薄キ煙靡然トナビキテ、中天ノ雲片々タリ。（中略）「行過ル袖モ塩屋ノ夕煙タツトテ海士ノサビシトヤミヌ」	静岡県湖西市	『海道記』
3	駿河国	清見関付近	仁治3年8月22日（9月25日）	清見が関も過うくてしばし休らへば、沖の石、むら〳〵塩干に顕て波にむせぶ。磯の塩屋、所々に風にさそはれて煙なびきにけり。	静岡県静岡市	『東関紀行』
4	駿河国	興津付近	貞応2年4月13日（5月21日）	カクテ息津浦ヲ過レバ、塩竈ノ煙幽ニ立テ、海人ノ袖ウチシホレ、辺宅ニハ小魚ヲサラシテ、屋上ニ鱗ヲ葺リ。	静岡県静岡市	『海道記』
5	駿河国	堰沢	弘安3年11月23日カ（12月23日カ）	由比といふ所過ぎて、又海人の塩屋五つ六つばかりなる所に木陰あり。問へば、堰沢とぞいふなる。海人の住む里をば、小金とぞ申す。	静岡県静岡市	『春の深山路』
6	駿河国	浮島原	仁治3年8月23日（9月26日）	こなたかなたの眺望、いづれもとり〴〵に心ぼそし。原には塩屋の煙たえ〴〵立渡りて、浦風松の梢にむせぶ。	静岡県富士市・沼津市	『東関紀行』

7	駿河国	浮島原	弘安3年11月24日（12月24日）	浮島が原はただ砂路に芝のみぞ生ひたる。北は富士、裾は広き沼なり。浮島が原の内なれど、小石多し。青野・小松原・柏原などもいふ所あり。さのみは記しがたし。塩焼く煙の西に靡きたるを見て、「来しかたに靡きにけりな藻塩焼く煙にたぐふ我が思ひかな」	静岡県富士市・沼津市	『春の深山路』
8	相模国	箱根山湯坂	弘安2年10月28日（12月10日）	麓に早川といふ河あり。まことに速し。木の多く流るゝをいかにと問へば、海人の藻塩木を浦へ出さんとて流す也と言ふ。「東路の湯坂を越えて見渡せば塩木流るゝ早川の水」	神奈川県箱根町	『十六夜日記』

※『海道記』『うたたね』『東関紀行』『十六夜日記』は『中世日記紀行集』〈新日本古典文学大系51〉（岩波書店、一九九〇）、『春の深山路』は『中世日記紀行集』〈新編日本古典文学全集48〉（小学館、一九九四）に依拠した。

(2) 文献史料にみる塩の生産

さらに、中世の文献史料からも駿河湾における塩業の隆盛が窺われる。

例えば、先にみた三保の塩業は、文献史料でも確かめられる。天正八年（一五八〇）武田家朱印状写によれば、三保社神主太田氏は塩竈三二基に対する塩竈役を免除された（明治大学刑事博物館所蔵文書―一三〇六号、『静』資8）。左衛門四郎以下の三二名が列記されるが、彼らは製塩を営む「塩釜」の経営者であり、この史料から十六世紀における三保社領の塩業の規模が読み取れる。

三保での塩業が少なくとも十三世紀に遡ることは先の『隣女和歌集』が示す通りだが、続く十四世紀には製塩の燃料となる森林資源の枯渇がすでに深刻化していたと推測される。応安三年（北朝一三七〇）今川範国書下では「三保大明神々木、甲乙人等雅意《（任）》にまかせてきりとる《（伐取）》と云々」と述べられ、神木の伐採が問題視されていた（駿河伊達文書―八一五号、『静』資6）。

また、近隣の久能寺でも「土民」による製塩がおこなわれていた。大永六年(一五二六)今川氏親判物写では、「潮」を汲み、「塩」を焼くことが彼らの活動として保障される(久能寺文書―九二一号、『静』資7)。事書に「駿河国久能寺領浦寄木事」とあるように、この判物の主題は久能寺領の海岸に漂着した「寄木」(流木)の取得権であり、これらは製塩の燃料としても利用されたと理解するべきだろう。

(3) 塩の流通

このように、駿河湾の海村では広く塩業が営まれていた。次に、東海地方で生産された塩が地域社会のなかでどのように流通したのか、これを隣国の事例から見てみたい。

弘安年間の説話集である『沙石集』には、伊豆山の学生のもとに「塩売」(塩商人)が訪れ、塩を売りつけた話が見える(巻第五)。この学生は上品の絹一疋で塩一俵を買ったが、後から弟子に上品の絹一疋があれば塩は一四～一五俵も買えると教えられ、世の中の物事を知らぬ僧侶として描かれる。塩の相場を示した興味深い説話である。説話ながら塩を扱う商人も登場しており、先の史料1と併せれば十三世紀の東海地方では塩の交易が一般化していたと理解してよかろう。なお、箱根山湯坂でも燃料となる材木が伐採されており、駿河湾のみならず、相模湾でも塩業が営まれたのだろう(前掲表2、№8)。

それから、塩の流通に関わる興味深い史料があるので紹介しておこう。甲斐国常在寺で作成された年代記『勝山記』では、明応元年(ママ、延徳三年・一四九一)条に大飢饉の影響で諸品の取引が成り立たなかったことが見える(『山梨県史』資料編6)。その際、「シヲ《塩》カ初ハ四貫文、後ハ三貫六百文ニ一駄売候」といい、飢饉の年における内陸部地域での塩の相場を示す。塩が一駄につき当初は四貫文で、のちに三貫六〇〇文で売られたという。

同じ『勝山記』の永正九年(一五一二)条にも、「三月十八日・十九日雪両日降積ル事四尺、通路悉トマル《止》、売買無ノ故ニ世間大ニツマル《詰》、シヲ《塩》ハ四十文ニ、酒ハ十文ツヽ《宛》、ホシ《干》ハ百文四連・六連売ナリ、且《檀》紙ハ一速《束》ヲ百五十文ニ売ナリ」とある。つまり、三月十八日・十九日の二日間に雪が四尺も積もり、交通路が遮断されたため、やはり諸品の交易が成り立たなくなった。そして、自然的条件によって塩の流通が阻害され、おそらくその価格が高騰しただろうことは、史料1とも状況が似ている。内陸部の甲斐国では駿河湾からの商品として塩がもたらされたが、需給のバランスが崩れることにより、同国におけるその価格はしばしば大きく変動した。

なお、アチック・ミューゼアムの編纂により昭和十四年(一九三九)に刊行された『塩俗問答集』には、塩の欠乏に関わる全国の民俗事例が多く掲載される。低ナトリウム血症が人間の健康を損なうことはよく知られるが、何らかの条件により塩の流通が閉ざされた場合、人々の死活に関わる深刻な事態になりえたと、これら近代の諸事例からも理解されよう(『日本常民生活資料叢書』第四巻)。

(4) 在地領主による塩の流通への関与

以上のように、駿河湾において塩は盛んに生産され、内陸部地域へ至るまで広く交易された。そうした流通の背景には、日常的に人々に消費される塩が社会で高い需要を備えていたことを意識せねばならない。

さて、塩の交易は利潤を生んだが、そこに関わる利権が中間権力である在地領主の関与を誘引したことは想像に難くない。ここでは駿河国の領主層として興津氏と葛山氏の事例を取り上げよう。いずれも甲斐国との間を結ぶ交通路の掌握に腐心した氏族である。

まず、興津氏に関しては大永四年(一五二四)頃に「甲州塩関」二ヶ所を領有していたことがよく知られる(諸家文書纂所収興津文書—八四九号、『静』資7）。その一つは同氏の所領であった小河内に存在したと考えられている［湯之上 二〇〇〇］。「興津河内関所」という表現もあり（同—二二四八号、『静』資6）、甲斐国に通じる身延道の掌握に興津氏は強い関心を有していた。

この「興津河内関所」について、湯浅治久氏はこれが幕府の公用関でありながらも、興津氏の管掌に置かれていたと本書で述べる。さらに、享徳の乱が勃発した十五世紀中葉になると、幕府と鎌倉府の交通路支配が動揺し、畿内近国から東海道に及ぶ諸地域で在地領主の実力支配が大きく前面化したという（本書湯浅論文）。続く十六世紀前半に興津氏が「塩関」を介して塩の流通を掌握していたことも、こうした私関の展開の延長線上に理解できよう。

次に、葛山氏による塩の流通の支配については、永禄十年（一五六七）に発給された二通の朱印状が注目される。これらは駿河国・甲斐国間の政治的状況とも関わる［大石 二〇一八］。

八月三日付の葛山氏元朱印状では、領内の古沢市（現静岡県御殿場市）に向かう商人たちに茱萸沢・二岡前・萩原を通過させるよう、配下の芹沢氏の職権を保障する。そして、これらの在所を通行しない商人に対しては、発見次第に「馬荷物」を没収するべきこととした（芹沢文書—三四〇五号、『静』資7）。

そして、こうした商人の通行の制限に関わり、八月十七日付の葛山氏元朱印状に「塩荷」の没収が見える。やはり配下の鈴木・武藤・芹沢の三氏に対する指示として、通行料として徴収した「過書銭」を納めるべきことと、通過の禁止によりこれまでに没収した「塩荷」を上納すべきことを命じている（同—三四一〇号、同書）。

ところで、葛山氏は永禄年間の頃まで土豪を介して駿河湾岸の口野郷も支配したが、その後、後北条氏のもとで同郷には慣例通りに「塩役」が課された（植松文書—一〇七七号、『静』資8）。なお、国境を挟んだ伊豆国西浦でも製塩の隆盛が知られる［菊池 二〇〇五］。こうした状況からすれば、戦国期の在地領主として、葛山氏は塩をめぐる生産の場と流通の場の双方に関与していたともいえよう。

3　列島諸地域における塩の生産と流通

さらに本節では、空間的には東日本と主とした列島諸地域へと視野を広げ、時間的には近世から古代へと遡及していく。こうした空間と時間の広がりのなかで駿河国の地域性を改めて位置づけたい。

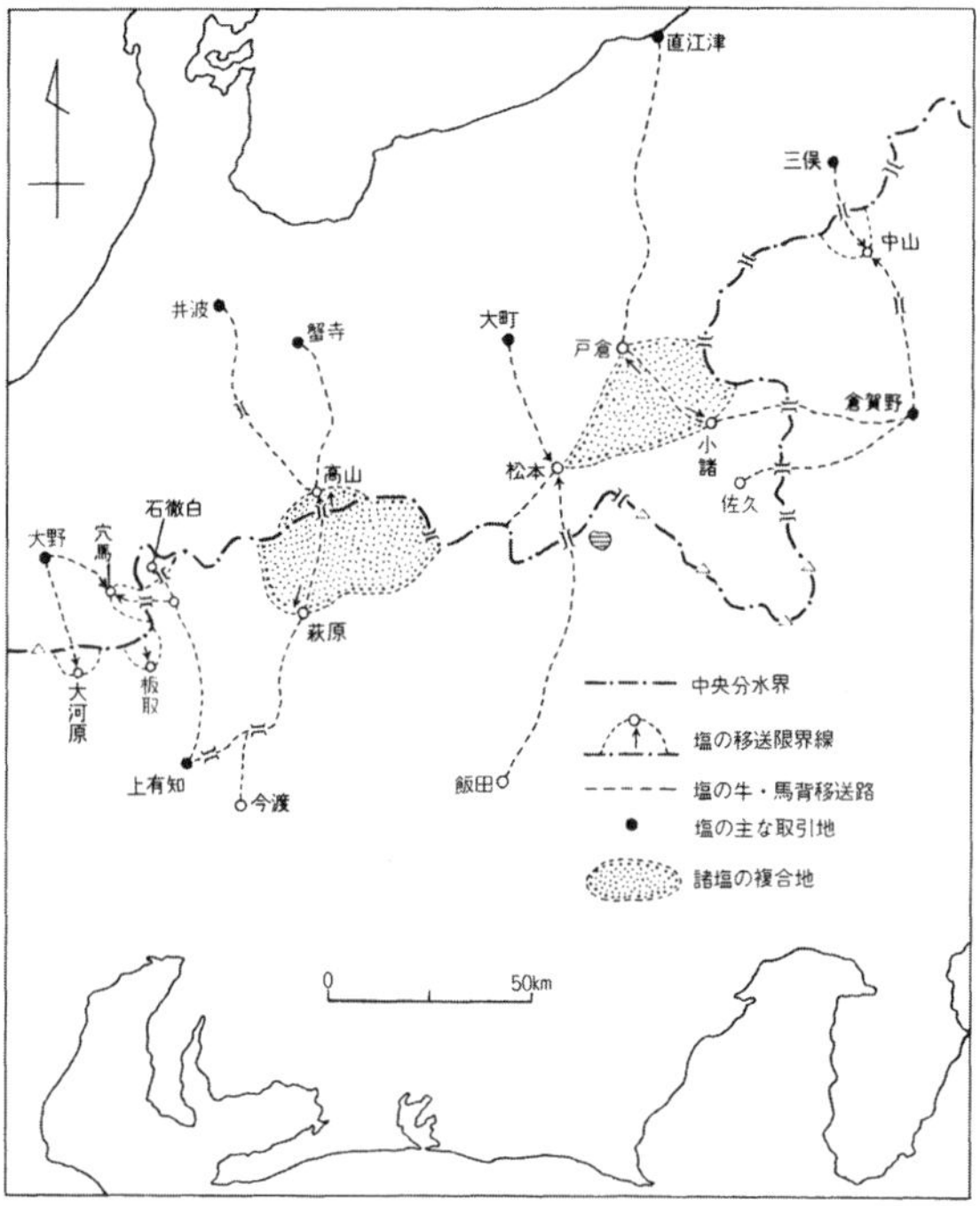

図2　近世における塩の越境路と移送限界線
（出典：富岡 1978）

(1) 近世における塩の生産と流通

まず、富岡儀八氏によれば、近世の塩移送限界線はおよそ中央分水嶺と重なっていた［富岡 一九七八］。つまり、大きく見ると、峻険な山岳により、日本海側からの塩（北塩）と太平洋側からの塩（南塩）が移送圏を分けていた（図2）。

ただし、中央盆地では四囲からの移入塩が複合しており、特に信濃国中部や飛騨国などでその傾向が顕著であったという。

信濃国を例に挙げよう。日本海側からの移送をみると、越後塩があり、海運にて送られた瀬戸内海産の塩や能登塩も含まれていた。直江津から北国街道を南下して上田盆地に入ったほか、松本・糸魚川街道にて松本盆地に搬入されたという。

一方、太平洋側からの移送としては、江戸塩が利根川水運を介して倉賀野に運ばれた。その後、中山道や北国街道を通り、諏訪・小諸・上田の各方面に至った。次に、駿河塩は蒲原から富士川を遡上し、甲州街道を経て諏訪方面に届けられた。それから、三河塩も伊那盆地・木曽谷へもたらされた。これらのほか、太平洋側を経由する南塩には、やはり瀬戸内海産のものも含まれていた。

このように近世の信濃国には、日本海側からの越後塩と、太平洋側からの江戸塩・駿河塩・三河塩・尾張塩が搬入されていた。

(2) 中世における塩の生産と流通

それでは、こうした近世の状況を念頭に置きつつ、東日本の塩の生産と流通について、断片的な中世史料を拾い上げよう。以下の諸事例の多くに関わり、すでに重要な先行研究が複数あるが［盛本 一九八九、井原 二〇一五］、描かれる地域経済の像は本稿と異なる点も多いので、改めて確認したい。

まず、日本海側の状況を見てみたい。越後国では小泉荘牛屋条地頭色部公長と荒河保地頭荒河景秀の相論に「塩屋」が見える。景秀の主張によれば、建長五年(一二五三)に「塩屋」を立てたところ、牛屋条の側がこれを破壊してしまった(米沢市立図書館所蔵色部氏文書―一九四一号、『新潟県史』資料編4)。この相論は小泉荘・荒河保の境界である荒川をめぐるものであり、この「塩屋」はその河口域に設けられたものと考えられる。なお、現在の荒川河口から南西へ約一二キロ離れた新潟県胎内市の村松浜遺跡も、砂丘上に立地する製塩遺跡であり、遺物包含層中の木炭による放射性炭素年代から可能性として十二世紀前後の経営が予測される［岡本二〇〇七］。

佐渡国の事例としては、弘安八年（一二八五）の宿根木浦・木浦間の相論がある。ここでは「夏井塩釜」が係争の対象となっていた（佐渡志、『越佐史料』巻二）。

次に、こうした日本海側の状況を踏まえて、内陸部にある信濃国の事例を見てみよう。太田荘神代郷では嘉元三年（一三〇五）に薄葉景光が代官職を請け負ったが、その際の請文には「節季塩引鮭」九隻とともに「筋子」一二が見える（島津家文書五二七号、『大日本古文書』家わけ一六―一）。千曲川に接した荘園であったが、同郷ではこれらの産物の貢納が望まれていた。あくまで加工品であるため、その生産地は判然としないけれども、塩が原料ないし加工品の状態で内陸部地域の信濃国へもたらされていたと推察される。そして、千曲川交通を意識すれば、越後国―信濃国北部を結ぶ日本海側の塩ないし塩製品の流通を期待せざるをえない。

対して、太平洋側の状況はどのようだったのだろうか。十四世紀中葉の紀行文『都のつと』にて陸奥国塩釜浦が「蜑の家ども多く作り並べたるに煙の立ち上るも、これや塩焼くならんと見ゆ」と評されたように、太平洋側でも東北地方に至るまで広く塩業が営まれていた。

常陸国における十五世紀代の製塩遺跡としては茨城県東海村の村松白根遺跡が著名であるし（『茨城県教育財団文化財調査報告』二五〇）、下総国相馬御厨でも大治五年（一一三〇）荒木田延明請文写に「塩曳鮭」一〇〇隻が貢納品として見える（鏑矢伊勢宮方記―四一九号、『千葉県史料』中世篇　県外文書）。

武蔵国六浦荘金沢郷では観応三年（北朝一三五二）に称名寺に「塩垂場」が寄進された（金沢文庫文書―四一四〇号、『神奈川県史』資料編3）。明徳元年（北朝一三九〇）年貢銭結解状によれば、その年貢銭は総額三六貫二八一文に及んだ

（同―五〇七一号、同書）。

このように、太平洋側でも中世を通じて塩やそれを用いた加工品の生産は広範におこなわれていた。前節で取り上げた駿河国の塩業の隆盛もそのなかに位置づけられよう。そして、日本海側の越後国―信濃国北部、太平洋側の駿河国―甲斐国というそれぞれの結びつきを考えれば、俗に「北塩」「南塩」と呼ばれる近世の塩の移送圏は、その祖型を中世の段階にまで遡らせよう。

(3) 伊勢国の地域性

ところで、東北地方から東海地方まで広がる太平洋側の塩業を概観すると、その西端には伊勢国があり、同国は畿内近国の経済圏と密接に結びついていた。その特異な地域性についてどのように理解すべきか、ここで言及する必要があろう。

周知の通り、瀬戸内海周辺の諸国と並び、太平洋に面した伊勢国は中世における塩の一大生産地であった。ここでは畿内近国との結節に注目して、同国の地域性を押さえておこう。

まず、生産の場としての塩田に対する資本の投下が挙げられる。そもそも中世の不動産売買は京都を中心に活発化したが、その価格の地域的格差から見ると、伊勢国は畿内近国の外縁に位置していた［貴田 二〇一七］。隣接する志摩国では「塩浜」の売買が早くも長保四年（一〇〇二）のこととして史料上に現れる（徴古文府一―二号、『三重県史』資料編中世1（下））。そして、伊勢国でも塩田は中世後期まで不動産売買の対象となりつづけた［亀山 二〇一九］。つまり、生業としての塩業は畿内近国の金融と結びつき、その活動の場である塩田には大量の資本が投下された。このことは列島諸地域の他国とは明らかに異なる伊勢国の地域的特性である。

一方で、伊勢国で生産された塩はその消費地としてどこに向かったのか。同国の塩が太平洋海運を通じて東国に送られたとする見解もあるが［網野 二〇〇八、綿貫 一九九八］、その史料的根拠は薄い。上記のように東日本の各地で塩業が営まれていたならば、わざわざ遠距離交易で伊勢国の塩を求めるそれらの地域の需要はそれほど大きくなかろう。この問題に関わり、断片的な情報ながら、伊勢国で作られた塩はむしろ畿内近国のなかで内陸部へ向かっていたことが知られる。

具体例として、近江国得珍保の保内商人は伊勢道を通る商品の流通に関与したが、そのなかで伊勢国の塩も取り扱われた。鈴木敦子氏によれば、保内商人の座には塩・呉服・博労・紙の四座があり、塩に関しては応永二十五年（一四一八）頃に石塔寺・小里神人との間で専売権をめぐる相論が起きていた（今堀日吉神社文書一二七号、『今堀日吉神社文書集成』）。山門領である得珍保の商人たちはその領主的庇護のもと塩を含む伊勢国からの商品に強い関心を示したが、その後も小幡・石塔・沓掛など他の商人集団と競合する関係にあったという［鈴木 二〇〇〇b］。つまり、中世後期に限れば、伊勢国で生産された塩は競合する複数の商人集団を介して近江国にもたらされ、畿内近国のなかで消費されていた。

(4)『延喜式』に見える塩とその加工品の貢納

以上のように、中世の東日本では日本海側と太平洋側の双方で塩業が営まれており、「北塩」「南塩」と呼ばれる近世の移送圏の祖型がすでに姿を現していた。

ただし、そのなかでも極めて特異な位置を示したのが伊勢国であった。いわば、投資の面でも、消費の面でも、同国の塩業は畿内近国の求心的経済構造と深い関わりを持ちながら展開してきた。

表3　『延喜式』にみえる塩とそれを用いた加工品の貢納(その可能性が高いものも含む)

東海道	伊勢国	〔調〕塩　〔庸〕塩　〔中男作物〕雑魚腊、煮塩年魚、雑魚鮨
	志摩国	〔調〕熬海鼠、雑魚楚割、雑魚脯、雑腊、雑鮨、漬塩雑魚　〔庸〕鯛楚割　〔中男作物〕雑魚腊
	尾張国	〔調〕生道塩、塩　〔庸〕塩　〔中男作物〕雉腊、雑魚腊、煮塩年魚、雑魚鮨
	三河国	〔調〕雑魚楚割、鯛脯、鯛楚割、貽貝鮨　〔庸〕塩　〔中男作物〕雉腊、雑魚腊
	遠江国	〔中男作物〕与理等腊
	駿河国	〔中男作物〕手綱鮨、煮塩年魚
	甲斐国	〔中男作物〕鹿脯
	上総国	〔中男作物〕雑腊
	常陸国	〔中男作物〕腊
東山道	近江国	〔中男作物〕醤鮒、阿米魚鮨、煮塩年魚　〔交易雑物〕醤大豆
	美濃国	〔中男作物〕煮塩年魚鮨、鮒鮨
	信濃国	〔中男作物〕脯、雉腊、鮭楚割、鮭氷頭、鮭背腸、鮭子
北陸道	若狭国	〔調〕熬海鼠、雑腊、鰒甘鮨、雑鮨、貽貝保夜交鮨、塩　〔中男作物〕鯛楚割、雑鮨、雑腊　〔交易雑物〕小鰯腊
	越前国	〔中男作物〕雑魚腊
	加賀国	〔中男作物〕雑魚腊
	能登国	〔調〕熬海鼠、海鼠腸　〔中男作物〕雑魚腊
	越中国	〔中男作物〕鮭楚割、鮭鮨、鮭氷頭、鮭背腸、鮭子、雑腊
	越後国	〔中男作物〕鮭内子、鮭子、鮭氷頭、鮭背腸

続いて、さらに古代に遡り、律令制下における塩の生産と流通について見てみよう。ここでも地域性の観点から検討してみたい。

表3では十世紀の『延喜式』に見える塩とそれを用いた加工品の貢納を示した(巻二三・二四)。加工品としては「煮塩」「漬塩」のように明瞭に塩が使われたものだけでなく、「醤」「鮨」「脯」「腊」「楚割」など、一般的に加工の過程で塩が加えられることが多いものも一覧に含めた。

第一の傾向として、塩そのものの貢納国を確認しよう。まず、畿内近国の臨海諸国が多く塩を生産し、貢納していた(伊勢国・尾張国・三河国・若狭国・播磨国・備前国・備中国・紀伊国・淡路国・讃岐国など)。また、

道	国	貢納品
山陰道	丹波国	〔交易雑物〕醤大豆
	丹後国	〔中男作物〕雑魚腊　〔交易雑物〕小鰯腊
	但馬国	〔中男作物〕煮塩年魚、雑腊　〔交易雑物〕醤大豆
	因幡国	〔中男作物〕雑腊　〔交易雑物〕醤大豆
	伯耆国	〔中男作物〕雑腊
	出雲国	〔中男作物〕雑腊
	石見国	〔中男作物〕雑腊
	隠岐国	〔調〕熬海鼠、鮹腊、雑腊　〔中男作物〕雑腊
山陽道	播磨国	〔調〕塩　〔中男作物〕雑腊、煮塩年魚、鮨年魚
	美作国	〔交易雑物〕醤大豆
	備前国	〔調〕塩　〔庸〕塩　〔中男作物〕押年魚、煮塩年魚、雑魚鮨　〔交易雑物〕醤大豆
	備中国	〔調〕塩　〔中男作物〕押年魚、煮塩年魚　〔交易雑物〕醤大豆
	備後国	〔調〕塩　〔庸〕塩　〔中男作物〕押年魚、煮塩年魚、雑腊　〔交易雑物〕醤大豆
	安芸国	〔調〕塩　〔庸〕塩　〔中男作物〕脯
	周防国	〔調〕塩　〔中男作物〕煮塩年魚
	長門国	〔中男作物〕雑腊
南海道	紀伊国	〔調〕塩、鮨鰒、久恵腊　〔中男作物〕鹿脯、鹿鮨、猪鮨、押年魚、煮塩年魚、鯛楚割　〔交易雑物〕醤大豆
	淡路国	〔調〕塩　〔中男作物〕雑鮨
	阿波国	〔中男作物〕猪脯、久恵鱐、鰒腸漬、鮨鰒、鮨年魚、煮塩年魚、雑魚鮨　〔交易雑物〕醤大豆

畿内から離れていても、西日本の山陽道・南海道・西海道には、塩の貢納国が多い。つまり、①平安京に近い畿内近国の海辺部地域と、②温暖小雨の気候をもつ瀬戸内海周辺の地域を中心に、塩の貢納国は構成されていた。

そして、前項で取り上げた伊勢国に即してみれば、尾張国・三河国とともに前者に含まれ、これら伊勢湾の国々では律令国家の統制・保護のもとに塩業が大きく発展していったのだろう。

次に、第二の傾向として、塩を用いた加工品の貢納国に注目しよう。こちらは塩そのものの貢納国よりも多く、日本列島に幅広く分布する。とりわけ興味深いのは海に面しない

南海道	讃岐国	〔調〕**塩**、**熬塩**　〔中男作物〕鯛楚割、鮨　〔交易雑物〕醤大豆
	伊予国	〔調〕**塩**　〔中男作物〕鮨鰒、煮塩年魚、貽貝鮨　〔交易雑物〕醤大豆
	土佐国	〔中男作物〕雑魚鱐、煮塩年魚　〔交易雑物〕煮塩年魚
西海道	筑前国	〔調〕醤鮒、鮨鮒、鮨鰒、**塩**　〔庸〕熬海鼠、**塩**、雑魚腊　〔中男作物〕鹿脯、鹿鮨、押年魚、鯛腊、雑魚楚割、腐耳鰒、鮨鰒、腸漬鰒、鮨鮒、醤鮒、塩漬年魚
	筑後国	〔中男作物〕醤鮒、雑魚楚割、雑腊、押年魚、煮塩年魚、鮨年魚、漬塩年魚、鮨鮒
	肥前国	〔調〕熬海鼠、**塩**　〔中男作物〕鮨鰒、腸漬鰒
	肥後国	〔調〕熬海鼠、鯛腊、雑魚腊　〔中男作物〕鹿脯、押年魚、鮫楚割、蛎腊、煮塩年魚、鮨年魚、漬塩年魚、**破塩**
	豊前国	〔調〕雑魚楚割　〔中男作物〕雑魚楚割、鹿鮨、猪鮨、漬塩年魚、鮨年魚
	豊後国	〔中男作物〕鹿脯、押年魚、雑魚腊、鹿鮨、鮨年魚、煮塩年魚
	薩摩国	〔調〕**塩**

内陸部の諸国も含まれる点であり、近江国の「醤鮒」「阿米魚鮨」「煮塩年魚」「醤大豆」、美濃国の「煮塩年魚鮨」「鮒鮨」、丹波国の「醤大豆」、美作国の「醤大豆」などはその典型的な産物として挙げられよう。

さらに、「脯」「腊」は魚・肉に乾燥を加える加工法だが、一般的には乾燥の前に塩を加えることが多かった（『斉民要術』巻八　脯腊第七五）。とすれば、内陸部にある甲斐国の「鹿脯」や、信濃国の「脯」「雉腊」「鮭楚割」なども、単に乾燥させるだけなく、保存のために塩が使われた可能性が高かったように思われる。

さて、以上の二つの傾向を合わせて考えると、どのようなことが推測されるだろうか。塩そのものの貢納は主に瀬戸内海周辺や畿内近国の臨海諸国に限られるが、内陸部を含む日本列島の諸地域では塩を用いた加工品が広く生産できていた。そのため、近江国・美濃国・丹波国・美作国・甲斐国・信濃国など、海に面さない国々でも他国から塩がもたらされていたと考えるのが自然な解釈だろう。十世紀における塩の流通の一端が窺われる。

近年、考古学の分野でも、古代の美濃国・甲斐国で生産された製塩土器の分析が進む。美濃国では独自の美濃式製塩土器が作られたが、木曽川中流域・長良川中流域における七世紀後半から九世紀の遺跡で出土している。これらの遺跡は、尾張国などから運び込まれた粗塩を再加工して、固型塩を供給するための生産拠点として評価される〔森二〇一〇〕。また、甲斐国でも九世紀を中心に独自の製塩土器の存在が指摘されるが、やはり現地での塩の需要によりこれらの土器は生産された〔平野二〇二二〕。

(5) 駿河国の地域性

前述の通り、伊勢国の塩業は古代から律令国家の統制・保護のもとで発展してきた。続く中世においても、畿内近国の塩の需要に支えられつつ、同国では塩業が展開した。

一方、本稿で論じてきた駿河国の地域性は、古代・中世の列島社会のなかでどのように位置づけられるだろうか。改めて表3を眺めると、十世紀の『延喜式』にて駿河国では「手綱鮨」「煮塩年魚」などの加工品を貢納しているに過ぎない。畿内近国の外縁に位置する伊勢湾岸の伊勢国・尾張国・三河国に比すれば、明らかに中央への塩そのものの貢納は期待されていない。

ただし、古代の駿河国で塩が生産されていなかったわけではない。すでに知られるように、天平十年(七三八)駿河国正税帳には「塩倉鑰」が見え、同国の官庫としての塩倉が存在していた(正倉院文書―二〇三号、『静』資4)〔平野二〇二二〕。また、『類聚国史』巻一九〇天長八年(八三一)二月九日条には、「甲斐国俘囚」が「魚塩」の便のために駿河国に附貫されたという記事も見える〔原二〇一五〕。さらに、こうした八~九世紀の文献史料に関わって、近年、静岡県静岡市の小里前遺跡・町屋遺跡でも製塩土器が発見され、駿河国庵原郡家との関わりが論じられる〔平野二〇二二〕。

そして、遙かに十三世紀の段階に下ると、駿河国は塩の一大生産地といえるほどに塩業が発展していた。その背景の一つとして、内陸部の甲斐国からの需要にも支えられていたことは、すでに述べた通りである。京都や畿内社会を介さない地域経済のあり方といえるのであり、こうした事情は伊勢国の塩業と大きく異なるものだろう。

むすびにかえて

本稿では、駿河湾で生産された塩の行方を追うことで、多層的な地域経済の一つの広がりを探ろうとした。太平洋側では駿河国から甲斐国へ塩が移送されたが、一方の日本海側でも越後国から信濃国北部へ移送された可能性は高い。人間の食と深く関わる塩は、民衆にとっても日常的に重要な消費物であり、彼らの需要に強く引き寄せられて海辺部地域から内陸部地域へもたらされたのだろう。列島社会が南北の双方から交わり合う「塩の道」の祖型を想定した。いわば、京都や畿内社会を介さない経済の広がりであるが、こうした像は本稿の冒頭で触れた地域経済圏論の延長線上にある。

京都と鎌倉の中間帯に位置する東海地方は、政治・文化・経済の諸相でこれら二つの権力的な中核都市から様々な影響を強く受けた。そのため、こうした影響を受容した歴史の客体として認識されやすい。交通史に即してみれば、東海地方は「西国」と「東国」の間で単に人やモノが通過するだけの地帯として描かれやすい。つまり、地域住人の主体性に寄り添いながら、彼らの生産・流通・消費を連関させて理解しようとする姿勢は弱かったように思われる。

しかし、巨視的に見れば、列島社会が南北の双方から交わり合う「塩の道」は、中世の段階ですでにその祖型を現していた。従来の東海道研究や太平洋海運研究で描かれてきた像とは全く異なるが、これも地域住人の視点から捉えた躍動的なモノの動きといえる。

地域経済の構造は多層的であった。その土地に生きた人々に視点を据えることは、多角的に事象を捉える上で不可欠であり、地域社会の像を紋切り型に陥らせないためにも有効なのだろう。

参考文献

網野善彦　二〇〇八「製塩と塩の流通」『網野善彦著作集』第九巻　中世の生業と流通　岩波書店（初出は一九八五年）
板垣雄三　一九九二「アンドロメダ星雲状の〈地域〉」『歴史の現在と地域学―現代中東への視角―』岩波書店（初出は一九九〇年）
井原今朝男　二〇一五「中世の遠隔地間交通と関東ブロック経済圏の諸矛盾―内陸流通論の一考察―」『中世日本の信用経済と徳政令』吉川弘文館（初出は二〇〇四・二〇〇五・二〇〇九年）
大石泰史　二〇一八『今川氏滅亡』ＫＡＤＯＫＡＷＡ
岡本郁栄　二〇〇七「胎内市村松浜北部の砂丘下から出土した製塩土器について」『新潟考古』一八
梶川貴子　二〇〇八「得宗被官南条氏の基礎的研究―歴史学的見地からの系図復元の試み―」『創価大学大学院紀要』三〇
亀山佳代　二〇一九「伊勢国における塩業・金融と信仰」早島大祐編『中近世武家菩提寺の研究』小さ子社
菊池浩幸　二〇〇五「沼津の海村と領主・土豪」『沼津市史』通史編　原始・古代・中世　沼津市
貴田　潔　二〇一七「中世における不動産価格の決定構造」深尾京司・中村尚史・中林真幸編『岩波講座日本経済の歴史』第一巻　中世11世紀から16世紀後半　岩波書店
貴田　潔　二〇一九「中世の駿河湾にみる塩業と森林資源」静岡大学人文社会科学部・地域創造学環編『大学的静岡ガイド―こだわりの歩き方―』昭和堂
佐藤博信　二〇二二「駿河興津氏と大石寺東坊地相論に関する一考察―安房妙本寺研究の視点から―」『中世東国日蓮宗寺院の地域的展開』勉誠出版（初出は二〇一六年）
鈴木敦子　二〇〇〇ａ「中世後期における地域経済圏の構造」『日本中世社会の流通構造』校倉書房（初出は一九八〇年）
鈴木敦子　二〇〇〇ｂ「十五・六世紀における「保内商人」団の経営形態変化と経営論理の展開」『日本中世社会の流通構造』校倉書房（初出は一九九四年）
富岡儀八　一九七八『日本の塩道―その歴史地理学的研究―』古今書院
原　正人　二〇一五「甲斐国俘囚に関する基礎的考察」『山梨県考古学協会誌』二三

平野　修　二〇二二「甲斐の国の古代製塩」『季刊考古学』別冊三八
富士宮市教育委員会編　二〇一四『旧上野村役場文書』同会
森　泰通　二〇一〇「東海地方における古代土器製塩覚え書き２００９―内陸部から出土する製塩土器の意味を考えるために―」考古学フォーラム編『東海土器製塩研究』同フォーラム
盛本昌広　一九八九「中世東国における塩の生産と流通」『三浦古文化』四五
矢田俊文　二〇一〇「中世水運と物資流通システム」『地震と中世の流通』高志書院（初出は一九九九年）
湯之上隆　二〇〇〇『三つの東海道』静岡新聞社
綿貫友子　一九九八「「湊船帳」をめぐって―中世関東における隔地間取引の一側面―」『中世東国の太平洋海運』東京大学出版会（初出は一九八九年）

中世後期の東海産陶器 生産と流通

山本 智子

はじめに

五世紀前半に朝鮮半島から須恵器の生産技術を導入して以来、日本では連綿と窯業生産がおこなわれている。中世の窯業地は、須恵器の技術的系譜を引く須恵器系中世窯と、九世紀前半に猿投窯で成立し灰釉陶器の技術的系譜を引く瓷器系中世窯に大別され、列島各地に合わせて八〇か所以上が確認されている［瀬戸埋文 一九九三、愛知県陶磁資料館ほか 二〇一〇］。これらの窯業地は十四世紀後半から十五世紀代にかけて次第に淘汰され、戦国期には瀬戸窯（愛知県瀬戸市）・常滑窯（愛知県常滑市）・越前窯（福井県越前市・越前町）・信楽窯（滋賀県甲賀市）・丹波窯（兵庫県篠山市）・備前窯（岡山県備前市）といった、いわゆる「六古窯」にほぼ集約される。各窯業地では窖窯の生産技術をもとに独自性の強い窯炉を完成させ、それぞれの生産地を特徴づけるような製品が生産されるようになることもあり、戦国期は日本窯業史上大きな転換期として捉えられている［吉岡 一九八九］。

このうち東海地方は、十世紀後半に成立した瀬戸窯と、十二世紀初頭に成立した常滑窯という長い歴史をもつ二つの窯業地を擁している。本稿では、中世後期における瀬戸美濃窯・常滑窯の流通について、両窯業地に関する研究の到達点といえる藤澤良祐氏・中野晴久氏の研究成果をもとに概観していきたい。なお、瀬戸美濃窯は十五世紀末から十七世紀初頭に稼働した瀬戸美濃系大窯について、常滑窯は第3段階(十四世紀後半～十六世紀後半)について取り上げ、中世後半の東海産陶器の生産・流通状況をみていく。流通の問題は広域流通品を扱うため、東海道に限らず、列島規模を対象とする。

1　東海産陶器の生産状況

戦国期の六古窯では「大窯」と呼ばれる窯炉が稼働していた。大窯とは、五世紀代に須恵器生産とともに導入され一〇〇〇年余もの長期にわたって築かれ続けた窖窯と、肥前地方など早いところでは十六世紀末に導入される連房式登窯の間に稼働した、日本独自の窯炉である。なお、窖窯や連房式登窯は窯業史研究上の用語であるが、「大窯」は十七世紀代の文献史料に登場し、当時の人々が使用していた言葉である［藤澤 一九八六］。

(1) 瀬戸美濃系大窯の状況

瀬戸美濃系大窯は、十五世紀末に瀬戸窯で成立し、近接する美濃窯(岐阜県多治見市・土岐市・可児市・瑞浪市)と藤岡窯(豊田市北西部)にかけて分布し、十七世紀初頭まで稼働する。これまで瀬戸美濃系大窯に関わる考古学的研究は、藤澤良祐氏を中心に精力的に進められてきた。ここでは藤澤氏の研究に基づき、瀬戸美濃系大窯の生産状況を整理したい［藤澤 一九八六・一九九三・二〇〇二・二〇〇七］。なお、美濃窯・藤岡窯に広がる大窯は、瀬戸窯と同じ構造をもっており、製品についても瀬戸窯のものと区別がつかないことから、藤澤氏はこれらを一括して「瀬戸美濃系大窯」と呼

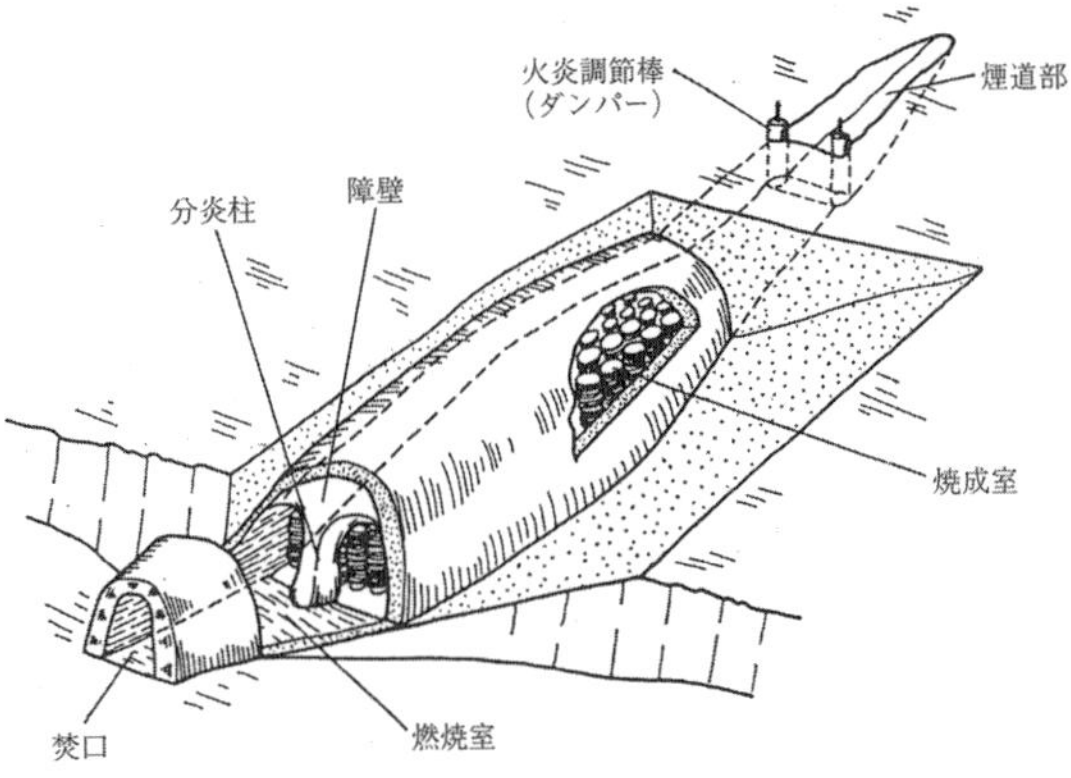

窖窯模式図（山茶碗専焼窯）

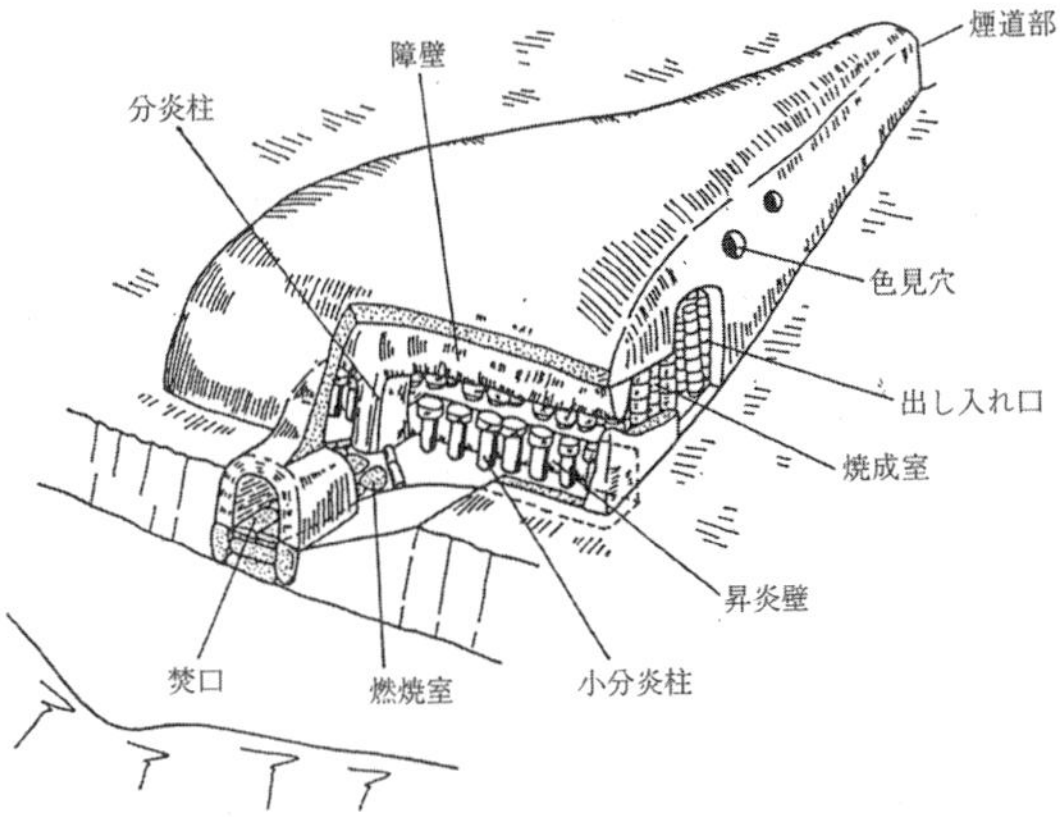

大窯模式図（瀬戸美濃型）

図１　窖窯・大窯模式図（藤澤 2007）

称している。

瀬戸美濃系大窯は、焼成室が単室で、焚口―燃焼室―焼成室―煙道部という基本構造に加え、燃焼室と焼成室の境に分炎柱をもつ点は、従来の窖窯と共通する（図1）。中世前半の窖窯と異なる要素として、壁と天井の大半が地下ではなく地上に構築される点、窯壁・天井の地上化に伴って専用の出し入れ口が設けられる点、分炎柱の両側に並ぶ小分炎柱と、その背後に昇炎壁と呼ばれる段が設けられる点、窯体の中軸上に天井支柱が造り付けられる点などが挙げられる。また、窯体の平面形をみると、焚口から分炎柱・小分炎柱にかけて燃焼室床面が大きく左右に広がり、そこから煙道部にかけてすぼまる二等辺三角形に近い形状を呈するようになる。

製品については、十二世紀末に成立した古瀬戸生産から継続する形で施釉陶器生産がおこなわれるが、豊富な器種をもつ前代に対して、主要器種は天目茶碗・口径一〇～一二チセン前後の小皿類・擂鉢の三種類に絞られ、量産体制をとるようになる。瀬戸美濃系大窯編年は、生産器種の様相から大きく四段階に分けられ、第1～3段階はそれぞれ二期に、第4段階は三期に細分されている(図2～図5)。

各時期の年代観については、紀年銘資料や遺跡および遺構の構築・廃絶年代などに基づき、以下の年代観が与えられている。

第1段階：一四八〇年～一五三〇年
第2段階：一五三〇年～一五六〇年
第3段階：一五六〇年～一五九〇年
第4段階：一五九〇年～一六一〇年

十二世紀末に成立し十五世紀後葉まで生産された古瀬戸製品は、その大半が輸入陶磁器をモデルとしているが、続く大窯製品においても擂鉢や灯明皿を除く大半の器種が、中国をはじめとする輸入陶磁器をモデルに生産されたと考えられる。また、大窯第3段階には黄瀬戸製品・瀬戸黒製品が登場し、筒形碗・沓形碗・大皿・折縁鉢が生産される。続く第4段階には志野製品が登場し、筒形碗や向付類が生産されている。

瀬戸美濃系大窯の分布をみると、尾張・美濃・三河の三国の国境をまたいで広範に広がっており、ひとつの集落のなかで生産をおこなう傾向をみせる他の六古窯とは異なる様相を呈している(図6)。瀬戸美濃系大窯の成立期である第1段階には、瀬戸窯の瀬戸・上水野・品野の三集落と藤岡窯、美濃窯は土岐川以北の小名田地区に大窯が分布する。第2段階になると、前段階の地区で引き続き生産がおこなわれるほか、後半になると瀬戸窯の赤津・下半田川地区、美濃窯は土岐川以南地域の笠原・滝呂・柿野・細野・土岐口地区など、瀬戸窯周縁部へと分布範囲が拡大する。第3段階前半は、瀬戸窯では前出の地区に沓掛地区が加わり生産を続け、美濃窯でも土岐川以南地域の生田・妻木・大川

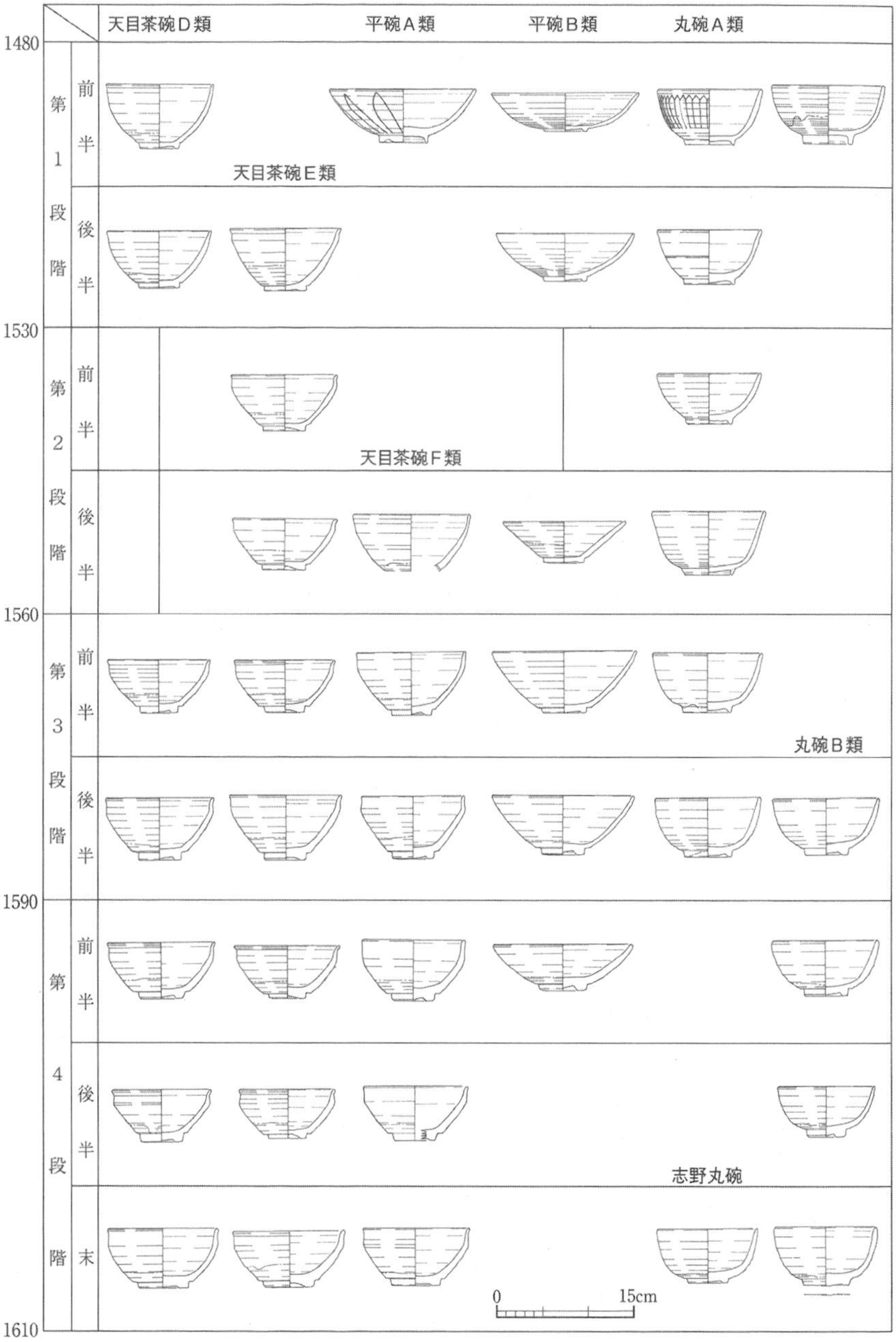

図2　瀬戸美濃窯産大窯製品編年表（1）（藤澤 2007）

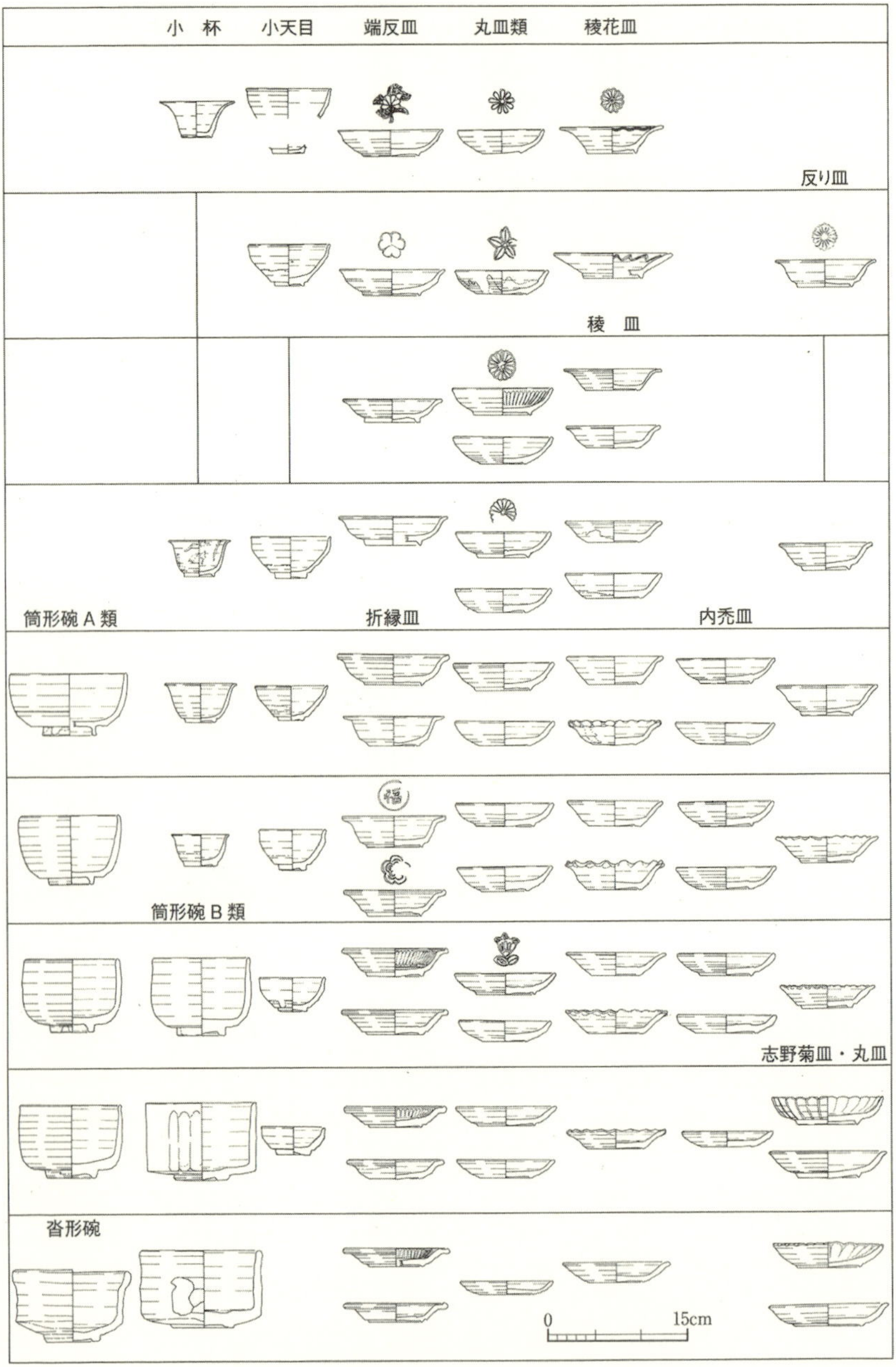

図3　瀬戸美濃窯産大窯製品編年表（2）（藤澤 2007）

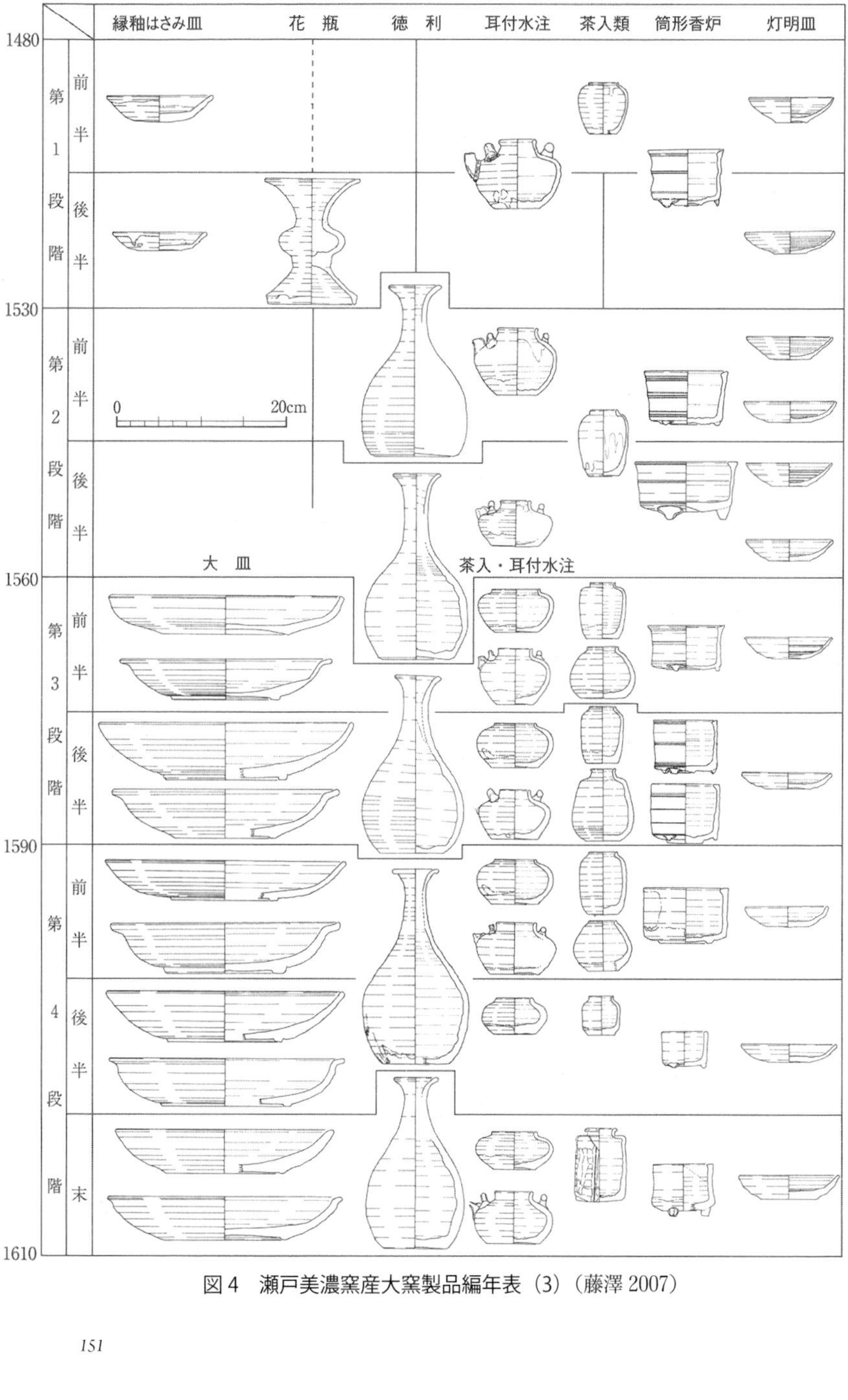

図4　瀬戸美濃窯産大窯製品編年表（3）（藤澤 2007）

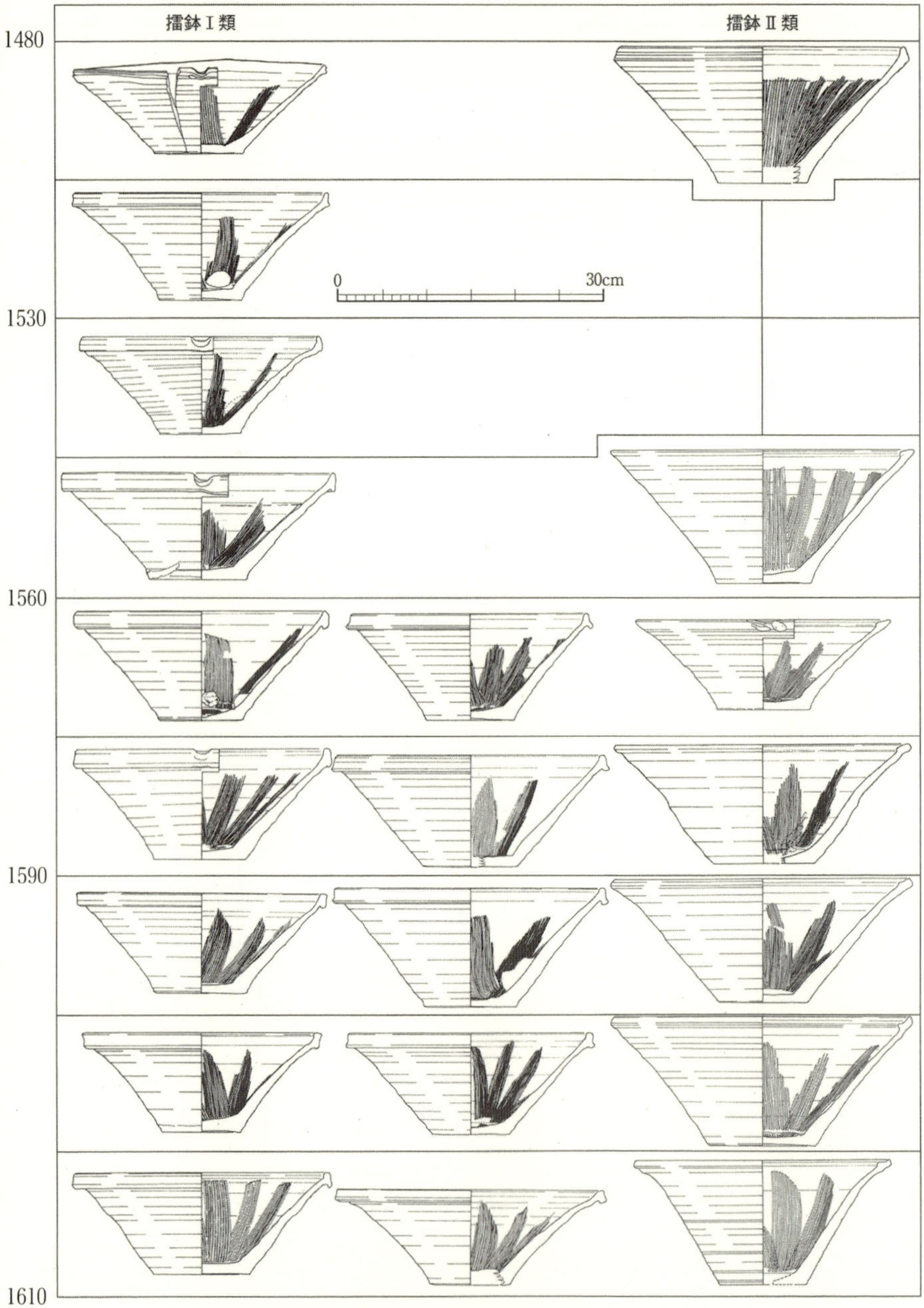

図5　瀬戸美濃窯産大窯製品編年表（4）（藤澤 2007）

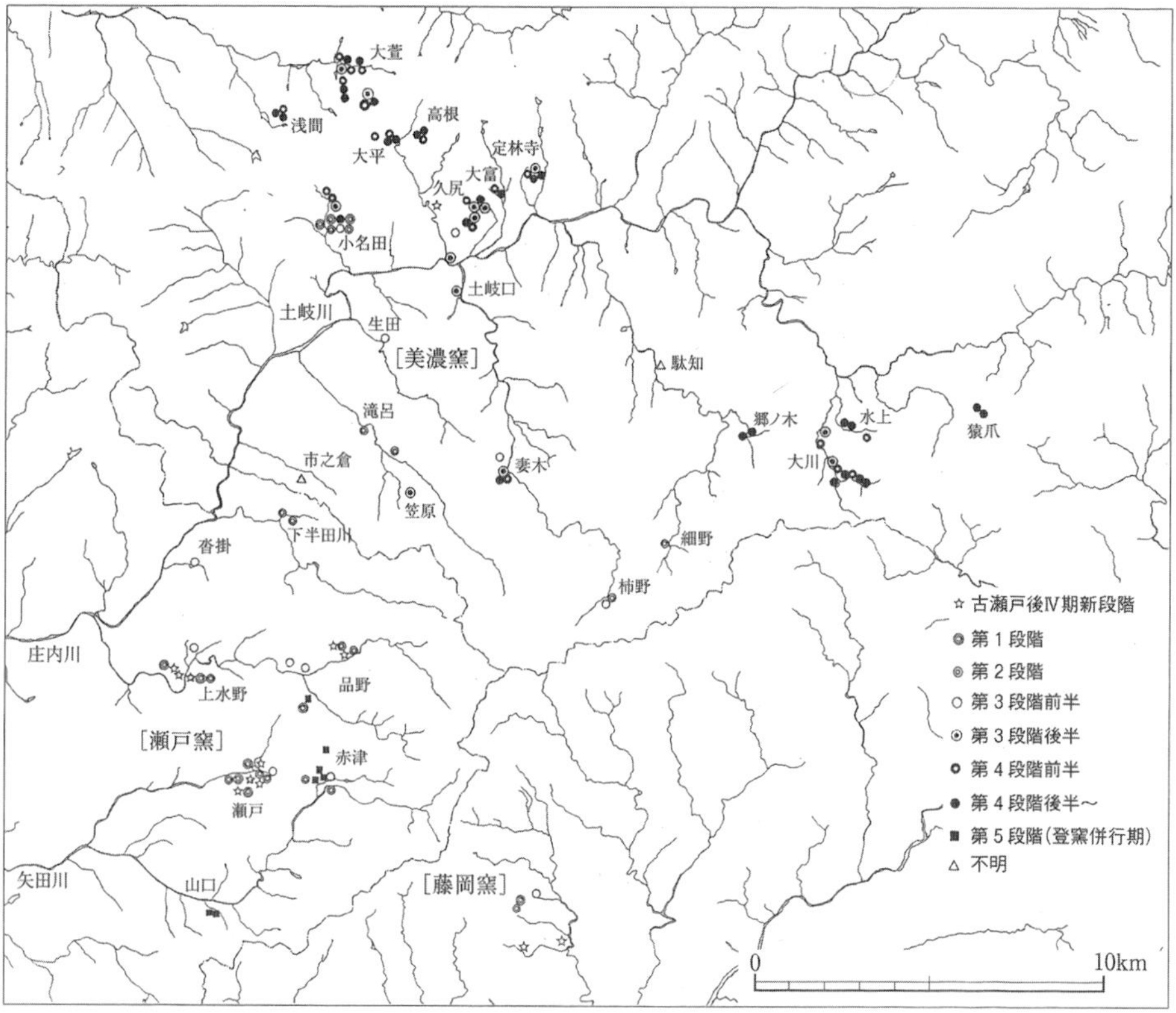

図6　瀬戸美濃系大窯分布図

地区、土岐川以北地域の久尻地区に分布がみられるようになる。

ところが、第3段階後半になると、それまでの分布状況から一変し、大窯の分布は美濃窯の土岐川以北地域の小名田・久尻に加え大富・定林寺・大萱地区に集中するようになる。瀬戸窯や藤岡窯、美濃窯の土岐川以南地域には大窯がまったくみられなくなり、土岐川以北地域に生産拠点が移動することから、瀬戸美濃系大窯の分布上の最大の画期となっている。なお、静岡県の初山窯・志戸呂窯や富山県の越中瀬戸窯が瀬戸美濃窯からの技術導入を受けて成立するのもこの時期以降である。

第4段階前半には土岐川以北地域の高根・大平・浅間地区が新たに加わり、全ての地区で生産がおこなわれるようになるほか、土岐川以南地域の大川地区で窯数が急増する。第4段階後半も土岐川以北地域で集中的に生産がおこなわれるが、土岐川以南地域でも新たに郷ノ木・水上・猿爪地区で窯数が急増し、妻木地区でもわずかに生産がおこなわれる。当該期には土岐川以北と以南の二つの地域に生産が集中し、そのまま初期連房式登窯の生産へ連続していく。瀬戸窯で施釉陶器生産が復活するのは慶長十五年(一六一〇)以降のことであり、連房式登窯の導入も美濃窯よりやや遅れた可能性が指摘されている[藤澤 二〇〇七]。

瀬戸美濃系大窯は、その時期別分布状況から四つの類型に大別される[藤澤ほか 二〇一八]。第1類型は古瀬戸後期様式最末期(十五世紀後葉)から大窯第3段階前半まで連続する瀬戸窯中心部の瀬戸・上水野・品野地区や藤岡窯、第2類型は第2段階後半あるいは第3段階前半の大窯が単独に近い形態で構築される瀬戸窯周縁部の地域、第3類型は第3段階後半から急増し初期連房式登窯も連続して構築される久尻・定林寺・大富・大萱地区など美濃窯のうちの土岐川以北地域、第4類型は第3段階後半に成立するものの第4段階後半に生産のピークをもち、連房式登窯が引き続き構築される大川・郷ノ木・水上・猿爪地区など、美濃窯のうちの土岐川以南地域である。

なお、瀬戸美濃系大窯の生産組織を知る手がかりとして、美濃窯水上地区(岐阜県瑞浪市)において近世の連房式登窯一基が「大将―窯人―脇の者」で構成される生産組織(窯大将組織)によって経営されたという記録が注目される。大将は窯屋の棟梁、窯人は窯屋(職人)、脇の者は大将や窯人の脇にあって生産の手助けをした人々を意味し、その成立期は大窯第3段階まで遡ることが確実視されている[藤澤 二〇〇七]。こうした組織的な生産体制を整えることで、より効率よく生産がおこなえるようになったものと考えられる。

(2) 常滑窯の状況

中世常滑窯は、愛知県常滑市をはじめ知多半島全域の丘陵部に窯跡が展開した窯業地である。尾張型山茶碗と片口鉢Ⅰ類(有高台)の生産を基盤として十二世紀初頭に成立し、大型の壺・甕生産もあわせておこなうようになり、十三世紀前半以降は大型壺・甕類と片口鉢Ⅱ類(無高台)を量産する一大生産地へと発展していく。

中世常滑窯の編年研究は中野晴久氏を中心に精力的に進められてきた[中野 一九九四・二〇一二a・二〇一三]。これによれば、中世常滑窯の製品は1型式から12型式に区分され、全国規模の窯業地へと成長する1型式から4型式を第1段階(十二世紀前半〜十三世紀初頭)、鎌倉を中心とした都市への供給へ向けて大量生産がおこなわれる5型式から7型式を第2段階(十三世紀初頭を除く前半〜十四世紀前半)、窯が丘陵部から沿岸部の集落付近(旧常滑町の範囲)へ移動する8型式から12型式を第3段階(十四世紀後半〜十六世紀後半)として区分されている。ここでは第3段階を中心にその生産内容をまとめる(図7・8)。

第3段階は、窯の立地が丘陵部から旧常滑町の範囲へと移動し、近現代も同じエリアで窯業生産がおこなわれている。長期にわたって狭い範囲で操業が続くことから、古い窯を破壊してその場所に新しい窯を構築する場合も珍しくなく、当該期の窯跡も残存状況が良好なものは現時点では皆無である。製品については、鎌倉時代から継続して大型の壺・甕類と片口鉢Ⅱ類を生産しているが、瀬戸美濃窯のような窖窯から大窯への転換にみる器種組成や製作技法上の変化は認められない。さらに、資料数も第1段階・第2段階と比べて激減しており、それゆえに第3段階の各型式に与えられている年代観も五〇年刻みと幅をもたせている。

このように当該期は資料的制約を強く受ける状況であるが、わずかな手がかりをもとに窯体構造・焼成技法に関する検討が加えられている[中野 二〇一二a]。11型式に比定される平井口1号窯では、窯体床面が複数回貼り直され、その都度嵩上げされている様子が認められることから、窯体の天井部が徐々に地上へ築かれるようになったと考えられ

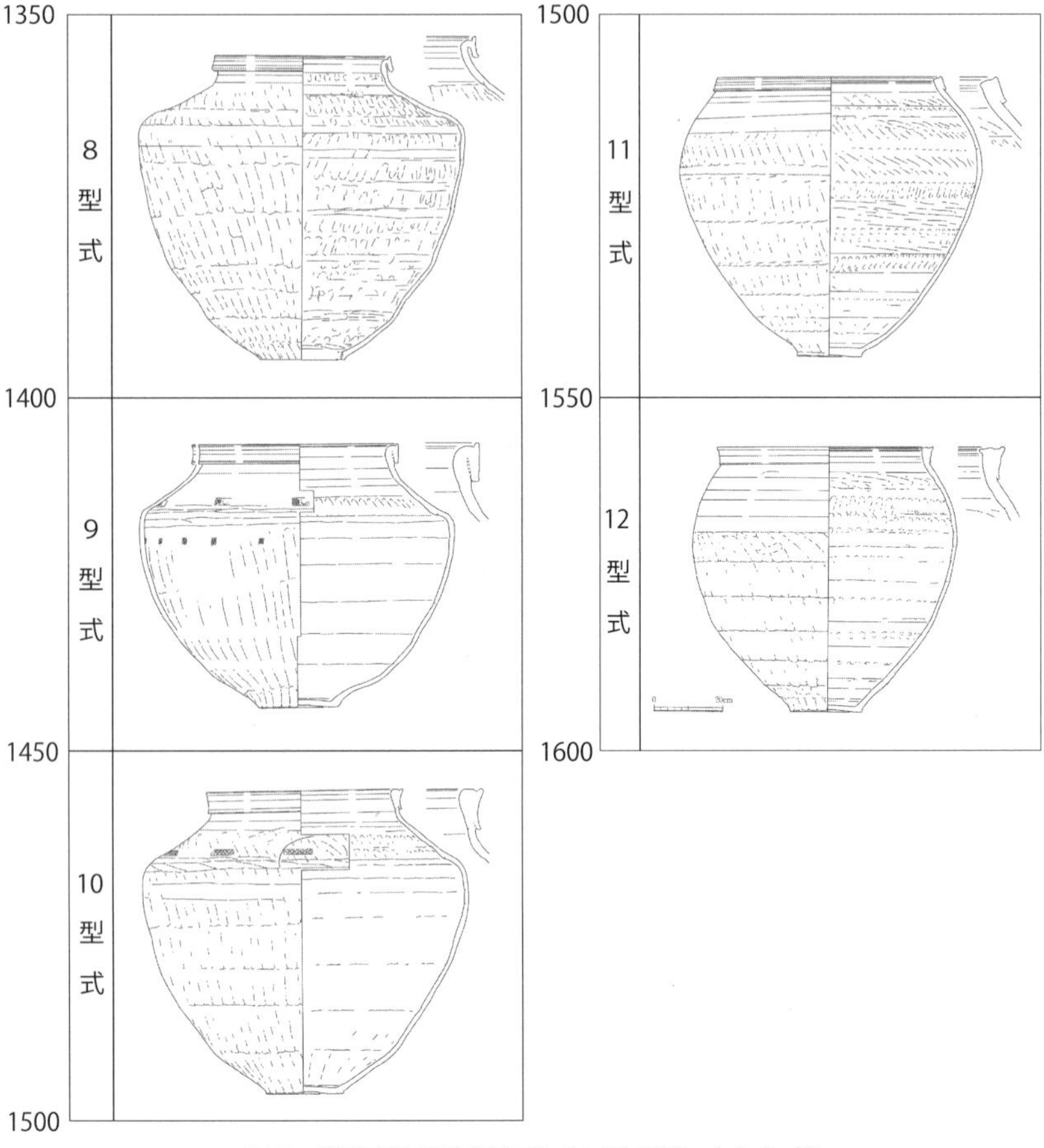

図7　常滑窯産壺甕編年表（中野 2012a より作成）

る。9型式に比定される正法寺窯は地下式の窖窯であることから、窯体が地上に構築されるようになるのは10型式以降と推測される。一方、主要製品である甕について、近世常滑窯では重ね焼きがおこなわれており、甕の口縁形態にはこの焼成方法の変化が反映されていると考えられる。

11型式の甕（図7）は口縁部内面の上端が角張るようになり、12型式にはその部分が内側に突出するようになる。これは窯の中で甕を重ねる際、下の甕の口縁部内面と差し込まれた上の甕の胴部との接地面を極力少なくすることを目的に変化したものとみられている。したがって、遺物の面からも11型式には窯の地上化が実現し、甕の重ね焼きがおこなわれていたことが裏づけられる。

なお、尾張国の私撰地誌である『張州雑志』の「甕竈之図」（『張州雑志』八 名古屋市蓬左文庫蔵）には、天井が地上

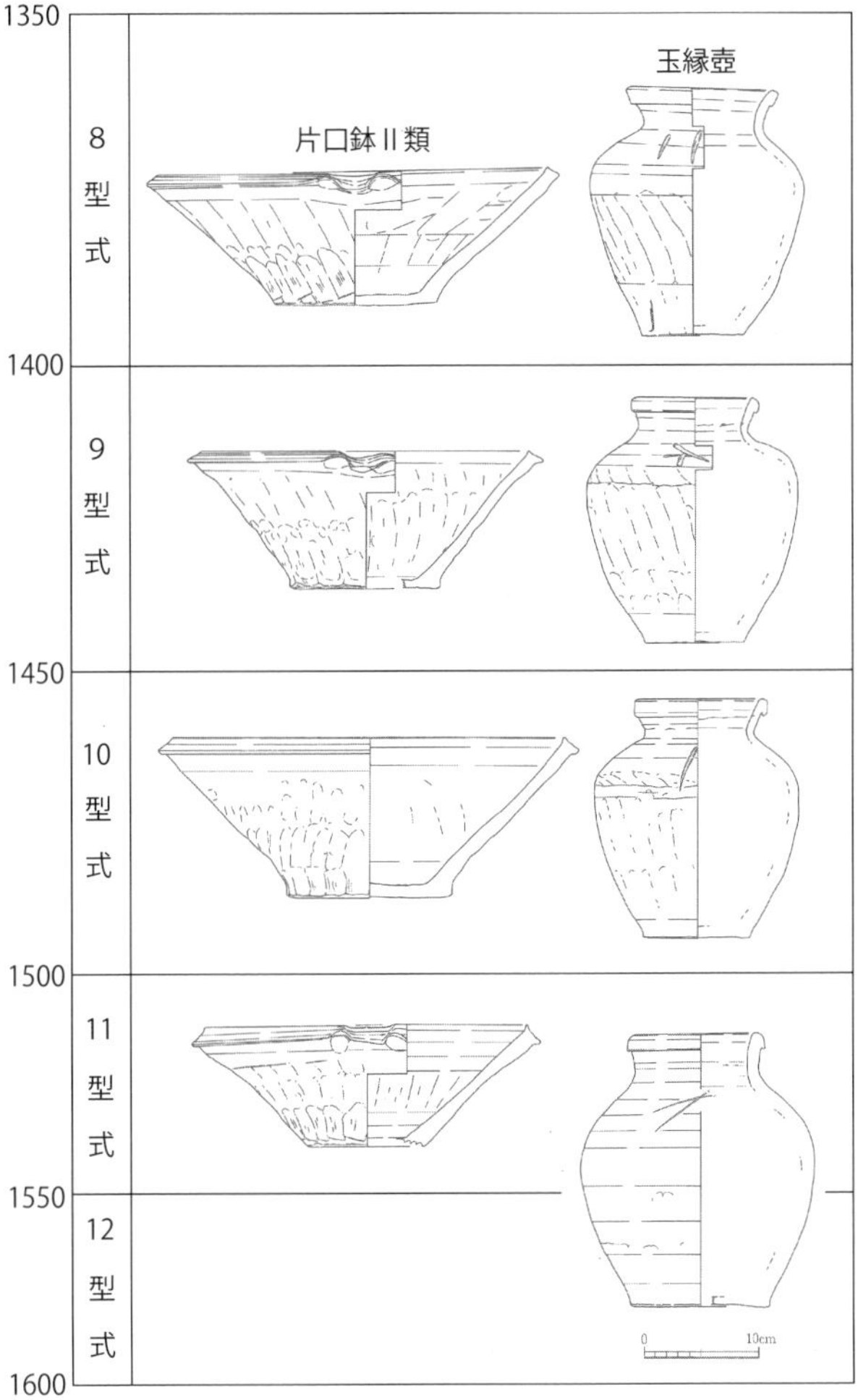

図8　常滑窯産片口鉢Ⅱ類・玉縁壺編年表（中野 2012a より作成）

図9　甕竈之図（部分）（『張州雑志』8　名古屋市蓬左文庫所蔵）

に構築されているような、そしてその高さは人の背丈の倍ほどもある窯の様子が描かれている（図9）。当該期の常滑窯は資料が乏しい状況ではあるが、瀬戸美濃窯と同様におおよそ十五世紀後半頃から十六世紀前半にかけて窯体の地上化が図られたものとみられ、より効率的な生産体制を整えるような近世化の動きが認められる。

2　中世後期における東海産陶器の流通状況

瀬戸美濃窯・常滑窯については、二〇〇七年刊行の『愛知県史 別編 窯業2 中世・近世瀬戸系』および二〇一二年刊行の『愛知県史 別編 窯業3 中世・近世常滑系』の編纂に伴いそれぞれ全国的に調査がおこなわれ、その製品の流通状況が明らかにされている［藤澤 二〇〇七、中野 二〇一二b］。ここでは、愛知県史の研究成果をもとに中世後期における瀬戸美濃窯・常滑窯製品の流通状況についてまとめる。

(1) 瀬戸美濃窯産大窯製品

瀬戸美濃窯産大窯製品は、二〇〇一年の時点で一三三五遺跡、二〇八一地点から出土している(表1)。遺跡数は生産地を擁する愛知県を含む東海地方が最多で、神奈川県・東京都・千葉県など南関東がそれに続く。ただし、地点数をみると堺環濠都市遺跡(大阪府堺市堺区熊野町・甲斐町他)や大坂城(同大阪市中央区大手前)を擁する大阪府が最多で、洛中遺跡群(京都府京都市上京区西大路町他)を擁する京都府も多くなっている。ここで、藤澤氏の研究をもとに主要三器種である天目茶碗・小皿類・擂鉢を中心に流通状況をまとめる。

天目茶碗は、北海道南部から九州の鹿児島まで全国規模で流通し、大窯製品が出土した遺跡のうち約半数から出土している。この段階にはすでに中国製品の天目茶碗は生産を停止しているため、瀬戸美濃窯産の天目茶碗が市場を独占していた。天目茶碗は、かわらけを大量に消費するハレの場において数茶碗として用いられたと想定されており、かわらけがほとんどみられない東北地方の城館では流通量が少ないという[小野 一九九七、藤澤 一九九九]。

小皿類も天目茶碗と同様に全国から出土し、その出土地点は全遺跡の約七割を占める。また、東北地方から関東・甲信地方にかけては全大窯製品のなかで小皿類の割合が圧倒的に高いという。しかし、中国製品の小皿類と比較すると、東海地方では大窯製品が圧倒的であるのに対し、関東地方では大窯製品と中国製品が競合し、その他の地域では常に中国製品が主体となるという傾向が認められる。

調理具である擂鉢は、天目茶碗・小皿類より狭い流通圏を示し、東海から南関東地方を中心に搬入されている。また、擂鉢は各窯業地で生産されているため、伊勢・志摩両国では常滑窯、近江の湖東地域では越前窯・信楽窯の製品とそれぞれ競合し、伊賀では信楽窯、近畿地方以西や南紀地域では備前窯、飛驒や北陸地方以北の日本海側では越前窯の製品が主体となる。畿内周辺では信楽窯・丹波窯の擂鉢、北関東以北の太平洋側では在地の土師質や瓦質の擂鉢が流通している。なお、擂鉢と同様の分布域を示す製品として縁釉はさみ皿、擂鉢よりも狭い分布域を示す製品とし

表１　瀬戸美濃系大窯製品出土遺跡数一覧（藤澤 2007）

	遺跡数	地点数	器種							時期			
			天目	碗類	小皿	向付	盤類	擂鉢	灯明皿	大窯1	大窯2	大窯3	大窯4
北海道	16	36	20	15	30	4	1	0	0	31	20	11	16
青森	13	40	26	11	37	3	10	3	0	25	26	32	30
岩手	28	38	19	6	31	0	0	1	0	17	15	24	14
宮城	22	33	11	3	28	3	3	2	0	8	10	17	23
秋田	8	8	1	1	7	0	0	0	0	5	3	2	4
山形	12	18	6	1	17	2	1	0	0	10	7	8	10
福島	38	40	15	5	35	6	4	4	0	15	15	17	26
茨城	25	30	13	3	21	2	1	5	1	11	11	12	14
栃木	11	11	8	2	8	0	0	2	0	7	5	5	4
群馬	43	43	7	2	34	1	0	5	0	5	17	16	14
埼玉	43	56	21	3	36	0	1	32	0	36	21	20	12
千葉	66	76	22	4	52	1	1	41	1	41	35	24	18
東京	57	117	29	8	83	3	0	63	0	47	45	55	37
神奈川	84	130	43	12	83	6	11	78	0	61	53	60	44
新潟	38	55	29	11	43	6	2	0	0	35	25	18	19
富山	40	54	38	6	36	0	0	1	0	37	30	11	10
石川	55	63	43	12	44	7	3	3	0	36	28	24	21
福井	10	53	40	28	39	1	1	2	0	46	39	15	3
山梨	10	13	5	2	10	0	0	2	0	9	10	1	1
長野	59	63	23	8	45	0	4	19	0	41	36	29	15
岐阜	61	78	44	19	54	6	6	47	17	49	40	40	25
静岡	67	81	35	11	49	0	3	54	0	40	55	36	21
愛知	109	155	99	37	96	14	15	106	45	100	95	85	52
三重	67	79	45	10	40	1	2	24	2	42	35	29	12
滋賀	61	97	55	12	65	0	5	30	0	38	47	56	9
京都	26	91	56	31	57	24	6	0	1	16	26	48	52
大阪	45	182	117	56	144	63	10	5	3	67	63	125	121
兵庫	20	36	26	7	24	6	0	0	0	15	19	17	12
奈良	5	6	4	2	3	1	0	0	0	1	2	3	3
和歌山	11	31	23	5	24	3	0	0	0	17	25	13	6
鳥取	8	15	9	0	11	5	1	0	0	4	5	9	6
島根	8	16	12	2	13	1	0	0	0	12	12	7	5
岡山	6	7	4	1	6	3	0	0	0	0	1	6	3
広島	14	22	14	2	15	3	0	0	0	2	1	15	11
山口	4	4	2	1	1	0	0	0	0	2	1	0	2
徳島	6	6	1	1	4	3	0	0	0	1	1	2	6
香川	7	12	8	3	11	2	0	0	0	1	5	9	7
愛媛	11	13	8	2	4	2	0	0	0	3	6	4	3
高知	13	22	11	1	10	1	0	0	0	4	2	10	7
福岡	25	54	25	10	32	8	2	0	0	8	8	31	27
佐賀	29	32	21	4	11	2	0	0	0	2	2	21	13
長崎	17	21	11	6	11	5	0	0	0	2	1	7	15
熊本	8	9	7	2	1	0	0	0	0	1	1	5	2
大分	12	13	6	0	7	2	0	0	0	1	1	4	6
宮崎	15	20	18	0	6	0	0	0	0	5	8	11	4
鹿児島	2	2	2	0	0	0	0	0	0	0	0	0	1
沖縄	0	0	0	0	0	0	0	0	0	0	0	0	0
計	1335	2081	1082	368	1418	200	93	529	70	956	913	994	766

※各項目の数は確実に該当するもののみを集計した。

て灯明皿や仏餉具、窯道具類が知られ、これらの流通圏は生産地である尾張・美濃地方にほぼ限定される。

擂鉢の主要分布域の集落部では、古瀬戸後Ⅳ期(十五世紀中～後葉)に擂鉢をはじめとする各器種がセットで出土し、流通量も全体的に増加する。ところが、大窯期には遠江守護館が置かれた見付端城(静岡県磐田市見付)や、一の谷中世墳墓群への物資流通にも重要な役割をもっていた遺跡として知られる元島遺跡(静岡県磐田市豊浜字一本松他)のような町場的な集落にほぼ限定される。これに対し、観音寺城(滋賀県近江八幡市安土町石寺)・小谷城(同県東井郡湖北町小谷)・一乗谷朝倉氏館(福井県福井市城戸ノ内町・安波賀町他)・浪岡城(青森県青森市浪岡大字浪岡字五所他)・勝山館(北海道檜山郡上ノ国町字勝山)など、湖東地方から北陸および北東日本海域の城館では大窯製品が急増する。

(2) 常滑窯製品

中世常滑窯製品は、二〇一二年の時点で一六八七遺跡から出土し、資料数は二万一七九三点である。成立期である第1段階から全国へ流通し、最盛期である第2段階には流通量が急増しピークに達するが、第3段階になるとその流通規模は縮小し、東海地方から南関東が主要な流通圏となる(図10)[中野二〇一二b]。

関東地方では、第2段階に鎌倉を中心に夥しい量の常滑窯製品が搬入されるが、第3段階には特に鎌倉を中心に流通量が減少し、十五世紀代になるとまとまって出土する遺跡は葛西城(東京都葛飾区)、篠本城跡(千葉県山武郡横芝光町)などが知られる程度である。また、八王子城御主殿(東京都八王子市元八王子町ほか)では、12型式(十六世紀後半)の常滑窯製品がまとまって出土しており、一五九〇年に秀吉に攻められた際に持ち出すことなく廃棄されたものと考えられている。なお、関東地方の常滑窯製品の流通傾向については、十五～十六世紀は北武蔵から上野にかけての出土遺跡数が減少する一方で、南武蔵から房総地域の遺跡数には大きな変化はみられない[浅野一九九五]。ただし、一遺

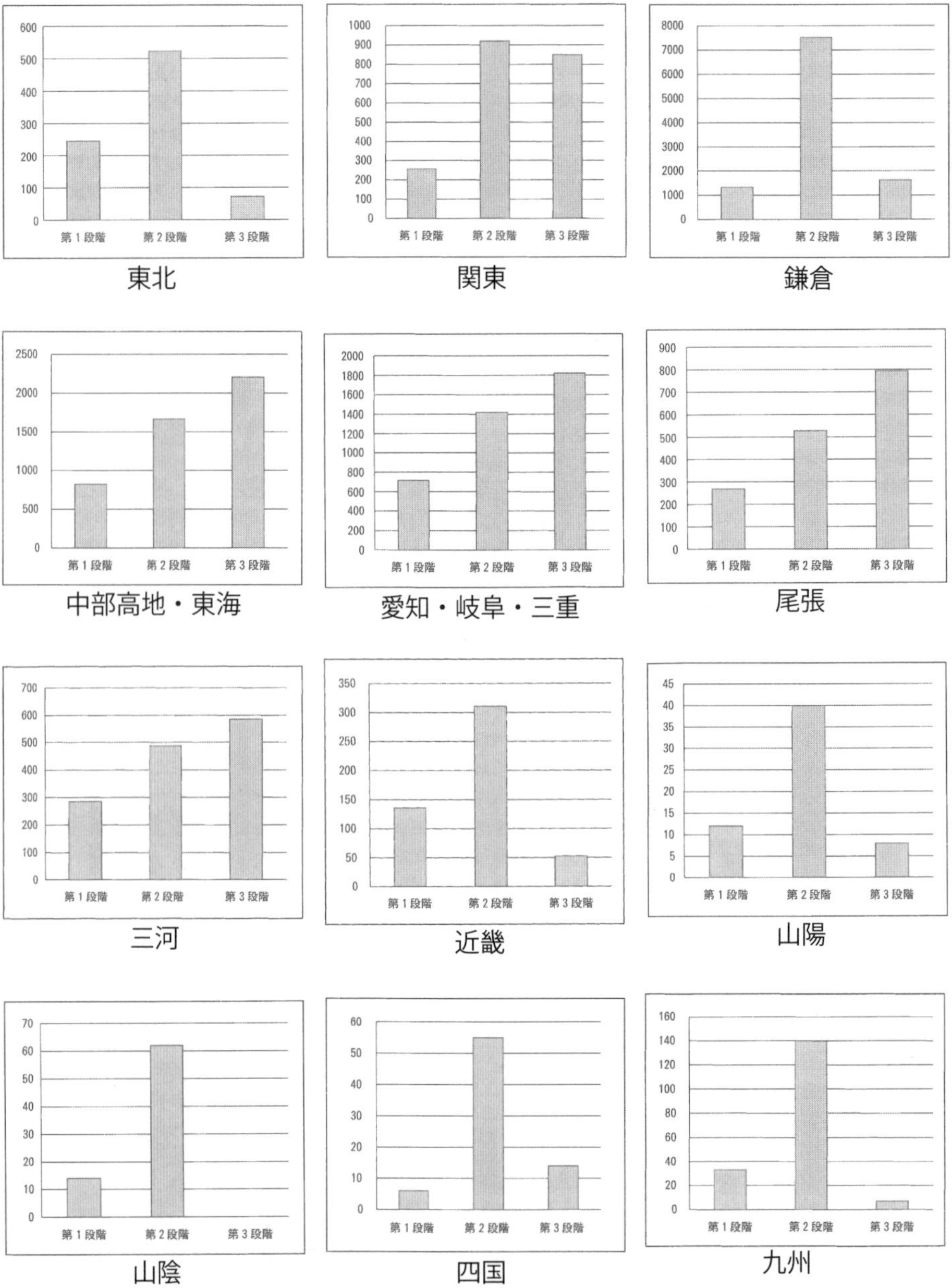

図10　地域別段階別常滑窯製品出土量（中野 2012b より作成）

跡における常滑窯製品の個体数自体は減少傾向にあるとし、この傾向は中部高地の信濃地方により顕著に現れるという。

静岡県では、北条氏の居館と菩提寺である願成就院を中心とする韮山遺跡群（静岡県伊豆の国市）で十五世紀を中心とする甕と片口鉢がまとまった量出土している。また、富士宮浅間神社に隣接する元富士大宮司館跡（富士宮市宮町）では十二〜十六世紀の常滑窯製品が搬入されている。沿岸部に位置する元島遺跡でも同様に十二〜十五世紀にかけて継続的に消費され、小川城（静岡県焼津市西小川）でも十五世紀代の製品が確認されている状況である。東海地域は中世を通じて常滑窯製品の主要な消費地であったと考えられる。

生産地周辺では、常滑窯が所属する尾張地域の出土量をみると、第3段階にかけて増加する傾向にあり、中部高地を含めた東海圏に共通する傾向である。山間部では、岐阜県の木曽川・飛騨川水系の最上流部に位置する尾崎城（岐阜県高山市丹生川町）や、揖斐川水系の最上流部に位置する櫨原村平遺跡（岐阜県揖斐川町）、長良川水系の東氏館（岐阜県郡上市大和町）で、いずれも十二〜十五世紀の常滑窯製品が出土している。また、愛知県・三重県の沿岸部では、田原城（愛知県田原市田原町）、桑部城（三重県桑名市大字桑部）などの中世城館に関東地方以上に常滑窯製品が供給されている。豊川流域・矢作川流域・濃尾平野から伊勢平野にかけての地域には、常滑窯製品の出土遺跡が最も濃密に分布し、これらの遺跡では中世から近世にかけて継続する遺跡も少なくない。伊勢平野では、鈴鹿川流域・雲出川流域・宮川流域などに常滑窯製品が搬入されており、雲出川と櫛田川の両水系の交わる地点付近に位置し、伊勢国の守護である北畠氏館跡が所在する津市美杉町上多気でも、十五世紀代の常滑窯製品がまとまって出土している。中世の窯業生産が認められない伊勢地方は、中世前期より伊勢湾を介して常滑窯・渥美窯の製品が流通する主要な消費地であった。さらに、東海産陶器を含む物資の集積地であったと目される安濃津遺跡（三重県津市柳山津興他）の存在から［伊藤裕一九九七］、これらの物資は安濃津や大湊などで遠隔地へ向かう船へと積み替えられ、関東方面へは元島遺跡や伊豆半島などを経由しながら運ばれたと考えられる。

北陸地方は中世を通して特に流通量が少ない。十二～十三世紀代の製品が敦賀・若狭地域など琵琶湖交通の延長上に位置する要衝や、白山平泉寺などの有力寺院に一定量流通する程度である。伊勢湾周辺から日本海側へ至る常滑窯製品の流通経路は、中世段階では鈴鹿山脈や養老山地の間を抜けて琵琶湖を経由し、若狭へ至るルート以外ないと考えられており、特に大型壺甕類の運搬には困難が伴ったと予想される。こうした状況から、北陸地方では中世前半に各地で大型壺甕類を生産する瓷器系・須恵器系中世窯が成立し、十六世紀には越前窯に窯業生産が集約され、日本海側の陶製貯蔵具の需要を満たしていった。

近畿以西では、東北・関東地方と同様に第2段階に流通量のピークをもち、第3段階には激減している。この要因として、東北地方と同様に中世前半に成立した瓷器系・須恵器系中世窯と、十六世紀に西日本の窯業生産が集約され発展した備前窯の台頭があげられる。なお、常滑窯の片口鉢については十六世紀後半には瀬戸美濃窯産の擂鉢にその地位が取って代わられていく可能性が指摘されている［簗瀬 二〇〇八］。

3　瀬戸美濃系大窯の生産・流通構造

以上、中世後期の東海産陶器の流通状況についてまとめたが、瀬戸美濃系大窯製品については藤澤氏によってその生産・流通構造に関してさらに踏み込んだ研究が進められているため、ここで紹介しておきたい［藤澤 二〇〇七、藤澤ほか 二〇一八］。

(1) 大窯生産の管掌者

瀬戸美濃窯では、大窯第3段階後半に瀬戸窯から美濃窯へと窯が移動し、この段階以降、初山窯や志戸呂窯、越中瀬戸窯が成立している。このような国を越えての陶器生産者の移動は彼らの意思だけでは実現できない現象であり、その背後には陶器生産者を他の集落(村落)への移動を保障した為政者の存在が窺われるという[藤澤 一九九二・一九九三・二〇〇七]。

大窯生産の管掌者を示す発給文書として、瀬戸の市場の保護を目的とした永禄六年(一五六三)十二月日付の「織田信長尾張瀬戸制札」(『中世法制史料集』武家家法Ⅲ、五七八号)、郡尻(久尻)村における開窯を許可したとおぼしき天正元年(一五七三)三月日付の「加藤五郎右衛門宛織田信長制札写ヵ」(「大平竈由緒記」『瀬戸市史 陶磁史篇二』三八五~三八九頁。元亀四年七月に天正改元)などが挙げられる。また、天正二年(一五七四)正月十二日付けの「加藤市左衛門尉宛信長朱印状」(『織田信長文書の研究』上巻、四三五号)は陶工・加藤市左衛門に久尻村への定住を命じたものと考えられ、第3類型の群構造を示す土岐川以北地域に織田信長の一定の関与があったことは確実視されている。

なお、陶器生産者宛ての文書は、志戸呂窯では天正十六年(一五八八)閏五月十四日付徳川家康朱印状写(「御庫本古文書纂」内閣文庫所蔵)、越中瀬戸窯では天正十六~十八年(一五八八~一五九〇)に前田利家の異母兄・五郎兵衛安勝が発給したものが知られ(前田安勝判物写「謄写本 加能越古文叢」)、信長をはじめとする戦国大名の領国経営の一環として、大窯が誘致されたものと考えられる。

土岐川以北地域は、信長の死後も第4段階前半までは豊臣系大名・森氏の支配下にあるが、関ヶ原の戦い後である第4段階後半になると、土岐川以北の旧可児郡域は木曽衆、旧土岐郡域は妻木氏、土岐川以南東部地域は小里氏がそれぞれ支配するようになる。森氏以外の三氏には窯業生産に関与した内容の古記録が残されており、引き続き窯業生産が領国経営に組み込まれていた様子が示されている。

(2) 瀬戸美濃大窯系製品の流通圏

大窯期における国産陶器の広域流通圏は、大湊など伊勢湾の湊を拠点に東への海運である東国流通圏、小浜・敦賀など若狭湾以北の北東日本海域圏［吉岡　一九八九］、畿内から九州までの西国流通圏の三つに大別されている（図11）。藤澤氏は、瀬戸美濃系大窯製品の時期別流通状況を加味し、各流通圏をさらに分割している［藤澤ほか　二〇一八］。

これによれば、東国流通圏は尾張美濃圏・東海圏・関東圏・東東北圏に分割される。瀬戸美濃窯を擁する尾張美濃圏は、先に記した灯明皿や窯道具類を含めた各器種・各時期の大窯製品が流通する。東海圏は、尾張美濃圏を中心に西は近江湖東地域・伊勢・志摩両国、北は信濃南部、東は遠江にかけての地域で、城館・寺院・村落などでは天目茶碗・小皿類・擂鉢の主要三器種をはじめ、各時期の大窯製品がセットで流通し、近江湖東地域を除くと輸入陶磁器の出土数は少なく大窯製品が圧倒的に多いという。関東圏は、駿河以東から南関東を中心に北関東・甲斐にかけての地域で、主要三器種がセットで流通するものの、小皿類は輸入陶磁器と競合し、格式の高い城館ほど輸入陶磁器の出土数が多い傾向にある。また、関東圏の大窯製品は駿府城・小田原城・八王子城などの城館に多くみられる傾向があるという。東東北圏は東北太平洋側の地域にあたり、陶磁器の流通量自体が少なく大窯製品も非常に少ない。なお、第3段階後半以降は、遠江で瀬戸美濃系大窯からの技術導入によって初山窯や志戸呂窯が成立し、遠江から南関東へその製品が流通することで瀬戸美濃窯産大窯製品と競合するようになる。

北東日本海域圏は、天目茶碗・小皿類・丸碗をはじめ大窯製品の流通量は多いが、輸入陶磁器を上回ることはない。福井県東部から新潟県西部にかけての北陸圏と、新潟県東部から北海道南部にかけての西東北圏に分割され、後者で

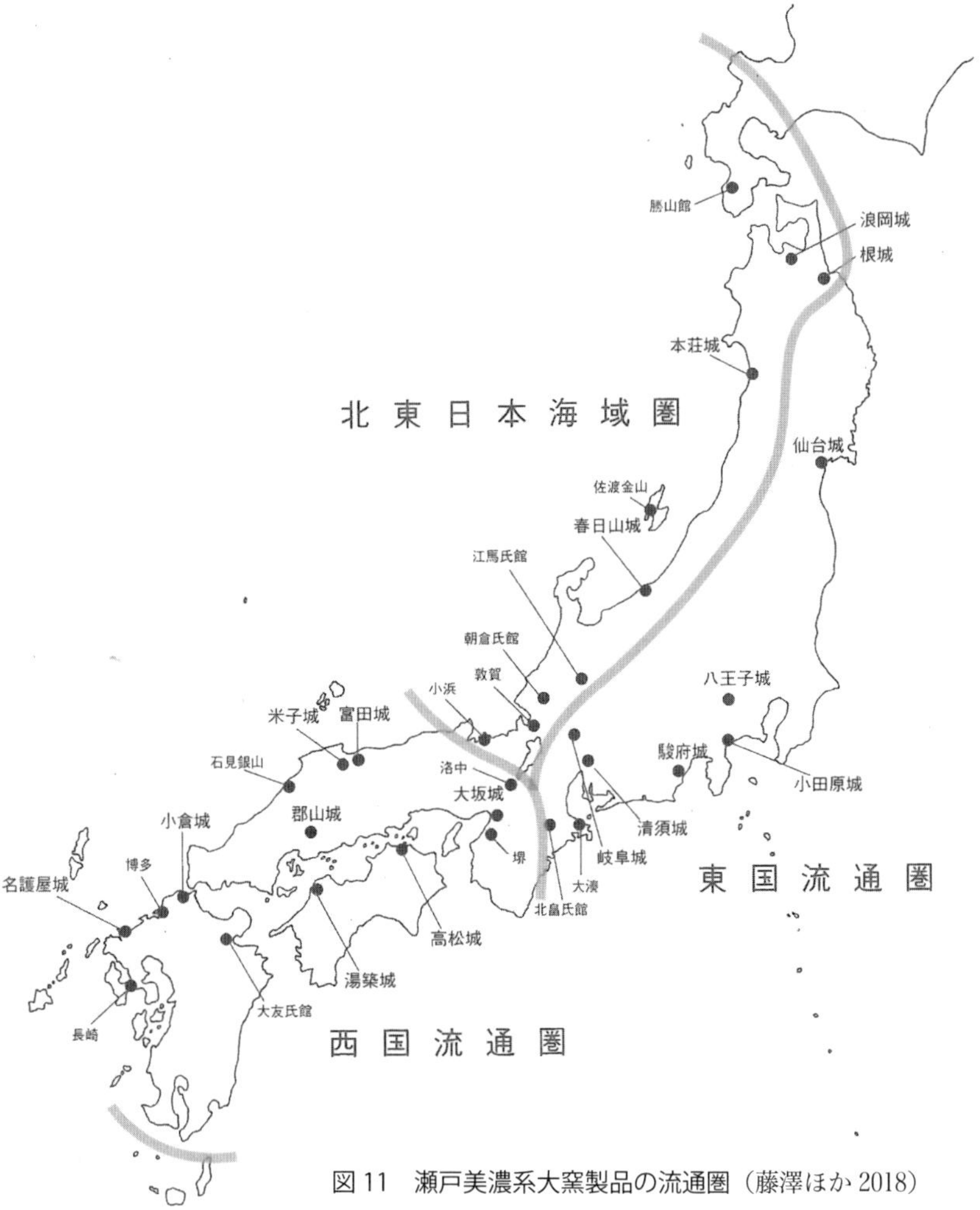

図11　瀬戸美濃系大窯製品の流通圏（藤澤ほか 2018）

は小皿類に対して天目茶碗の流通量が極めて少ないという特徴が挙げられている。福井県の一乗谷朝倉氏遺跡、青森県の浪岡城・根城など主要な城館では第1段階・第2段階のものが主体で第3段階前半に激減し、金沢城や山形城などでは第3段階後半以降増加に転じ、初期連房式登窯まで安定して流通する。なお、北陸圏では第3段階後半に越中瀬戸窯が成立し、その製品が流通・競合することで瀬戸美濃大窯製品の流通量が相対的に減少した可能性が指摘される。

西国流通圏は、畿内圏と西日本圏に分割され、前者は湖東地域や伊勢・志摩両国を除く近畿地方、後者は中国・四国・九州地方にあたる。畿内圏は洛中・堺・大坂の大都市圏を中心とする地域であり、輸入陶磁器が主体で大窯製品は少ない。堺や洛中では第1段階から安定して出土しているが、第3段階後半以降に急増し、京・堺・大坂など都市部をはじめ枚方宿遺跡などの集落でも少量確認されるようになる。

西日本圏も、輸入陶磁器が主体で大窯製品は少ない。愛媛県の湯築城や島根県の富田城、大分県の大友氏館などでは第1段階から一定量大窯製品が流通するが、その他は大名クラスの城館でも大窯製品の流通量は少ない。しかし、第3段階後半になると佐賀県の名護屋城下町や鳥取県の米子城、香川県の高松城・徳島城、福岡県の小倉城、博多・長崎などの拠点的な都市において大窯製品は急増する。その背景には豊臣政権の進出が想定されている［藤澤 二〇〇七］。

(3) 瀬戸美濃窯産大窯製品の流通構造

瀬戸美濃窯産大窯製品は、各流通圏への流通経路やその担い手についても検討が加えられている［藤澤ほか 二〇一八］。尾張美濃圏は、中世後半まで在地の食膳具である山茶碗類が生産され、流通した範囲とされる。また、東海圏についても中世前半における山茶碗類の主要流通圏であり、近世瀬戸焼の近国売捌き人の活動範囲となっている。尾張美濃圏と東海圏はいずれも生産地直送の流通形態、大窯製品の第一次流通圏を示している。これらの流通圏では生産者自身による振り売りか、織田信長の制札にみられる諸郷商人による販売のいずれかの方法で大窯製品が流通したと考えられ、前者は尾張美濃圏、後者は東海圏が該当するという。なお、先述の通り東海圏の範囲内には瀬戸美濃系諸窯の初山窯・志戸呂窯の主要流通圏が含まれる。

尾張美濃圏・東海圏以外の第二次流通圏への担い手については、より広域の流通に携わる商人の関与が推察されている。関東圏への流通は、伊勢神宮門前町の山田に、文明十三年(一四八一)に「瀬戸物や」(「伊勢神宮御師橋村家文書」『善本業書』第六八集、天理図書館、一九八六年)、天文二十二年(一五五三)に「瀬戸物座」(「続郷談」神宮司庁編『大神宮叢書』第十四巻、臨川書店、一九七〇年)がみられ、瀬戸物商人が存在していたことが確実視されており、彼らがその流通の担い手になった可能性が高い。大窯製品は伊勢商人を通じて天目茶碗・小皿類・擂鉢のセットを中心に扱われ、伊勢国大湊を出発点として駿河以東から南関東へかけて海上輸送された可能性が高く、さらには第三次流通圏といえる北関東や甲斐、東東北へと流通したものと予想される。

また、畿内圏への流通経路については三つのルートが想定されている。すなわち、

①伊勢道ルート：生産地→桑名→《伊勢道》→近江→京都→堺・大坂

②東山道ルート：生産地→《東山道》→近江→京都→堺・大坂

③熊野廻しルート：生産地→宮(現名古屋市熱田区)・桑名→大湊→《熊野廻り海運》→堺・大坂→京都

である。ただし、熊野廻しルートは近世瀬戸美濃焼の主要流通経路のひとつであるが、大窯期に確立していたかどうかは疑問が残るという。古くから流通路として利用されてきた伊勢道ルートは、近江を中心に東は美濃・尾張、西は京都にかけて商業活動をおこなっていた得珍保(現滋賀県八日市市)の保内商人が抑えており、東海産陶器もその取扱商品のなかに含まれていたと考えられる。なお、戦国期の常滑窯製品は畿内圏へほとんど流通していないことから、保内商人が取り扱った東海産陶器は大半が瀬戸美濃系大窯製品であった可能性が高い。

東山道ルートは、「九里半廻し」として近世美濃焼の京都方面への抜荷ルートとして知られるが、大窯製品に関わ

る記録は認められない。しかし、木曽材や美濃紙の流通状況から、東山道ルートは特に美濃から近江・京都への主要な流通経路の一つであったとし、大窯製品もこのルートで畿内へ流通した可能性を指摘している。

(4) 初山窯（静岡県浜松市細江町中川・瀬戸・石岡）・志戸呂窯（静岡県島田市上志戸呂・横岡）の状況

大窯第3段階以降、瀬戸美濃窯からの工人移動による直接的な技術導入を受け、初山窯・志戸呂窯・越中瀬戸窯などの瀬戸美濃系諸窯が成立することは先に述べたとおりである。ここで、瀬戸美濃窯の一次流通圏内に成立した初山窯・志戸呂窯を中心に、瀬戸美濃窯製品との競合・補完関係について簡単にまとめる［藤澤二〇〇五］。

伊豆東部では、瀬戸美濃窯製品は各時期のものが確認されているのに対して、初山窯・志戸呂窯の製品は極めて少ない地域である。伊豆西部の瀬戸美濃窯製品は第1段階と第3段階が主体で、第2段階と第4段階はその半数以下である。初山窯の製品は各器種が確認されており、操業期間を考慮すると同時期の瀬戸美濃窯と拮抗していたものと考えられる。さらに、志戸呂窯製品は第4段階の瀬戸美濃窯製品の五倍近く出土している。

駿河東部は城館関係のデータが中心で、瀬戸美濃窯製品は第1段階が最多で第2段階に減少、第3段階で増加するも第4段階で激減する。瀬戸美濃窯製品と初山窯・志戸呂窯製品の出土傾向は伊豆西部と類似した様相を呈し、初山窯製品は瀬戸美濃窯製品と拮抗、志戸呂窯製品は第4段階の瀬戸美濃窯製品の五倍近く出土している。

駿河西部の瀬戸美濃窯製品は、第1段階が主体でそれ以降、急激に減少する。初山窯製品は少ないが、志戸呂窯製品は第4段階の瀬戸美濃窯製品とほぼ同数である。なお、当該地域については駿河東部と様相が大きく異なっているが、分析対象となった遺跡の存続期間に左右された可能性が指摘されている。

遠江東部の瀬戸美濃窯製品は、第1段階が最多で第2段階以降徐々に減少し、第4段階には激減している。初山窯製品は各器種が確認され、操業期間を考慮すると同時期の瀬戸美濃窯製品を凌駕したものと考えられる。志戸呂窯製品は第4段階の瀬戸美濃窯製品の七倍以上出土している。遠江西部の瀬戸美濃窯製品は、第1段階が最多で第2段階に減少するが、第3段階には増加し、第4段階に激減しないのが特徴である。初山窯製品は同時期の瀬戸美濃窯製品の二倍近く出土し、瀬戸美濃窯製品を圧倒している。志戸呂窯製品は同時期の瀬戸美濃窯製品と同数程度の出土量である。

以上のような流通状況から、初山窯・志戸呂窯の主要流通圏が設定されている［藤澤 二〇〇五］。初山窯製品と大窯第3段階の瀬戸美濃窯製品を比較すると、初山窯が位置する遠江西部では瀬戸美濃窯を圧倒する出土量であり、遠江東部では半数以上、駿河東部ではほぼ同数、半数以下の伊豆西部、ほとんど出土しない駿河西部と伊豆東部という状況であり、駿河西部を除くと東に行くほど流通量を減じている。したがって、初山窯製品の流通圏は、遠江西部から伊豆西部まで確実に含まれるが、瀬戸美濃窯製品の搬入に大きな影響を与えた可能性のある地域は、遠江地方を中心に駿河西部あたりまでとされている。

志戸呂窯製品と大窯第4段階の瀬戸美濃窯製品を比較すると、瀬戸美濃窯の七倍以上出土している遠江東部、五倍近く出土している駿河東部・伊豆西部、ほぼ同数出土する遠江西部・駿河西部、ほとんど出土しない伊豆東部となり、駿河西部を除くと志戸呂窯が位置する遠江東部を中心に駿河東部から伊豆西部にかけて大量に搬入される。これらの地域では城館・集落を問わず、ほとんどの遺跡で志戸呂窯製品が瀬戸美濃窯製品を圧倒し、遠江西部の集落でも瀬戸美濃窯製品と拮抗するほどである。この状況から、志戸呂窯の主要流通圏は初山窯のそれを踏襲し、遠江西部から伊豆西部にまで及んだものとみられ、志戸呂窯製品の影響によりすべての地域で第4段階の瀬戸美濃窯製品の搬入量が減少したものと考えられる。

(5) 戦国城下における瀬戸物町の形成

信長は元亀三年(一五七二)に清須在住の伊藤惣十郎を尾張・美濃両国の商人司に任命し(『織田信長文書の研究』三五三号)、商人を一元的に組織化し、大窯製品流通の一元化を図ったものとみられる。これは陶器生産者を誘致したのと同様に、城下町に陶器商人(瀬戸物屋)を集住させることによって、座商人をも支配下に置く目的でおこなわれた政策と考えられ、瀬戸物(屋)町が形成されるに至る。信長の安土城下や秀吉の大坂城下、名古屋城下にも瀬戸物町が存在した可能性は高く、秀吉の天下統一に伴い豊臣系の大名が全国に配置されるのと時を同じくして、第3段階後半以降の大窯製品が急増する城下町においては、瀬戸物屋の一定の活動があったと推察されている[藤澤 二〇〇七]。

おそらく秀吉の死後、大窯第4段階後半(十七世紀初頭)に成立したとみられる洛中三条界隈の「せと物や町」(『洛中洛外図屏風』勝興寺本)は、瀬戸物屋町の象徴的存在として知られている。この界隈からは大窯第4段階後半から連房式登窯第1小期にかけての瀬戸美濃窯製品が出土しており、土岐川以北地域の元屋敷窯周辺で生産された製品で占められている。加えて、生産地周辺でしかみかけない窯道具類なども出土することから、窯買い的な流通方法が窺われる。また、瀬戸美濃窯を含む国内の各窯業地へ高級茶陶を同時発注したことが指摘される[土岐市美濃陶磁歴史館 二〇〇二]。三条界隈の瀬戸物町が廃絶する時期と、西日本をはじめとする全国流通から瀬戸美濃窯製品が撤退する時期は、ともに十七世紀の第2四半期であることを傍証として、彼ら京都の陶器商人が各地方都市の瀬戸物屋ネットワークを通じて瀬戸美濃窯製品を流通させたとする見方も示されている[藤澤 二〇〇七]。

4 中世後半の常滑窯

中世を通して精力的に窯業生産がおこなわれ、領主層と陶器生産者の関係を窺わせるような史料も残されている瀬戸美濃窯に対し、常滑窯については窯業生産を掌握していた為政者との関わりを示す史料は皆無である。また、十五・十六世紀は先述したように考古学的資料も大きく制約を受ける時期であり、中世後半の常滑窯については多くを語れる状況にない。そのため現在明らかにされている研究成果をまとめるに留めたい。

(1) 常滑窯の主要流通圏

各地域における常滑窯製品の段階別流通量をみると、生産地である尾張では第1段階から第3段階にかけて増加している。尾張と同様の流通傾向を示すエリアとして、三河、愛知・岐阜・三重、中部高地・東海、関東(鎌倉を除く)があげられる(図10、図12①～③)。一方、東北、近畿、山陽、山陰、四国、九州では第2段階の流通量が突出し、第3段階に激減する傾向を示す(図10)。中部高地を含む東海地方から関東にかけては、生産地周辺とある程度連動した流通状況を示していると判断でき、特に第3段階においてはこの範囲が常滑窯製品の主要な流通圏とみることが許されるだろう。

片口鉢については十六世紀前半まで壺甕類とともに供給されているが、十六世紀後半の壺甕類が出土する八王子城御主殿からは常滑窯産片口鉢は確認されていない。主要流通圏の型式別・器種別流通量をみても、壺・甕類が最末期の12型式期まで一定量流通しているのに対し、片口鉢は中部高地・東海以外ではほとんど流通しなくなっている(図12④～⑥)。片口鉢はこの段階には近世赤物(日常雑器)の分布圏である伊勢湾岸から遠州灘にかけての地域で散見され

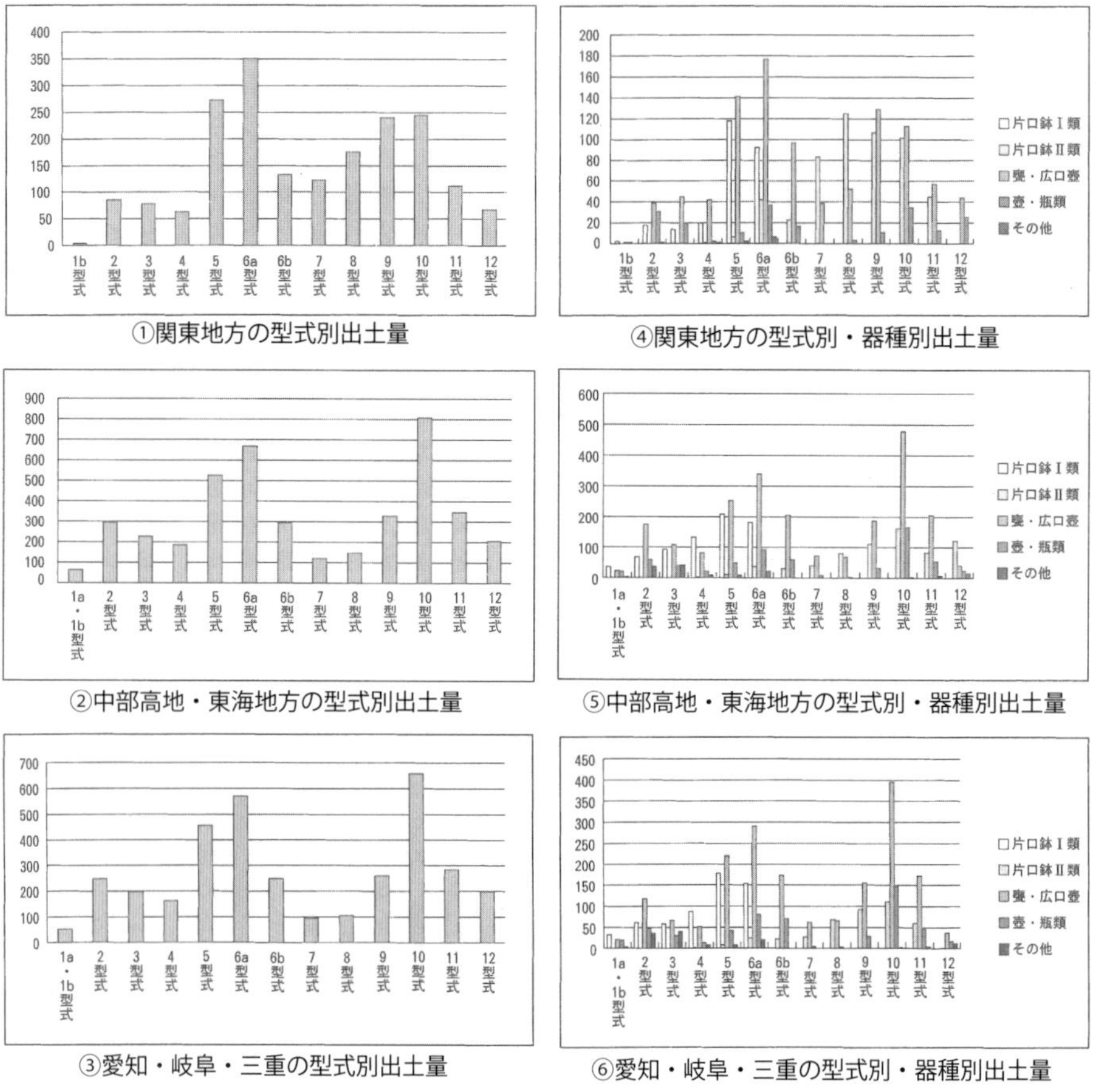

①関東地方の型式別出土量
④関東地方の型式別・器種別出土量
②中部高地・東海地方の型式別出土量
⑤中部高地・東海地方の型式別・器種別出土量
③愛知・岐阜・三重の型式別出土量
⑥愛知・岐阜・三重の型式別・器種別出土量

図12　常滑窯主要流通圏における型式別・器種別出土量（中野2012bより作成）

る程度となっており、壺甕類より早い時期に流通圏が縮小している［中野二〇一二b］。

関東においては前述のように瀬戸美濃窯産の擂鉢に取って代わられた可能性が指摘されているが、おそらく東海地方においても同様の状況であったと考えられる。すなわち、常滑窯製品の入りやすい沿岸部には片口鉢Ⅱ類が流通しても、それ以外の山間部や平野部には瀬戸美濃窯産の擂鉢が流通していったとみられる。

ところで、十五世紀以降に北関東地域や山間部で常滑窯産の壺甕類の流通量が激減する背景については、貯蔵形態の変化や結物の桶・樽などの互換品の存在が示唆されている[浅野 一九九五]。日本列島における桶・樽の展開に関する鈴木康之氏の研究成果によれば、十一世紀後半に北部九州に登場した結物は、十三～十四世紀に日本列島に拡散し、十五世紀代以降に本格的に普及するという[鈴木 二〇〇二]。木製貯蔵具が普及する時期と常滑窯製品の流通量が減少する時期はおおよそ一致することから、陶器よりも軽い・大きい容器も作りやすい・多量に生産できるといった木製貯蔵具の利点が、貯蔵具自体の重量・陸路による破損リスクや輸送効率の悪さという陶製貯蔵具の欠点を克服する形で、山間部中心に常滑製品を駆逐していった可能性は高い。

(2) 六古窯の独自化と常滑窯

中世後期、特に十六世紀代において常滑窯がその規模を縮小させるのに対し、越前窯・信楽窯・丹波窯・備前窯はそれぞれ独自性の強い製品を生み出していく。瀬戸窯についてはすでに述べているため、以下、各窯業地の動向について先行研究を参考に概観する。

越前窯は、十二世紀末に常滑窯の影響を受け成立する。Ⅲ期(一三二〇～一三八〇年)・Ⅳ期(一三八〇～一四九〇年)には平等支群・熊谷支群で村落単位での分業・協業による量産体制へ向けた動きがみられ、珠洲窯が廃絶するⅤ期(一四九〇～一六〇〇)に平等支群において組織的な経営体制への移行を実現している。一支群での生産の集約化と、珠洲窯の商圏を引き継ぐ広域流通を実現させたのは惣百姓が主導した共同体と考えられる。窯一基の操業は長百姓と数人の陶工からなる複数集団の経営体がおこなったと推測され、その生産の背後には劒神社の存在が指摘されている。Ⅴ期は越前窯の最盛期であり、北東日本海域に大量に流通している。Ⅵ期(一六〇〇～一六八〇年)には、連房式登窯の導入により高品質な製品の量産を実現した肥前陶器に押される形で流通圏を大幅に縮小させるが、平等支群における村落単位の生産体制は近世まで維持されていく［吉岡 一九九四、木村 二〇二一］。

信楽窯は、十三世紀中頃に常滑窯からの直接的な技術導入によって成立した。信楽窯の成立期は五摂家筆頭・近衛家の所領（信楽荘）であったこと、宮中への贈答品として信楽焼が用いられたとする記録もみられることから、近衛家と信楽、陶器と茶との繋がりが認められる［畑中 二〇二二］。特に、十五世紀後半には水指を中心とした茶陶が生産されはじめ、備前とともに茶会記にも登場するようになる。十六世紀末以降には、京都三条瀬戸物屋町弁慶石町や下白山町の陶磁器商の裏庭と目されるところから出土した陶器類に信楽窯産の水指・建水・花入が含まれており、美濃窯の元屋敷窯の製品と同様に窯買いがおこなわれていた形跡が認められるという。

こうした状況から信楽窯は、十五世紀以降も淘汰されることなく窯業生産を継続し、製品の量産を志向した瀬戸美濃窯・常滑窯・備前窯に対し、日用品に加え茶陶の生産において独自性を示すことで小規模な生産集団と近江南部および伊賀を中心とする安定した流通圏を確保したものとみられる。

丹波窯は、十二世紀後葉に東播系の須恵器系中世窯と在地の須恵器窯の技術基盤のうえに東海地方の瓷器系中世窯、特に常滑窯の技術を移入・導入することで成立する。十四世紀中葉には壺甕類が東海地方の瓷器系中世窯や東播系の須恵器系中世窯の影響下から完全に脱却し、独自の形態・スタイルを完成させていく。十四世紀中葉から十五世紀にはその製品の流通範囲を拡大させ、京都をはじめ堺・根来寺・一乗谷・博多などの遠隔地でも確認されるようになり、壺甕類を中心に擂鉢も一定量流通している。十五世紀末〜十七世紀前半には、従来の壺甕類ではなく擂鉢が中心になりつつあるが、近畿一円の需要を満たすべく窯業生産がおこなわれていく。

備前窯は、中世窯の成立は十二世紀代と考えられ、十五〜十六世紀には西日本を中心に全国各地でその製品が確認されるようになる。また、十六世紀後半には南大窯・北大窯・西大窯の三カ所に生産が集約されていたことが判明しており、この体制は江戸時代まで継続する。当該期の備前窯の躍進を、生産地である花登庄が室町幕府将軍家の直轄領であった事実と結びつける見解もある［石井 一九八四、伊藤晃 二〇〇八、重根 二〇二二］。

越前窯・備前窯は大量生産を志向し、前者は北東日本海域、後者は西日本を中心とした広域流通圏を獲得し、信楽窯は近江南部から伊賀を中心とする流通圏、丹波窯は近畿一円を中心とした流通圏の需要を受けて生産がおこなわれる。なお、天正期を境に豪商の茶会記に記された瀬戸美濃窯産大窯製品と思われる茶陶の名称が「伊勢」から「瀬戸」に転換している。流通経路が伊勢道ルートから中山道ルートに変更された可能性も指摘されるが［藤澤 一九九三］、「伊勢」という集荷地を示す名称から「瀬戸」というブランドを示す名称へ変更されたという見方も示される［藤澤 二〇〇七］。越前窯・信楽窯・丹波窯は常滑窯の影響下から脱却し、壺甕類の形態や窯体構造において独自の発展を遂げたとも捉えられ、瀬戸美濃窯・備前窯も含めてそれぞれの窯業地のブランド化が進められた時代であったといえる。

おわりに

これまで、中世後期の東海産陶器の生産・流通状況について、先行研究をもとにまとめてきた。瀬戸窯と常滑窯はともに尾張国に属し、前者は十世紀後半、後者は十二世紀に成立以降、日本を代表する大窯業地として発展を遂げてきた。瀬戸窯に関しては中世を通じて国産施釉陶器の生産をおこない、十五世紀末には瀬戸美濃系大窯と呼ばれる独自性の強い窯炉を完成させ、生産力の向上を目指すとともに、おそらく大窯第3段階には窯大将を筆頭とした窯大将組織を編成し、さらなる効率化が図られたものと推察される。また、瀬戸窯の陶器生産は織田信長をはじめとする戦国大名や在地領主層などの領国経済の一環として保護・制約を受け、時には瀬戸美濃系大窯が国を越えて誘致されることすらあった。瀬戸美濃窯産大窯製品は、主要三器種がセットで流通する東海地方から南関東までを第一次流通圏としているが、基本的には中国をはじめとする輸入陶磁器と補完関係にあることから、天目茶碗・小皿類は東日本を中心に全国に流通する。天正期以降は茶会記にも「瀬戸」の名称が登場するようになり、京都三条界隈の瀬戸物町の調査事例が示すように、日用品のみならず茶陶においても瀬戸美濃窯産の製品が求められたことがわかる。このようなブランド化の動きは越前窯・信楽窯・丹波窯・備前窯でも認められ、十五・十六世紀には各窯業地で独自性の強い製品が生み出されていく。

一方、常滑窯は鎌倉幕府の滅亡後、次第に生産量を減じ、主要流通圏も十五世紀代には東海から南関東まで縮小する。北東日本海域には越前窯、西日本には備前窯の製品が搬入されるようになる。さらに十六世紀後半には片口鉢II類の流通範囲が東海地方の沿岸部周辺にまで縮小し、それ以外の地域では瀬戸美濃窯産の擂鉢が出回るようになる。このように、六古窯でも常滑窯に関してはブランド化を図ることなく、木製の貯蔵容器や瀬戸美濃窯産擂鉢にシェアを奪われ、生産地周辺の需要を満たす程度の規模まで縮小してしまう。常滑窯が所在する知多半島は、十四世紀末頃から十五世紀にかけて一色氏の支配下にあったものとみられ、十六世紀代には水野氏が常滑城城主となっている［愛知県 二〇一八a・b］。常滑窯の陶器生産に対して彼らの介入が全くなかったかどうかは不明だが、少なくとも他の六古窯のような状況にはなかった可能性は高い。当該期の常滑窯の様相解明には、窯跡および消費地遺跡出土資料の増加が待たれる。

参考文献

愛知県　二〇一八a『愛知県史 通史編2　中世1』愛知県史編纂委員会
愛知県　二〇一八b『愛知県史 通史編3　中世2 織豊』愛知県史編纂委員会

愛知県陶磁資料館ほか　二〇一〇『古陶の譜 中世のやきもの―六古窯とその周辺―』
浅野晴樹　一九九五「陶磁器からみた物流」『中世東国の物流と都市』山川出版社
石井　進　一九八四「中世窯業の諸相」『講座・日本技術の社会史 4窯業』日本評論社
伊藤裕偉　一九九七『安濃津』三重県埋蔵文化財センター
伊藤　晃　二〇〇八「中世備前焼の全国制覇」『第7回山陰中世土器検討会資料集』山陰中世土器検討会
小野正敏　一九九七『戦国城下町の考古学』講談社
木村孝一郎　二〇二一「越前窯跡群における生産地遺跡と流通様相の段階的変遷」『ECHIZEN BRAND―海をわたる褐色のやきもの―』福井県陶芸館
㈶瀬戸市埋蔵文化財センター　一九九三『東海の中世窯―生産技術の交流と展開―』
土岐市美濃陶磁歴史館　二〇〇一『特別展三条界隈のやきもの屋』
重根弘和　二〇二二「備前」『新版概説 中世の土器・陶磁器』真陽社
鈴木康之　二〇〇二「日本中世における桶・樽の展開―結物の出現と拡散を中心に―」『考古学研究』第48巻第4号　考古学研究会
畑中英二　二〇二二「信楽―系譜と暦年代―」『新版概説 中世の土器・陶磁器』真陽社
中野晴久　一九九四「赤羽一郎「生産地における編年について」」『「中世常滑焼をおって」資料集』日本福祉大学知多半島総合研究所
中野晴久　二〇一二a「第1章第3節　常滑窯」『愛知県史 別編窯業3　中世・近世常滑系』愛知県史編纂委員会
中野晴久　二〇一二b「第3章第2節　常滑窯製品」『愛知県史 別編窯業3　中世・近世常滑系』愛知県史編纂委員会
中野晴久　二〇一三『中世常滑窯の研究』愛知学院大学　博士(文学)論文
藤澤良祐　一九八六「瀬戸大窯発掘調査報告」『研究紀要』V 瀬戸市歴史民俗資料館
藤澤良祐　一九九二「大窯期工人集団の史的考察―瀬戸・美濃系大窯を中心に―」『国立歴史民俗博物館研究報告』四六
藤澤良祐　一九九三『瀬戸市史陶磁史篇四』瀬戸市
藤澤良祐　一九九九「瀬戸・美濃の天目について」『開館20周年記念秋季特別展 茶の湯の名碗―和物茶碗―』茶道資料館・朝日新聞社
藤澤良祐　二〇〇二「瀬戸・美濃大窯編年の再検討」『研究紀要』第10輯　㈶瀬戸市埋蔵文化財センター
藤澤良祐　二〇〇五「伊豆・駿河・遠江出土の瀬戸美濃製品」『中世の伊豆・駿河・遠江』高志書院
藤澤良祐　二〇〇七「第1章第4節　瀬戸大窯の時代」『愛知県史 別編窯業2　中世・近世瀬戸系』愛知県史編纂委員会
藤澤良祐・中野晴久・鈴木正貴　二〇一八「第三章第五節 戦国・織豊期の窯業生産と流通」『愛知県史通史編3　中世2・織豊』愛知県

史編纂委員会
簗瀬裕一　二〇〇八「中世後期の常滑焼片口鉢の編年について—東国の消費遺跡における検討から—」『芹沢長介先生追悼　考古・民俗・歴史学論叢』六一書房
吉岡康暢　一九八九「15・16世紀の窯業生産」『東日本における中世窯業の基礎的研究』国立歴史民俗博物館
吉岡康暢　一九九四『中世須恵器の研究』吉川弘文館

第2部　宿・関・湊

東海道の宿と遊女

高橋慎一朗

はじめに

中世の都市、とりわけ中小都市の類型としては、津、泊、宿、市、町、湊などがあった。「宿」はそのなかの一つで、列島各地に広く存在した類型である。

宿をめぐる諸研究を概観すると、まず古典的研究として、「宿」とは古代末に営業的旅宿を中心として成立した交通聚落であることを指摘した、新城常三氏の研究がある［新城 一九六七］。次に、宿に「無縁の場」の性格を見出した網野善彦氏の研究がある。網野氏によれば、宿は「無縁の場」（主従関係などの世俗の縁と切れている場）・アジール（避難所）であり、宿駅の「宿」も非人の「宿」も類似の存在であったという［網野 二〇〇七］。

交通集落に由来しない「宿」に着目するパラダイムシフトとなったのが、伊藤毅氏の宿の二類型論［伊藤 二〇〇三］である。すなわち、領主の館に付属する宿衛・宿直的な場（「武家地」系宿）と、町場としての宿（「町」系宿）の提唱である。伊藤氏の論は、景観・建築を含めた点が画期的であったが、二類型論に対しては、「町」系宿の場合も領主の影響を強く受けていることが多いという批判がある［湯浅 二〇〇七］。

実態としては、領主や家臣の館のみでは集落としての「宿」にはなりえず、町系宿（交易機能を持つ集落）と連結することによって「宿」となると思われ、伊藤氏自身も現実には二類型が複合していることを指摘している。いずれにせよ、宿が単なる交通の要衝ではなく、領主や交易商人などを内包する重層的な場であることを認識する契機となったことは疑いない。宿の本来的な機能は「泊まる場所」もしくは「一時的に滞在する場所」であったが、集落として発展した中世の「宿」は、中小の交易都市の典型的な類型と位置づけることができよう［高橋慎 二〇一四］。

なお、宿の景観に関して近年、榎原雅治氏が興味深い指摘をおこなっている。榎原氏によれば、中世東海道の宿においては、両端を阿弥陀と薬師で結界された空間構成が多くみられるといい［榎原 二〇二一］、寺院が宿の重要な構成要素であったことが明らかになっている。

以上のような研究状況を踏まえ、今後の宿研究の課題を考えるならば、「都市社会としての宿の解明」が必要となるであろう。単なる交通の要衝としての「宿」ではなく、社会集団としての「宿」の内部構造を解明することが重要である。

まずは、宿への関与が想定されている武士などの領主層と、遊女や有徳人などの宿の構成員、さらには寺社との相互関係を注視していきたい。本稿では、京都と鎌倉をはじめとする支配者の拠点を結ぶ中世の幹線道路であった東海道を例にとって、宿の具体的な実態を解明するとともに、宿を拠点とする遊女の存在形態を検討することにする。

1　東海道の宿と遊女

そもそも中世の宿と遊女は、深い関係にあった。賓客の歓送迎のための公的な宴に参列した「遊行女婦」の後身である中世の遊女は、まず京都周辺の交通の要衝における歓送の宴を活動の場とし、続いて地方の国衙周辺や国境、貴族の寺社参詣道中の宿にまで活動の場を広げる［服藤 一九九〇］。実際、院政期から中世前期にかけての史料においては、宿と遊女の密接な関連を示す記述が随所に確認できる。たとえば、『和漢朗詠注』（国立国会図書館蔵）には「宿々ノ遊君」とあり、『平家物語』（覚一本）巻第五・五節之沙汰には、「海道宿々の遊君遊女ども」と記される。和歌集『前参議長教卿集』には、「すく（宿）の君たち」とも見えている。

特に宿を拠点とする中世の遊女は、主に水辺を拠点とする遊女と区別して、「傀儡」（傀儡子）と呼ばれることがあったが、実際には今様を歌い酒宴・枕席にはべるなど水辺の遊女とほとんど変わらぬ営業形態であったという［後藤 一九八六］。傀儡は十一世紀半ばに、人形による舞などの芸風の違いから遊女から分離したもので、十三世紀半ばには再び遊女として同一視されると指摘されており［辻 二〇一七］、本稿では傀儡を含めて広く「遊女」と記すことにする。

中世前期の京・鎌倉間の東海道で、文献によって遊女の拠点であったことが明らかな宿は、京・鎌倉のほかに、西から大津・鏡・小野・野上・垂井・青墓・墨俣・萱津・鳴海・矢作・赤坂・橋本・池田・菊川・島田・今宿・手越・清見関・蒲原・黄瀬川・関本・小田原・酒匂・国府津・渋見・小磯・大磯・平塚の二十八ヶ所があり、そのほかのほとんどの宿においても遊女がいたと考えられている［後藤 一九八六］。

なかでも、美濃国青墓宿（現岐阜県大垣市青墓町）の遊女（傀儡）は、京に近い宿を本拠としていることもあり、平安末期から最も有名であった。ちなみに、近江国草津から不破関を越えて美濃から尾張へ入るルートは近世では中山道（東山道）であり、このルート上にある青墓を東山道の宿とすることもある。しかし、中世の東海道は、鈴鹿峠を越えて伊勢から尾張へ抜ける近世東海道とは異なり、むしろ美濃ルートが主流であった［榎原 二〇〇八］。

さて、青墓宿の遊女は古代・中世歌謡の一種である「今様」の担い手として著名で、青墓は中世において今様のルーツの地と位置づけられるようになっていた〔馬場　一九九七〕。平安時代末期、青墓出身の遊女・乙前は後白河法皇の今様の師匠に迎えられており（『梁塵秘抄口伝集』）、そのほかにも後白河法皇や朝廷の周辺には多くの青墓の遊女たちが出入りしていたのである。

青墓の遊女は朝廷の下級貴族でもある河内源氏・源頼朝の一族とも縁が深かった。『吾妻鏡』建久元年（一一九〇）十月二十九日条は、次のように記している。この日頼朝は、青墓宿において「長者大炊」の息女を召し出し、「纏頭《てんとう》」（芸能に対するほうび）を与えた。そもそも頼朝の父義朝が都と地方を往復するたびにいつもここに宿泊したため、大炊は寵愛を受けていたという。「青墓長者」である大炊と、頼朝の祖父為義の最後の妾・平政遠・同真遠（義朝の従者）らは兄弟姉妹で、いずれも内記大夫行遠の子であるという。この行遠という人物は、為義の被官の武士「愛甲内記平大夫」である可能性が指摘されている〔豊永　一九八九〕。

右の『吾妻鏡』の記事からは、青墓の長者である大炊という女性は、河内源氏に従った武士の家の出であることがわかる。なお、大炊とその娘が遊女であったとは明記されていないが、遊女のメッカであるという青墓宿の性格と、「纏頭」という芸能に関係する語句とから、遊女であったと考えて良いであろう。

ちなみに、大炊の「青墓長者」という肩書きが、遊女集団の長である「遊女の長者」を意味するのか、もしくは青墓宿全体の長である「宿の長者」を意味するのかは、厳密に考えなければならない問題であり、第5節においてあらためて考察したい。

いっぽう、鎌倉時代成立の『平治物語』では、青墓宿の長者大炊の娘である延寿が源義朝の妾で、夫妻の間には夜叉御前という娘があったとされている。延寿が大炊の娘で義朝の妾であったという話は事実そのものではないと思われるが〔小川　一九八三〕、『梁塵秘抄口伝集』には後白河法皇と今様の伝授を通じて交流があった「延寿」という遊女の存在を確認することができる。この「延寿」が青墓宿の者であるという確証はないが、「美濃」の「傀儡」の一人らしい記述(『梁塵秘抄口伝集』)が見られることや、青墓宿出身ということが今様の歌手の正統性にとって不可欠な条件であったらしいこと[辻 二〇一七]などから、青墓の遊女であった可能性は高い。

こうした状況を背景に、鎌倉時代には青墓の遊女が都と本拠地青墓との間を往復することが常態化していたようである[辻 二〇一七]。宿の遊女は、本拠地を持ちながらも、顧客の求めに応じて近隣の都市などに出向く存在であった。源頼朝が曽我兄弟の仇討ちで知られる富士野の狩りに赴いた際には、東海道の手越宿・黄瀬川宿をはじめとする近隣から遊女が群参している(『吾妻鏡』建久四年〔一一九三〕五月十五日条)。また、駿河国賀島荘(現静岡県富士市)の天台宗・実相寺の院主代は、文永五年(一二六八)八月日の衆徒愁状(『北山本門寺文書』、『鎌倉遺文』一〇二九八号)によって、「遊君」を院主坊に招き入れたり、「鎌倉之女」「蒲原之君」の送迎に寺僧を動員したりすることを非難されている。鎌倉や東海道の蒲原宿の遊女が、かなり遠方まで赴いていることがわかるのである[後藤 一九八六]。

以上のように、東海道の宿の遊女のなかには、宿に居住しながらも京の貴族や武士と交流を持ち、有力者の遊宴へ参加するために他所へ移動する者があったのである。

2 相模国酒匂宿の概要

以下では相模国酒匂《さかわ》宿の事例を手がかりに、東海道の宿の遊女の実像を探っていくことにするが、まずは酒匂宿の概要を確認しておきたい。酒匂宿は、相模国酒匂郷に位置し、現在の神奈川県小田原市酒匂に相当する(図1)。中世の東海道は相模から駿河へ向かう山越えの際に、足柄越え(古代の官道の後身)と箱根越えの二つルートが存在したが、

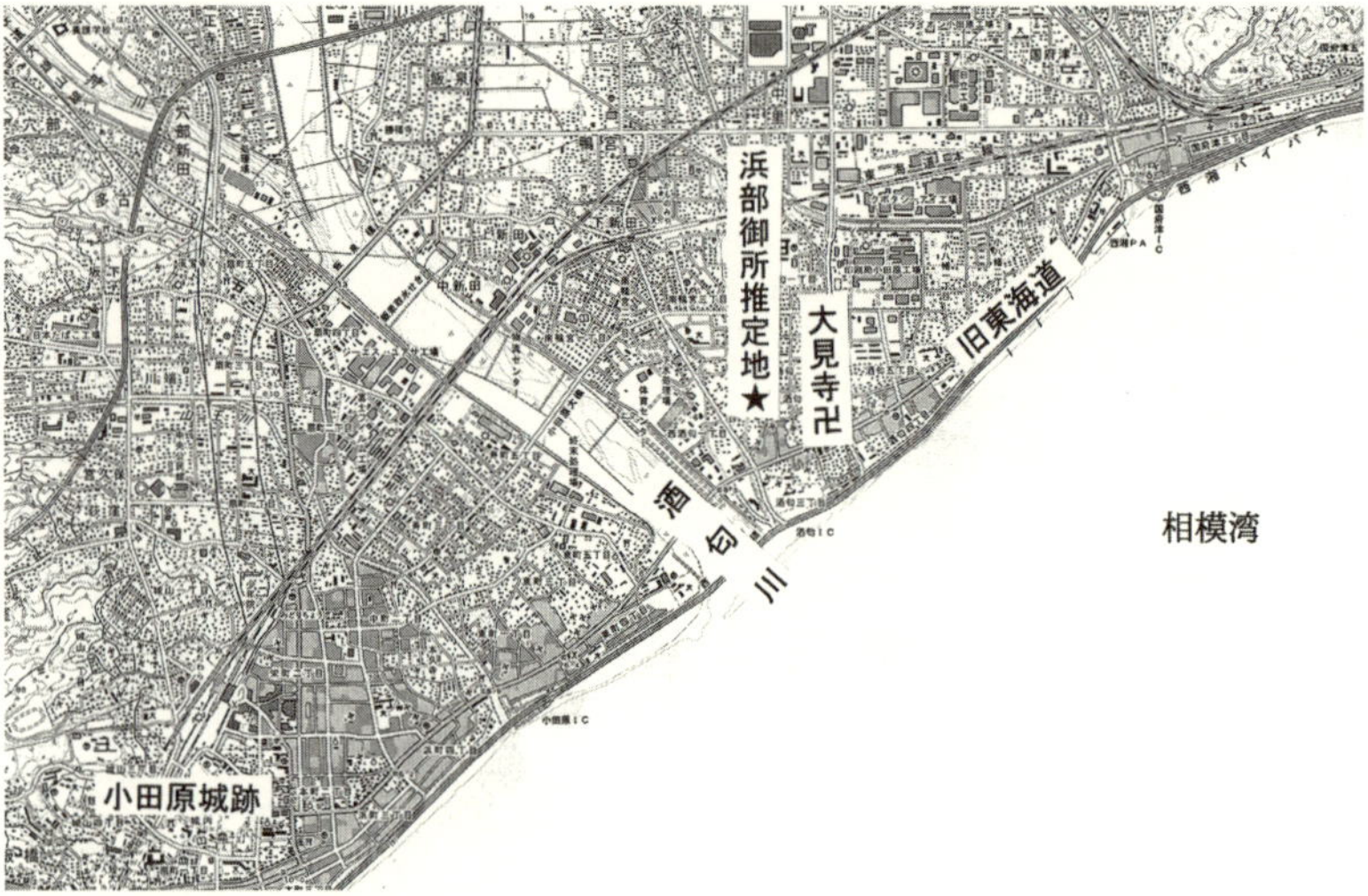

図1　酒匂周辺図（国土地理院地形図に加筆）

酒匂は両ルートの分岐点に位置していた。また、小田原との間を流れる酒匂川（丸子川）の左岸の渡し場にもあたっていた。

鎌倉期に、酒匂宿の所在地である酒匂郷および隣接の柳下郷を本拠としていた御家人が、酒匂氏であった。酒匂氏は、酒匂川の舟運にも関与していたことが知られ［小田原市 一九九八］、酒匂宿の建設者であったと考えられる。

この点に関して参考になるのが、東海道の駿河国丸子宿の建設の事例である。『吾妻鏡』文治五年（一一八九）十月五日条によれば、隣接地の御家人手越家綱が「丸子の地を恩賞として賜り、浪人を招き寄せて駅家を建設したい」と幕府に申請し、許可を得ているのである。幕府の宿駅整備が、実際には現地の御家人の負担によりおこなわれていたことがうかがわれる。

また、酒匂宿には、将軍が二所詣の際などに宿泊するための施設である「浜部御所」が存在していた。その場所は、字瓦屋敷（河原屋敷）と推定され、周囲には御所小路の通称も残されている［福田 一九七九、小田原市 一九九八］。浜部御所（浜部宿・浜部駅などとも記される）が明確に史料にあらわれるのは、摂家将軍・藤原頼経の代になってからであるが、すでに源実朝の『金槐和歌集』六

三四番に、

二所詣下向に、浜辺の宿のまへに前川といふ川あり。雨降りて水まさりにしかば、日暮れて渡り侍りし時よめる

浜辺なる　前の川瀬を　ゆく水の　はやくも今日の　暮れにけるかな

とあって、実朝の代には存在していた可能性が高い。

次に、酒匂宿と寺社の関係を見てみよう。代表的な寺院としては、鎌倉後期に他阿真教が開いた時宗寺院である上輩寺・中輩寺・下輩寺がある（中輩寺・下輩寺は明治に廃寺となり上輩寺に統合されている。図2）。とりわけ上輩寺の開基は酒匂右馬頭某と伝えられ、同寺墓地には右馬頭墓とされるものも残されている［禰宜田 一九八〇、小田原市 一九九八］。また、阿弥陀を本尊とする中輩寺と薬師を本尊とする下輩寺が宿の東西の端に位置して都市空間を結界していること、および宿の中央に位置する上輩寺は酒匂氏の館であり、酒匂氏が時衆の協力を得て宿の空間を構成したと推定されることが指摘されている［榎原 二〇二二］。寺院のありかたを通じても、酒匂宿と酒匂氏の密接な関連が示されていると言えよう。

図2　上輩寺の現況

さらに、天文三年（一五三四）創建の浄土宗・大見寺には鎌倉後期の宝篋印塔が存在し、銘文（『小田原市史　史料編　原始古代中世Ｉ』による）から徳治三年（一三〇八）に「沙弥性阿」が「左衛門入道」のために建立したことが知られる（図3）。大見寺には、他に天文二十一年（一五五二）に「小嶋行西」のために建立した宝篋印塔と、天正二年（一五七四）に「小嶋治部少

図3　大見寺の徳治三年の宝篋印塔

輔」が建立した宝塔も残るため、右の鎌倉後期の塔も小嶋氏の先祖の墓と伝えられてきている。

　小嶋氏は戦国時代に酒匂郷の代官としてあらわれ、江戸時代には名主を務めた旧家であり、大見寺の寺域自体が小嶋氏の邸宅地であったとも伝えられている［福田 一九七九、小田原市教委 二〇一六］。酒匂の駒形社（現酒匂神社）には、天文二十二年（一五五三）に「相州西郡酒匂郷檀那小島左衛門太郎」が寄進した御神体の銅鏡が存在したという（『新編相模国風土記稿』巻之三十六）。

　ただし、大見寺の創建が戦国期であることから、鎌倉後期の宝篋印塔は本来は別の場所にあった可能性もあり、塔に見えている「左衛門入道」が小嶋氏であるという積極的な根拠はないと言える。むしろ、時期的に見て「左衛門入道」は酒匂氏の一族であり、戦国期に小嶋氏の支援で大見寺が創建されるにあたり、地元の名族酒匂氏との系譜的継承を主張するために移されたものではなかろうか。いずれにせよ、酒匂宿の有力者によって、寺社が創建・保護されていたことは確かである。

　ところで、酒匂宿内に位置する「酒匂北中宿遺跡」の方形区画からは、十三～十四世紀の中国産青磁・白磁、常滑系片口鉢・甕などが出土している［小田原市教委 二〇一六］。遺跡の東方には「北市場」や「南市場」といった市場地名が残されており［小田原市 一九九八、小田原市教委 二〇一六］、交易の拠点となる館もしくは寺社が宿の内部に存在したことを示唆している。

以上見てきたように、鎌倉時代を中心に、酒匂宿が領主(武士)の積極的な関与を受けつつ交通の要衝として繁栄していたことが確認される。

3　酒匂宿の遊女

続いて、酒匂宿に関し、遊女をはじめとする旅人をもてなす機能について、どのように史料にあらわれるのかを見ていきたい。

奈良・西大寺の叡尊が鎌倉へ下向した際の道中の様子を記した、弟子性海の日記が、『関東往還記』である。同史料の弘長二年(一二六二)二月二十六日条によれば、叡尊一行は箱根山麓の湯本で昼食をとったのち、「逆尾(酒匂)宿」で「茶を儲く」、すなわち茶を飲んで小休止している。酒匂宿に、旅人をもてなす茶店的な施設があったことがわかるのである。

貞応二年(一二二三)に京から鎌倉へ下向した某人の紀行文『海道記』は、足柄越えルートでは酒匂の西隣の宿にあたる関下(関本)宿について、

窓ニウタフ君女ハ客ヲ留テ夫トス、憐ベシ千年ノ契ヲ旅宿一夜ノ夢ニ結ビ、生涯ノタノミヲ往還諸人ノ望ニカク、翠帳紅閨、万事ノ礼法コトナリトイヘドモ、草庵柴戸、一生ノ観遊是オナジ、

と記して遊女の存在を明示しているが、続く逆川(酒匂)宿の描写においても、

来宿スル疎人ハ、契ヲ同駅ノ席ニムスブ、

としていて、遊女の存在を示唆しているようである。よって、少なくとも鎌倉中期ごろには酒匂宿に遊女がいたと思

われる。加えて、将軍の宿泊施設である浜部御所が鎌倉前期にはすでに存在していたと考えられることから、接待要員としての遊女が早くから酒匂宿にも存在したと考えるのが自然であろう。『吾妻鏡』建久元年(一一九〇)十月十八日条によれば、源頼朝の上洛の折には、遠江国橋本宿において遊女が群参し、頼朝主従と連歌をともにした後に褒美を賜っており、将軍の逗留と東海道の宿の遊女とが切っても切れない関係にあることがわかる。

次に、より具体的に酒匂宿の遊女を描写した事例として、鎌倉後期の公家・飛鳥井雅有の紀行文を取り上げてみたい。雅有は鎌倉幕府との関係が深く、東海道を経て頻繁に京と鎌倉を行き来し、その道中の様子をいくつかの紀行文に記している。雅有の紀行文からは、中世の東海道のありさまをつぶさに知ることができ[榎原 二〇〇八]、そのなかには酒匂宿についての記述も存在するのである。

文永七年(一二七〇)に鎌倉に下向した際の紀行文『最上の河路』には、

酒匂に落着きたれば、越え来つる足柄山、雪白く見ゆ、

越来つる跡の山の端雪白しこの里までの雲は時雨て

と記すのみであったが、建治元年(一二七五)の鎌倉下向時の紀行文『都の別れ』では、遊女についての次のような記載がある。

酒匂に着きぬれば、見馴れたりし遊びども来集ひて、のゝしる、基盛朝臣この宿にて追ひ着きたり、呼びて、酒飲み、管弦し、連歌など言ひ捨てて、夜もすがら遊ぶ、今宵ばかりと思へば、猶都の名残、旅寝も名残惜しく覚ゆ、

笹枕今宵一夜の旅寝にも都のみこそ夢に見えけれ

雅有と顔見知りの遊女たちが宴席に集まり、管弦や連歌などの芸能をもって一晩中もてなしていることがわかる。

さらに、弘安三年(一二八〇)鎌倉下向の紀行文『春の深山路』にも、次のように記されている。

酒匂の宿に、暮るゝ程に着きたれば、例の君・尼ども、又、若き遊びども具して、強ひのゝしる。くたびれぬれば、臥しぬ、廿六日、疾く立たむとすれば、此者ども来て、猶強ひ居たり、日たけて、出ぬ

例の(毎度お馴染みの)遊女たちが押しかけてきて遊びを強要され(と雅有は記しているが、実際はどうだろうか)、雅有は疲れて寝てしまうが、結局翌朝も無理やり引き止められて遊び続ける有様であった。

さて、ここで注目すべきは、「君・尼」と「若き遊び」の二階層の遊女が登場することである。前者が後者を引き連れて来ているので、前者が上位であろう。「君・尼」を「遊女の統括者であった宿の長者」とする説もあるが[小田原市 一九九八]、鎌倉後期の「君」は遊女と同義と考えられるから[辻 二〇一七]、「君」は一人前・ベテランの遊女、「若き遊び」は見習い・新米の遊女であろう。

いっぽう、「尼」については、同じく鎌倉後期の『問はず語り』巻五に、興味深い記事が見られる。すなわち、備後国鞆の沖に位置する「たいかしま」(大可島)の尼が、自分は「この島の遊女の長者」であり、多くの遊女を抱えて営業していると語っているのである。したがって、酒匂宿の尼も遊女の長者と考えてよかろう。

4 『曽我物語』のなかの遊女

『吾妻鏡』と同じく鎌倉時代末期に成立したとみられ、東海道沿いの武家社会を舞台にして曽我兄弟の仇討ちを描いた文学作品が、『真名本 曽我物語』である。文学作品という性格上、内容がすべて事実そのままとは言えないであろうが、ある程度は鎌倉時代の状況を反映しているものと考えたい。実は、この『曽我物語』のなかにも酒匂宿の

遊女がわずかではあるが登場しているのである。すなわち、弟の五郎時致が兄の十郎祐成に対して、敵の工藤祐経を待ち受ける手段にもなるので東海道の宿の遊女と交流することを勧める場面で、時致のセリフに次のようにある。

されば時宗においては、思ひ切りたる世の中なれば、女人を相見ん事は無益なり。十郎殿は徒然にて御在せば、宿津等の条白拍子・君傾城等の者らに通ひて御心をもなぐさめ給へ。（中略）佐河（酒匂）・古宇津（国府津）の方にても遊君を憑めて通ひ給へ。

兄弟の故郷である曽我からもっとも近い遊女の拠点として、酒匂宿と国府津宿が挙げられているのである。

弟の助言を受け入れた祐成は、次のように遊女を求めて宿から宿へと渡り歩く。

小田原の宿より始めて佐河・古宇津・渋美（二宮）の宿、小磯・大磯・平塚の宿、三浦・鎌倉に至るまで所々を尋ぬれども、心に与ふ女人ぞなき。

小田原から鎌倉までの東海道の宿は、軒並み遊女が存在したということになる。もちろん、宿によって規模の違いはあったであろうが、鎌倉近辺（相模）の東海道の宿のほとんどに遊女集団がいたことを示すものであろう。

さて、『真名本　曽我物語』によれば祐成はやがて「大磯の宿」の「虎」という遊女に出会い、昵懇の間柄となる。虎の母は「平塚の宿」の「夜叉王」という「傾城」で、父は「宮内判官家長」という者であったという。家長は平治の乱のために都にいられなくなり関東に下向し、昔の縁により相模の武士・海老名季貞のもとに身を寄せていたが、夜叉王のもとに通い、虎が生まれたという話である。かねて都で海老名季貞と親しかったということや、平治の乱に関与していたということから、虎の父・家長もまた武士であったということになろう。このエピソードは、相模の武士たちが東海道の宿の遊女にとって、日常的な顧客層であったことの反映ではなかろうか。

虎が五歳の時に父が亡くなり、その後の虎の運命について『真名本　曽我物語』は次のように記している。

父死しての後は、母に副ひつつ宿中に遊びけるを、形のよきに付けて大磯の宿の長者に菊鶴と云ふ傾城の乞ひ取りて、我が娘とぞ遵きける。

虎はしばらくは平塚の宿で母の遊女とともに過ごすが、容貌が優れていることに目を付けた「大磯の宿の長者」である菊鶴という遊女に引き取られて、養女として育てられ、大磯宿の遊女となっていたのである。

虎の名は、『吾妻鏡』建久四年(一一九三)六月一日条にも「曽我十郎祐成妾大磯遊女、号虎」として見えており、祐成の死後に出家して善光寺に向かったとの記事もあり(同十八日条)、実在の人物と見てよいであろう。

虎がもともと生まれ育った平塚宿は、大磯宿の東隣の宿にあたっている。大磯宿の長者である遊女が隣の宿から人材(虎)をスカウトしているということであり、そこには平塚宿の長者も介在していたかもしれない。したがって、近隣の宿どうしで、情報の交換や人材の移動などの遊女集団間の交流や、長者どうしのネットワークがあったことを示すものと考えたい。

また、祐成との別れを悲しむ虎の周囲には「諸の君共」(同僚の遊女たち)がいたことや、のちに虎が出家した際に共に出家を申し出た「昔申し昵びし遊君共」(かつて親しくしていた遊女たち)の存在などが、物語の中に描きこまれている。真名本よりやや成立が遅れるとされる『仮名本　曽我物語』にも、虎の「友の遊君あまたなみいて」との表現が見られる。さらに興味深いのは、同じく『仮名本　曽我物語』で和田義盛が大磯宿で虎の接遇を所望する、以下の場面である。

和田義盛、一門百八十騎うちつれ、下野へとをりけるが、子どもにあひていふよう、「都の事はそかぎりあり、田舎邊には、黄瀬川に亀鶴、手越に少将、大磯に虎とて、海道一の遊君ぞかし。一献すすめて、とをらばや」「しかるべく候」とて、長の方ゑつかひをたてて、かくぞいわせける。(中略)虎におとらぬ女三十餘人いでたたせ、座敷ゑこそはいだしけれ。

人数には誇張があるかもしれないが、「長」に使いを出して遊女を呼んだところ、三十人ほどの遊女が座敷に出たという。長は遊女の長者のことであろう。なお、黄瀬川宿の亀鶴や手越宿の少将とならんで虎が「海道一の遊君」と称されており、東海・関東の東海道の宿の遊女の情報が、東国武士の間で共有されていたことを前提とするセリフである。亀鶴と少将の名は、『吾妻鏡』建久四年(一一九三)五月二十八日条に見えており、虎と同じく実在の遊女と見て良いだろう。

以上のように、『曽我物語』からは、長者に統率された遊女集団が東海道の宿ごとに存在し、周辺の武士との間に密接な交流があったという状況が浮かび上がってくる。

5　遊女の長者と宿の長者

最後に、第1節で予告したように、遊女の長者と宿の長者が同一のものであるかどうかをあらためて考察しておきたい。

そもそも遊女の長者は平安時代後期には姿を見せており、鎌倉時代に入っても宿の長者とは一応区別される「遊女の長者」が存在した［網野 二〇〇九］。第3節で触れた『問はず語り』中の大可島の尼はその一例である。宿ではなく水辺の江口・神崎などの津を拠点とした西国の遊女集団にも長者は存在し、長者の統制の下に貴族との遊興に出向いていたという［豊永 一九八九］。東海道の事例ではないが、『吾妻鏡』文治三年(一一八七)二月二十五日条には「信濃国保科宿遊女長者」と見えており、宿を拠点とする遊女の長者が存在したことが知られる。第3節で取り上げた酒匂宿の「尼」も、とりあえずは同じく宿の「遊女の長者」の例と言えよう。

いっぽうで、鎌倉時代ころより「宿の長者」と呼ばれる者があらわれる。たとえば、第1節でみた美濃国「青墓長者」の大炊とその娘は遊女であったが、大炊は『平治物語』において「宿の長者」とされている。また、第4節で触れたように、『真名本　曽我物語』には「大磯の宿の長者」である遊女が登場している。さらに、建長元年(一二四九)七月二十三日関東下知状(『尊経閣所蔵宝菩提院文書』『鎌倉遺文』一〇巻七〇九三号)にあらわれる駿河国宇都谷郷今宿の傀儡の栄耀尼は、宿の長者であった可能性がある[網野・笠松 二〇〇〇]。この栄耀尼は、宇都谷郷の預所代を婿としていた。

このように、東海道においては、宿の長者が遊女もしくは元遊女の尼であるような事例が多く見られる。しかしながら、宿の長者が必ずしも女性(遊女)ではなかったことはこれまでにも指摘されており、代表的な事例としては、南北朝期の駿河国興津宿の長者を在地の武士・興津氏がつとめた例があげられる[榎原 二〇〇八、網野 二〇〇九]。

また、文永七年(一二七〇)閏九月二十五日妙相願文(『遠江応賀寺文書』『鎌倉遺文』一四巻一〇七〇二号)によれば、「橋本之宿長者妙相」が応賀寺に毘沙門天像を寄進している。この妙相については、「妙」が主に女性の法名に使われることなどから女性とみられることが多いが、実は女性であるという確証はない。

そのほか、駿河・遠江の宿々が興津氏と同族の武士たちによって支配され、そうした長者たちのネットワークを取り込むことが鎌倉幕府の交通政策でもあったことが指摘されている[榎原 二〇〇八、高橋典 二〇〇八]。

以上のように、遊女の長者が例外なく遊女・尼であったの対して、宿の長者は遊女・尼である場合と武士である場合とがあり、微妙なズレが生じる。そのため、網野善彦氏は「たしかに女性が「宿の長者」となっている事例のあることはまちがいないとはいえ、「宿長者＝遊女長者」という等式はそのままでは成り立ちえない」とする[網野 二〇〇九]。

にもかかわらず、少なくとも鎌倉時代の東海道の宿においては、基本的に宿の長者＝遊女の長者だったのではなかろうか。なぜならば、青墓の大炊や宇都谷今宿の栄耀尼は、地元の有力者の縁者であり、宿の長者である武士と縁者の女性が一体となって、いわば「長者の家」を形成していたと考えられるからである。

すでに、青墓の大炊が長者となっているのは単に芸能に優れているだけではなく、地域の有力者一族の存在が背後にあったとの指摘もなされている［豊永 一九八九］。このことは、遊女の長者が「蕩次原理と無関係に世襲される場合が多かった」ということ［辻 二〇一七］とも関わってくるであろう。そして、実は網野善彦氏も先の叙述の後段では、「宿長者」が「遊女の長者」と一致する場合もおおいにありえたと思われるので、さきにふれたように両者をただちに同じと見ることはできないとしても、中世前期には重なる場合が少なくなかったとはいえる」としているのである［網野 二〇〇九］。

右の仮説が成り立つとすれば、たとえば酒匂宿の場合は、宿の整備に関わった地元の武士・酒匂氏とその縁者の女性(尼)が、宿の長者兼遊女の長者であったということになるが、残念ながらそれを実証する史料は今のところ見出し得ない。よって、あくまでも仮説として、宿長者＝遊女長者説を提示するにとどめたい。

おわりに

中世、とりわけ鎌倉時代の東海道の宿においては、遊女の長者が宿の長者に重なることが象徴するように、遊女の存在は極めて大きいものがあった。それは、やはり東海道の特殊性に起因するものであろう。すなわち、京都と鎌倉という二大都市を結ぶ幹線道路として、将軍以下の武士や貴族が頻繁に往来し、宿での遊興が常態化しており、遊女の需要が多かったということであろう。東海道の宿の経営において、遊女の統制は不可欠であったと言えよう。

参考文献
網野善彦　二〇〇七『増補　無縁・公界・楽―日本中世の自由と平和』『網野善彦著作集第12巻　無縁・公界・楽』岩波書店（初出一九七八年）
網野善彦　二〇〇九「中世前期の都市と職能民」『網野善彦著作集別巻』岩波書店（初出二〇〇三年）
網野善彦・笠松宏至　二〇〇〇『中世の裁判を読み解く』学生社
伊藤　毅　二〇〇三「『宿』の二類型」『都市の空間史』吉川弘文館（初出一九九三年）
榎原雅治　二〇〇八『中世の東海道をゆく　京から鎌倉へ、旅路の風景』中公新書
榎原雅治　二〇一一「東海道の宿の空間構成」『地図で考える中世　交通と社会』吉川弘文館（初出二〇一二年）
小川寿子　一九八三「延寿、義朝妻妾説生成考―青墓長者大炊を手がかりに―」『梁塵　研究と資料』一号
小田原市編　一九九八『小田原市史　通史編　原始・古代・中世』小田原市
小田原市教育委員会編　二〇一六『酒匂遺跡群―砂丘上に広がる酒匂川左岸の遺跡―』同教委
後藤紀彦　一九八六「遊女と朝廷・貴族　中世前期の遊女たち」『週刊朝日百科日本の歴史　三　遊女・傀儡・白拍子』朝日新聞社
新城常三　一九六七『鎌倉時代の交通』吉川弘文館
高橋慎一朗　二〇一四「中世都市論」『岩波講座日本歴史第7巻　中世2』岩波書店
高橋典幸　二〇〇八「鎌倉幕府と東海御家人―東国御家人論序説―」『鎌倉幕府軍制と御家人制』吉川弘文館（初出二〇〇五年）
辻　浩和　二〇一七『中世の遊女　生業と身分』京都大学学術出版会
豊永聡美　一九八九「中世における遊女の長者について」『安田元久先生退任記念論集刊行委員会編『中世日本の諸相　下』吉川弘文館
禰宜田修然　一九八〇『時宗の寺々』禰宜田修然
馬場光子　一九九七「青墓考」『梁塵　研究と資料』一五号
福田以久生　一九七九「中世の酒匂駅について」『小田原地方史研究』一〇号
服藤早苗　一九九〇「遊行女婦から遊女へ」女性史総合研究会編『日本女性生活史1原始・古代』東京大学出版会
湯浅治久　二〇〇七「中世的『宿』の研究視角」佐藤和彦編『中世の内乱と社会』東京堂出版

都鄙間における陸関の展開と在地領主支配

――国家的システムと在地慣習の関連から――

湯浅 治久

はじめに

中世の関と在地領主に関する研究は、戦前以来の蓄積がある。本稿ではそれらの成果を前提に、都鄙間（東海道）に政治的権力により設置され展開する陸上関（陸《おか》関）と、そこに展開する在地領主の関支配の関係を考察することにしたい。

中世の関は、公武の権力により設置され、多かれ少なかれ国家的な性格をおびる一方、地域社会においては在地的な慣習・ルールに依拠する部分も大きかった。この両者を媒介するものとしては、在地領主という中間的な権力の存在が大きい。在地領主が交通に深く関与していることは、現在では常識に属するが、都鄙間に関してはもっぱら宿との関連に焦点が当てられてきた「湯浅 二〇〇七・二〇一八、榎原 二〇〇八など」。だがもとより交通と在地領主との関連についてはさらに多様な側面がある。その一つとして関の問題をとりあげたい。本稿では街道に設置される陸関と在地領主の関与を具体的に検討することで、政治的に設置された関と在地の慣習的ルールの相互の関連を浮き彫りにしてみたい。なお、扱う事例の時代的特色により、検討の舞台は南北朝～室町期に置くことになるが、戦国大名の関所支配の展開を視野にいれて、考察を加えてみたい(1)。

1　関所と在地領主支配の具体像

中世の関・関所に関しては、戦前より多くの研究が積み重ねられているが、とくに相田二郎氏は『中世の関所』を戦中に刊行しており、一つの到達点となっている〔相田　一九四三〕。相田氏の成果は、以降の関・関所研究のスタンダードを形成しており、史料の博捜からも現在に至るまでその価値を失っていない。相田氏によれば、中世の関・関所は経済的関所、軍事的関所、警察的関所に分類されるが、中世において主流であるのは経済的関所である。古代においては固関《こげん》と称される軍事的な関所が主要街道に設置されるが、その後鎌倉時代より権門や幕府による関銭収入を目当てにした率分関など経済的な関所が、畿内・近国を中心に設置されるという。

しかし、その実質的な運営を担うのは、在地領主ら現地勢力であり、この点を踏まえれば軍事的・警察的な関所の機能は、経済的関所にも多かれ少なかれ付随するもの、と考えることができるだろう。こうした前提に立った場合、重要な成果として桜井英治氏の研究があげられる〔桜井　一九九四〕。桜井氏は戦国期を中心に関の本質を山賊・海賊の賦課する通交保証に求める論を展開した。この所論は関の本質を突いたものとして著名だが、一方でほぼ同時期に重要な論稿を発表している〔桜井　一九九五〕。桜井氏は、この近江国の交通と関を論じた論稿で、公的な関銭とは別に関役人(庭立)が徴収する礼物を在地的な「慣習的なルール」とし、「国家的な交通システム」としての公的な関と対置したのである。この指摘は、在地領主支配と関の関係を考えるに際して重要な視点であると考える。そこで在地領主の関支配の実態を、近江国山中氏・朽木氏を事例に検討しておきたい。

まず近江国甲賀郡の山中氏と鈴鹿関について〔相田 一九四三、畑井 一九六四、甲賀市 二〇一二〕。家伝文書である『山中文書』によれば、山中氏は建久年間より近江と伊勢の堺にある鈴鹿関の警固を幕府より任されたとするが、根拠となる「将軍家下文案」・「両六波羅探題下文案」(「山中氏重書案」『三中1下』)には疑義がある。しかし甲賀郡山中村を知行した一流が、鎌倉期に鈴鹿関警固に関与していたことは十分に推測できる〔甲賀市前掲〕。その後、山中氏は二〇キロほど西に離れた柏木御厨を勢力圏に収めてゆくが、建武二年(一三三五)に建武政権より鈴鹿山警固を認められ、実際に山賊三雲某を追捕している(前掲「山中氏重書案」)。以降も鈴鹿関警固の象徴である山中村地頭職を保持し、室町幕府により永享年間に至るまで関所の警固が期待されている。応永三十一年(一四二四)には、山中氏が鈴鹿路で拘束した山賊交名が残されているが(「山賊人交名注文」『三中1下』)、ここで山賊とされるのは甲賀郡の近隣在地領主・土豪層であり、さきの三雲氏もふくめ、武士らが関の警固者であり、また山賊行為を働くという両義的な存在であることを如実に示している。こうした山中氏の関への関与は、軍事・警察的であるが、貞和四年(一三四八)の「山中道俊譲状」(『三中1下』)には、山中村地頭職に「せきのこと」と「くはう米」の収納が記されている。この「せき(関)のこと」を一概に関の管理のみとすることはできず、むしろ関からの収入が「地頭職」の権利内容として包摂されたものと理解すべきである。

つぎに朽木氏の事例をみたい〔湯浅 二〇〇二。関連史料についても同論文を参照〕。朽木氏は本領朽木荘内の市場に「朽木関」を設置しているが、同時に湖西の主要幹線である九里半街道(至若狭小浜)と西近江路(至越前敦賀)の追分である保坂に関を設置している。朽木氏が保坂関に関与するのは文明四年(一四七二)以降で、延暦寺から関の代官職に補任されている。ここでは権門である延暦寺が設置者だが、この関には山門のみでなく、室町幕府や近江国守護六角氏による関の設置も確認できる。明応三年(一四九四)の段階では、幕府家臣小林氏と六角高頼(跡)の知行があり、後者が幕府の御料所として幕府近習である細川政誠に預け置かれている。この知行とは、「関務公用」と称される関銭の収取のことである(2)。そのことが朽木氏にも通達されている点からは、保坂関の関務が複数の権門や在地領主に分割されて「知行」されていたことがわかる。小林氏も文明年間から高島郡での活動が認められる人物であるが、大永二年(一五二二)、小林家国は当知行していた「保坂関務一方公文分」を桂田孫次郎に押領され、「公用」が減少していることを幕府に訴えている。桂田氏は、付近の河上荘の公文を勤め、かつ荘内を貫通する西近江路の沿道に本拠を持つ有徳人で、当時朽木氏の被官となっていた〔湯浅 二〇〇四〕。当然、桂田氏の押領は朽木氏の私的支配の伸長と関連がある。

保坂関については、朽木氏の関務に関して関銭の算用状が存在しており、その実態をうかがうことができる。詳細と史料的根拠は前掲拙稿〔湯浅 二〇〇二〕に譲るが、要旨のみ確認すると、算用状は文明十八年(一四八六)と翌長享元年(一四八七)にそれぞれ残されている。まず文明十八年時には一月から七月までの月ごとの関銭収入が換算され、そのなかから「公用」として外部に納入される銭が計上される。半年の合計が二十八貫余で、年間に換算すると五十貫を越える関銭収入が確認できる。そのなかから幕府関係者や朽木氏家臣など複数の知行主に「公用」が計上される。その額は八貫余であり、残り十八貫余が半年に朽木氏が取得できる額ということになる。また正月・二月の関銭収入が少額であり、雪に閉ざされる西近江の厳しい環境を意味するとの推測もなされている。また長享元年の算用は月充てが断片的でかつ少額であるが、これは同年七月～九月に勃発した、将軍足利義尚による六角氏征伐による路次の不安定が影響していると推測できる。ここから季節性とともに、関銭収入に際しては、路次の安全確保が必要である点を指摘できる。また保坂関については、『今堀日吉神社文書』に残された「南北古賀出銭条々書案」がある(『今』一三八)。十六世紀の初頭、大永～享禄年間に比定される史料で、湖東の保内商人が琵琶湖をわたり湖西から若狭に進出する際、九里半街道に設置された関を障碍とみなし、その破棄をおこなったものと解釈されている［仲村 一九八一］。関務の破棄のためには御樽・礼物（銭）が必要で、それを湖東の五ケ商人と湖西の高島南市が負担している。

ここで破棄の対象とされているのは、保坂・大杉・追分に設置された「新関」である。その設置者は朽木氏をはじめ、能登氏、越中氏、横山氏など西佐々木一族、若狭武田氏の家臣である粟屋氏などである。この新関は、保坂に設置されるが、従来の幕府などが設置した「公用関」ではなく、まさに朽木氏ら湖西～若狭の在地領主の私的実力による「新関」（私関）であったと言えよう。湖東の五ケ商人は在地領主の「新関」を個々に破棄するためのコストを支払っており、在地領主の側は礼物（銭）を私的収入にしていたことになる。これが「新関」の実態であったことについては留意しておきたい。

ところで、在地領主の実力による新関設置は、近江だけの問題ではなかった。『碧山日録』（『増補続史料大成』第二十巻）長禄三年（一四五九）九月七日条には「近畿の諸州の路、国俗の強豪の者、関を置きもってこれを征す、相公〈足利義政〉、諸吏に命じてこれを破る、往来の感喜これ也」とある。長禄年間は応仁・文明の乱の直前であり、この頃から畿内近国で「国俗の強豪」の関設置が目立っていたという。鈴木敦子氏は、南北朝期から室町幕府法に関撤廃条項がみられることを指摘しているが、十五世紀半ばに至ると国人領主（在地領主）＝「強豪の者」が関設置の主体となってゆくことを指摘している［鈴木 一九七六］。その具体像を山中・朽木氏ら在地領主にみることができるのである。応仁・文明の乱前後から、畿内近国を中心として各地に数多くの「関」が出現するが、その実態はこうした在地領主の「新関」であったのである。またこの記事からは、こうした事態を受け、将軍足利義政が破棄の方針を打ち出した事実も明らかになる。これらについてはのちに改めて関説したい。

2　都鄙間における陸関(公用関)と在地領主

(1)「宿の長者」から「関の長者」へ

ここからは、都鄙間における在地領主と陸関(公用関)の関係について考察を加えるが、東海道諸地域では、在地領主側の実態をうかがえる史料に恵まれていない。そこでいくつか補助線をひいて、在地領主の動向を追究してゆくことにしよう。まず宿と関の関係を問題とする。相田氏によれば、陸関の増加は貞和年間から顕著となるが、逢坂関や山中(鈴鹿)関のような「山地の関所」を除くと、そのほとんどは宿駅に設置された「宿駅の関所」であり、それは東海道(都鄙)に集中しているのである。「宿」を問題とした拙論などからその展開を追ってみよう〔湯浅 二〇〇七〕。

鎌倉幕府が倒壊した直後の元弘三年(一三三三)八月、足利尊氏は伊豆三島宿に禁制を発給している(「足利尊氏禁制」「三島神社文書」『静中6』九)。そこには「海道路次」「宿々」への狼藉、具体的には早馬を所望し「方々使者」と号して牛馬を奪い取り「宿々」に雑事を課すことを禁じている。これは都鄙間の制圧を志向した足利氏の措置であるが、同時に武士団が「宿々」に対しておこなっていた狼藉の実態をも意味している。都鄙間を往来する武士にとり、宿は軍事的な拠点となりうる場であった。建武二年(一三三五)に勃発した中先代の乱でこのことは現実となる。七月に北条時行により鎌倉が占領されると、尊氏は京を立ち海道を東下した。時行はこれを迎え撃つために西上するのであり、海道が合戦の舞台となった。「足利尊氏関東下向宿次・合戦注文」『梅松論』らの史料(『静中6』八一、八二)によれば、尊氏は三河矢作宿で直義と合流し、対する時行は北条一門が押さえていた橋本宿に「要害」を構えている。海道で合戦がおこなわれると、宿が軍事的制圧下におかれ「要害」と化する。敵対する勢力の宿の「要害」化は、「狼藉」なのである。そして「要害」と化した宿は、関に近いものであり、ここに「宿駅の関所」が成立する。たとえば橋本には近世に「関所」が設置されるが、それは橋本宿のもつ海道上の軍事的・警察的な地政上の位置を如実に示している。南北朝の内乱において「宿」に軍勢が警固のため寄宿することは枚挙にいとまないが、それは事実上この宿の関化、ということである。

都鄙間についてみれば、観応二年(一三五一)の観応の擾乱の際にも、尊氏勢が下向して国府津に着陣している(『太平記』巻三〇)。さらに室町期には、鶴岡八幡宮両界一切経修理以下要脚料の関所が国府津に置かれている(「鎌倉府定書写」「鶴岡等覚相承両院文書」『小原史』二七五)。国府津は宿・湊として著名な地であるが、こうした「関」が設置される場所でもあったことになる。

さらに在地領主との関連をみれば、同じく観応二年に、駿河の富士大宮司が上杉憲将から「甲斐国通路」の警固を命じられている(『静中6』四二五)。「甲斐通路」は富士浅間社を経由して駿河から甲斐に向かう道であり、直義方の上杉氏が軍事上の要請から大宮司に警固を命じたことになる。これは後掲する応永十六年(一四〇九)の史料にみえる「禰原関所」か、あるいは富士浅間社の近辺に戦国期にみえる「神田橋関」のいずれかが相当しよう。「禰原関所」は駿河と甲斐の国境付近に比定されるが、それは本拠地に関を設置できる富士大宮司をしてはじめて可能となるものである。これは東海道と甲斐をむすぶ南北の基幹通路であるが、都鄙間に拠点や「宿」を持つ在地領主に共通して期待されたことであったろう。

さて、東海道における在地領主の宿立(開発)については、著名な文治五年(一一八九)の手越家綱の駿河丸子宿の事例がある(『吾妻鏡』同年十月五日条)。手越家綱は奥州合戦の行賞で「麻利子一色」を源頼朝から賜り「浪人を招き居えて駅家(宿)を建立」したという。この点、前節でみた山中氏の事例が注目される。建久五年(一一九四)「鎌倉幕府将軍家下文」（前掲「山中氏重書案」）は、鎌倉幕府が山中氏への鈴鹿関警固を命じたものだが、「関屋」の設置に関して「路次近辺の滋木を伐り払い、甲乙浪人等を招き寄せ、山内に居住せしめ、盗賊を鎮めるべきの状、仰する所件のごとし」という文言がある。この行為は、手越氏の宿立を示す「浪人を招き居え、駅家を建てるべし」という行為とほぼ同じであり、関と宿の取り立てには明らかな共通性がある。またさきにみたように、仮にこの山中氏の史料に疑義があるならば、むしろ一般的な通念としての関設置と宿立ての類似性はより高くなるであろう。以上から、南北朝期以降、警察的な要請が高まることにより、宿の関としての機能が期待される度合いが高まったことが指摘できるだろう。

高橋典幸氏は、鎌倉時代の東海道に展開する御家人について、彼らがこうした宿を掌握し、交通に関与する「宿の長者」であり、そのネットワークが東海道の秩序を体現していたとしている〔高橋 二〇〇五〕。そしてあとでみる「宿の長者」の典型である興津氏の場合、長者職を持つと同時に、複数の関の管理に携わっていた。「宿の長者」＝在地領主は、南北朝期以降の軍事的な緊張の増大を受け、「関の長者」ともなっていったのである。

ただし、「宿」を設置する在地領主たちにみられたネットワークが「関」にも存在するかは疑問である。これもさきにみた長禄年間の「国俗之強豪者」による多数の関の乱立が、交通に障碍をもたらすことが現実としてあるからである。秩序があれば「乱立」はありえないであろう。在地領主らによる「関」の設置は、ある意味で秩序の紊乱をもたらすものであった。この点についてはのちにふれることにしたい。

(2) 都鄙間の陸関（公用関）と在地領主支配

都鄙間における関の設置は、古代国家による「固関」としての足柄関、箱根関の設置にさかのぼる。十世紀になるとこれに清見関(静岡市興津)と横走関(御殿場市)が加わる[湯之上 二〇〇〇]。清見関はのちに出現する興津宿に隣接しており、宿との連続性がみられ、横走関にしても足柄越にいたる交通上の要衝であり、設置には必然性がある。足柄・箱根は承久の乱に際しても「関」を固める場所であり、軍事上の要所であった。その後、経済関としての陸関(公用関)が確認されるのは、おもに南北朝期から室町期にかけて、鎌倉府(一部室町幕府)の設置によるものであった。東国における陸関・水上関については小森正明氏が網羅的に検出し、鎌倉府の経済基盤として詳細に論じている[小森 二〇〇八]。ここでは小森氏の成果を参照しつつ、都鄙の陸関について国ごとに関とその史料上の初見について一覧に供してみよう。

【武蔵国】
六浦大道関所　応永三十二年(一四二五)初見(※以下同じ)
常福寺門前関所　応永二十九年(一四二二)
師岡保柴関所　嘉吉元年(一四四一)

【相模国】
飯島関所　暦応二年(一三三九)
箱根山別当関所　永和二年(一三七六)ほか
小田原関所　応永十四年(一四〇七)
葦河関所　康暦二年(一三八〇)
水飲関所　応永十三年(一四〇六)

湯本関所　　年未（室町期）
【伊豆国】
府中関所　　応永十三年（一四〇六）
【駿河国】
大森・葛山関所　　康暦二年（一三八〇）
興津河内関（甲斐関）　永享七年（一四三五）
【甲斐国】
追分宿関所　　南北朝期

ここからわかるとおり、ほとんどが鎌倉府の設置による経済関（公用関）だが、駿河国の興津河内関（別称を甲斐関）のみ幕府が設置したものである（後述）。これは駿河国への幕府の影響力の強さを意味しており、関設置に関しては伊豆と駿河に堺があることを示すのであろう。それでは遠江国はどうかというと、陸関は今のところ確認することができないが、関に相当するものがないわけではない。この点についてはあらためて後に問題としたい。

それではまず康暦二年（一三八〇）の円覚寺造営要脚銭の寄進に関する足利氏満御教書を検討しよう（「円覚寺文書」『神資3』四八四六）。

円覚寺造営要脚関所の事、大森葛山関務半分の替として寄附するところ也、早く筥根山葦河宿辺において、在所を構え、年記（紀）三ケ年を限り、厳密にその沙汰いたさるべきの状件のごとし、

康暦二年六月八日　　左兵衛督（足利氏満）（花押）

当寺長老

この史料の理解はやや難解だが、本稿では鎌倉公方足利氏満が円覚寺の造営のための要脚（銭）について、当初は「大森・葛山関所」からの関銭を充てていたものを、その半分を免除し、その分の替わりとして筥根山葦河宿辺の在所に設置した関銭の三年分を充てる（寄附する）、ということを円覚寺に通達したものと解釈する。従来、「大森・葛山関所」については、これを地名とみるか、大森・葛山両氏のこととして在地領主の名とみるか意見が一致していなかった。この点、宇佐見隆之氏が注目すべき指摘をしている。宇佐見氏によれば、天文年間の美濃の事例によると、不破関など伝統的な関の名が見いだされるのに対し、新関についてはその知行者の人物名を冠した関の名が散見されるという［宇佐見 一九九九］。この指摘を前提とすれば、大森・葛山関とは、それぞれ駿河の有力在地領主である大森氏、葛山氏を指し彼らが設置した「新関」という解釈が可能となる。それは両氏の本拠に設置された関ではなかったろうか。したがってこの史料の解釈の前提には、大森・葛山両氏の新関が鎌倉府の公用関に指定され、相応の負担を強いられていたという事態があり、両氏が負担軽減を鎌倉府に要求し、それが認められた結果の措置、とすることができるのである。

大森・葛山氏はともに駿河国駿東郡に本拠地をもつ在地領主である。康暦年間の史料は、大森氏が関に関与していることを示す確実な史料である。その後、箱根にも勢力を扶植しやがて相模国小田原に本拠地を移してゆく［佐藤 一九九八］。その過程で駿東郡に関を設置していたと考えられよう。また箱根葦河宿も大森氏の勢力圏内と考えてよいだろう。

一方葛山氏は、当時室町幕府奉公衆となっており、戦国期においても駿河国で活躍するが、複数の関を設置し流通支配を展開していく様態が明らかになっている［有光 一九八六、杉山 二〇一四］。この史料の葛山関とは、大森氏とおなじく駿東郡北部の葛山氏の本拠付近に設置された関であり、のち活動の直接的前提と位置づけることができる。

さらに大森氏の場合、応永十三年(一四〇六)、大森頼春が、円覚寺法華堂造営料所として設置された「伊豆国符中関所」について、毎年一五〇貫文で請け負っていたことが知られる(「大森頼春押書」「雲頂庵文書」『神資3』三三八四)。足柄峠をこえて駿河に抜けるルートを南下し、東海道へ至る要地である伊豆国府中に鎌倉府が設置した陸関(公用関)が、円覚寺法華堂造営料所に指定されているのは、康暦の史料と共通性がある。それを大森氏が毎年一五〇貫もの高額の公用銭で請負っていることは、それだけの公用銭を支払っても大森氏のもとに相当の関銭がストックされることを意味している。一五〇貫は前節でみた朽木氏関係の関銭収入と対比してもかなりの高額であり、東海道ルートの関銭が莫大であることを意味している。と同時に、こうした請負は大森氏の在地領主としての実力と経済的な富裕さを前提としている。応永五年(一三九八)には大森彦六入道が、円覚寺造営料所の駿河国佐野郷の代官職を請負っている(「円覚寺文書」『室遺』六五〇)。佐野郷は大森氏の本拠にも近く、交通の要衝であり、かつては二〇〇貫もの請負額が示されたこともある郷である[湯浅 二〇〇七]。大森氏一族の致富のほどがうかがえる。さきの箱根関と合わせ、まさに東海道から東国へいたる足柄・箱根という二ルートについて、交通・流通上の在地領主大森氏の実力をあらわしている。こうした大森氏一族をして佐藤博信氏は、関などを差配する「宿の長者」の人々を組織化、駿東郡から箱根道に連なる交通網を押さえる実力者としている[佐藤 一九九八]。

そしてこの時期は、在地領主の関への関与を示す事例が散見される。たとえば、さきに指摘したが、応永十六年(一四〇九)には富士浅間宮領内「御神領之内禰原関所」を道永なる者が富士長永に与えている(「大宮司富士家文書」『静中6』一四四四)。この史料の授受関係は不明な点が多いが、これが富士大宮司の蓄積する文書であり、「御神領」の内のことである以上、富士氏の権益として関所が安堵の対象となっていたことは確かであろう。「禰原」は現在の富士宮市の北端にあたり、甲斐・駿河の国境に位置する場所である。大宮司の支配圏の拡張を関が体現しているとみることも可能であり、その領主的指向性について留意する必要がある。

つぎに永享七年(一四三五)の興津国清による関への関与を問題としよう。興津国清は、駿河守護今川家の家督をめぐる相論で今川範忠と敵対していたが、この年までに幕府の仲介もあり赦免となる。その際に興津郷内の本知行分と富士上野郷などを返付される(「今川範忠奉書写」「諸家文書纂所収興津文書」『静中6』一八九一)。しかしここには「大平賀々度村・甲斐国関等」については返付から除かれていることが記されている。「甲斐国関」とは、別の史料に「興津河内関所」(「某書状」「諸家文書纂所収興津文書」『静中6』二一四八)とあるものと同一のものであろう。「甲斐国関」は、興津から北上して甲斐国へ抜ける河内路と称された通路に設置された関で、「河内」を含む名称から「興津河内関所」と同一のものと判断できる。この「甲斐国関」は、幕府により設置され、興津氏に預け置かれた幕府の公的な関=公用関であると推測してよいだろう。それゆえ、興津氏に「返付」される私的な所領とは別物とみなされたのである。おそらくこれが、「甲斐国関」が返付の対象から除かれた理由と考えることができる。

ちなみに興津国清は赦免ののち、将軍足利義教に進物をなし返礼を受けている(「足利義教御内書写」「諸家文書纂所収興津文書」『静中6』一八九二)。つまりは幕府と密接に関係しており、そのことの一つが甲斐国関の警固と公用の運上だったのであろう。興津氏は、交通や流通への関与がこれより以前から確認される在地領主である。鎌倉期から都鄙間の興津宿のある興津郷の領主で、興津宿の成立からして興津氏の関与が想定できる[湯浅 二〇〇七]。さらに近年、佐藤博信氏が日蓮宗大石寺の関係史料も踏まえて詳細な族的検討を発表している[佐藤 二〇一八]。

佐藤氏によれば、興津氏は「興津宿長」「駿河国府長者」を輩出するような「宿・関・船=東海道・奥津川・駿河湾などに関わる水陸・流通活動を主たる生業とする氏族」であった。また戦国期に今川家臣となった一族においても、こうした性格は継承されている［大石 二〇〇〇］。興津氏にとっても、この時期は、関の掌握・請負により幕府と政治的な結びつきを強めた画期的な時代だったとすることができるだろう。

さらに由比宿における由比氏と関との関連が指摘できる。文明三年（一四七一）、今川義忠は、由比光英に対して「同（駿河国由比郷内）由利上関壱所」を安堵している（「今川義忠書下写」「御感状之写幷書翰」『静中6』二五九一）。この「由利上関」とは、東海道由比宿に南北に流れる由比川と東海道が接する付近の通称地名「入上」に設置された関と推測される（入上＝由利上）(3)。

以上、南北朝期から室町期において、関所との関与を大森・葛山・富士（大宮司）・興津・由比氏の諸氏について検討してきた。彼らはいずれも駿河・遠江における有力な武士（在地領主）であることを指摘することができる。彼らの力量の源泉に、都鄙における陸関（公用関）が位置づくことは間違いないところである。

3　路次の障碍と「関破却」令——十五世紀半ばの転換——

(1) 路次物騒と「関破却」

ここでは、在地領主の関への関与にやや遅れて顕著にみられる、都鄙間における路次の障碍と関破却（令）という事態についてみよう。従来の研究では関説がないが、これらの事態は在地領主の関支配と密接な関連があると思われる。

まず応永二十年（一四一三）、遠江国の事例をみよう。南禅寺領初倉荘の百姓が年貢を駿河国小河津に津出しようとしたところ、斯波氏の家人狩野氏被官人らが路次において妨害したことを、守護代甲斐氏が問題とし、禁止している(4)（『静中6』一五〇九）。さらに翌応永二十一年には、南禅寺領の榛原年貢米の売買について、「国中馬留」により売買ができずに年貢米が出せないことになっており、その免除(すなわち「国中馬留」の解除)の命令が甲斐氏により現地に下されている(『静中6』一五二八)。おそらくこのふたつの事態は連動しており、現地の在地領主である狩野氏が独自に年貢の路次移動の制限や、「国中馬留」という交通・流通の制限をおこなっていたものと解釈できる。ここに守護の権力とは距離を置いた在地領主の路地の遮断＝支配の指向性が指摘できるだろう。

こうした動向は、享徳の乱が勃発し、遠江・駿河が幕府の対関東戦線の前線基地となってゆく享徳三年(一四五四)十二月以降、顕著になってゆく。康正元年(一四五五)二月、遠江国蒲御厨の公文百姓らは、「国中忩劇」のなか、代官の下向なしには年貢の納入もおぼつかないと東大寺に述べている(『静中6』二二〇一)。また四月には駿河国守護今川範忠が足利成氏討伐のため関東に出発し(『静中6』二二〇六)、翌閏四月には伊豆三島で成氏方と合戦がおこなわれている(『静中6』二二一一)。これ以降、伊勢神宮領都田御厨や浜名神戸では年貢未進の催促が重ねておこなわれている(『静中6』二二一七、二二二六、二二二八)。十一月に蒲御厨の代官石田義賢は、公用銭(年貢)関係の書類を上進できない理由として「当年之事ハ国もいまたふつそう《物忩》」とその理由を述べている(『静中6』二二三一)。十二月には守護方からの人夫などの賦課が多く、年貢納入ができない仕儀にいたり、同時に「海道ふさかり」「商人罷り上り候わざる」事態に陥ってしまう(『静中6』二二三五)。「国中忩劇」と「海道ふさかり」＝路次物騒は一連の事態であったことになる。

翌康正二年(一四五六)、こうした軍役の過重賦課が引間宿と蒲御厨の経済を混乱させ、前年の旱魃とあいまって「引間徳政」といわれる住民の武力蜂起が惹起されるのは著名な事実である〔湯浅 二〇〇七〕。そして翌長禄元年には、村櫛荘徳大寺方・天龍寺方(『静中6』二二五五、二二五六)、同二年には鎌田御厨(『静中6』二三〇六)、同三年には原田荘細谷郷(『静中6』二三三〇)と、連年にわたり年貢催促が各権門よりなされており、こうした事態が、かなり広範な同地域の荘園年貢未進に直結していることを如実に示している。

それではつぎに、路次物騒という事態と、関の設置とその破却行為との関係をみよう。まず応永三十年(一四二三)、鎌倉府は、さきにもみた円覚寺造営要脚を負担する伊豆国府中関所については、元のごとく認可した上で、「自余関々」を「破却せらるる」ように「関預人」に命じている(「山内上杉家家臣連署奉書」「円覚寺文書」『室遺』二〇三五)。「自余関々」の破却が鎌倉府の名において命じられているが、この一連の施策をどう理解すべきだろうか。すなわちこれは、伝統的な伊豆府中関を残し、その他の周辺の関等の破却を命じているのであり、「自余関々」とは、在地領主が私的に設置した「私関」と考えるのが妥当である。その設置主体とは、伊豆府中が大森氏の支配テリトリーであることを考えれば、彼か、その組織の者と考えることができる。つまり在地領主の私的な関設置が障碍となり始めたのである。こうした状況は、前年の応永二十九年(一四二二)、「諸関渡」の「煩」を理由とした、幕府による遠江国蒲御厨への過所発給にもあらわれている(『静中6』一六四六)と推測することも可能であろう。

こうした一連の関への注視は、関管理の状況変化を背景にしたものであったと考えられる。宝徳二年(一四五〇)、足利成氏は関東に徳政令を発したが(「足利成氏御教書」「大庭文書」『神資3』六一〇五)、そのなかで落合式部入道に買得された箱根山関所を鶴岡八幡宮に返付しているが、落合が関を買得している事態は注目される。落合ら有徳人が関の経営をするにせよ、関の利潤を獲得するにせよ、これは関所支配への新たな階層の参入を意味しているが、半面この事態は、関の秩序の紊乱に繋がるのであり、正当的な関の認定と新規の破却というさきの鎌倉府の施策の要因ともみなされる。

そして路次物騒が頻発化する十五世紀の半ばに、一連の注目すべき事態が起こる。成氏の徳政令の翌年の宝徳三年(一四五一)、幕府は「関東進物」についてつぎのような命令を発している(「室町幕府奉行人連署奉書写」「上杉家文書」

『室遺』三九七八)。

関東進物の事、度々これを仰せらるるといえども、諸関において尚違乱に及ぶの条、はなはだ謂れなし、就中細々上下など、判門田壱岐入道(祐元)の印を以て相違あるべからず候の趣、同じく仰せらるるの処、承引せざると云々、其の咎を招かんか、所詮向後異儀ある族は、罪科に処すべきの旨、尾張・遠江両国中関所にあい触れらるべきの由也、仍て執達件のごとし、

宝徳三六月十八日　永存(飯尾高種)在判

性通(飯尾貞連)在判

守護代

この史料は「上杉家文書」に残されたものだが、ほかにも関連史料が伝来している。まずこの幕府奉書と「文章同前」の写が二通あり、内容から駿河・近江両国に宛てられていることがわかる(『室遺』三九七九・三九八〇)。つまり駿河・遠江・尾張・近江諸国に同文の通達が図られているのであり、この通達がまさに都鄙間にわたる範囲を対象に発せられているのである。また遠江国では、これを受け、守護代甲斐将久が同国天竜・橋本の「両渡」での「関東進物」の違乱なき通過を保証している(「甲斐常治奉書写」『室遺』三九八一)。さきにもふれたが、遠江国には原則関設置がみられない。しかしこの史料から、両渡がその機能を果たしていることがわかることは興味深い。これら一連の史料にみられる「関東進物」の中身は不明だが、関東上杉氏の有力被官である判門田氏が過所を発給していることから[佐藤 一九九六]、鎌倉府から幕府への政治的な意味合いの強い贈与である可能性が高い。こうした政治的・公的な通交も障碍に直面しているのであり、その背景には、一連の在地領主らによる路次不通の状態を想定して誤りないだろう。翌宝徳四年(=享徳元：一四五二)四月には、成氏により鶴岡八幡宮両界一切経以下修理料所に指定された小田原

関所で、「甲乙人」が違乱をおこなうことを禁じる禁制が出されている(「鶴岡八幡宮文書」『神資３』六一三六)。これは「甲乙人」＝有徳人らによる関銭不払い運動による関撤廃の要求が背後に存在する可能性がある。関破却の動向が「甲乙人」レベルにまで及んでいることがここからわかる。

また同年十月には宗教者の注目すべき動向も確認できる。著名な史料だが、下野の『小野寺文書』に残された大先達法印宗俊の廻状(『神資３』六一三八)によれば、「関破却」のことが鎌倉の成氏の護持僧である月輪院より関東八国に指示され、鎌倉で「関破却之衆会」が開かれることになり、そこには「富士・二所・熊野先達」をはじめ「山臥・聖道・神職」の参加が促されている。またその際「小田原において手札を披見致す」ことが義務付けられている。

宗俊は上野国の各村の先達たちにこの旨を通達しているが、富士・箱根・熊野の先達をはじめとし、山伏らを包摂した多様な宗教者の移動につき、関が障碍となり破却の意向が示されていることを確認できる。これを指揮している月輪院は、当時関東の修験者を統括する立場にあった。それが成氏らから出た命令なのかは明らかでないが、参詣・巡礼などの移動を旨とする彼らにとっても、関の障碍、関銭の支払いがその活動の桎梏となっていたことは事実であろう。

以上、享徳の乱を挟んだ前後の時期である十五世紀のなかば、都鄙間の交通は、関の乱立と路次物騒により、深刻な通交障碍に陥っていたことになる。そしてこのことは、京都の権門による東海地方の荘園の支配(年貢収納)にも大きな制約となる。やがてこの時期をやや越えた応仁～文明の時期には、遠江の東寺領原田荘、東大寺領蒲御厨などは、年貢の上納が途絶え、退転の時期を迎えることを確認しておきたい[湯浅二〇一〇]。

(2) 幕府による「関破却」令と都鄙間交通

さて、こうした状況に関連して、畿内近国で幕府による「関破却」令が発布されるが、それが都鄙間交通と連動していたことを指摘できるので、検討してみよう。

長禄三年(一四五九)、室町将軍足利義政は、畿内とその周辺の関所撤廃について注目すべき命令を発している。そのことを示す『氏経卿引付』の記事(「大宮司大中臣氏長告状」『三中1上』三—一四四)から関係部分を抄録してみよう。

一、両宮造栄(宮)事、(中略)仍って両宮荒廃、日を逐って倍増せしむるの間、公方様として計略を廻らされ、諸国の関を破られ、大津辺に立ておかれ、人別〈十文充〉八月二十八日外造宮使祭主殿御使経繁神主、内造宮使殿御使江名、奉書を帯びて下着、小田に於いて人別〈三十文宛これを取る〉、関屋は両宮工などこれを作る、入目においては関足を引く、同三十日、関奉行公方御倉の預正実房・定光房・善隆房両三人の代官下着、よって両殿御使を彼らに渡し、九月六日上洛しおわんぬ、鈴鹿海道、当国中に残し置く在所においては、宮河・安濃津・佐保河・上河・坂内河・相河・当師部田など、是みな橋賃のみなり、

ここには、伊勢神宮外宮・内宮の造営用途を負担するために諸国に賦課されていた役夫工米が未進され、造営ができない状況(中略部分)を受け、「公方様として計略を廻らし、諸国の関を破られ、大津辺に立てられ」ることとなった。つまり義政は「諸国の関」を破却し、大津に関を限定しそこからの収益により伊勢神宮の造営を企図したのである。同時に伊勢の周辺には限定的に関を残すため、「関奉行公方御倉」三人を代官として伊勢に下向させている。「鈴鹿海道」で伊勢国中に残す関については、「宮河・安濃津・佐保河・上河・坂内河・相河・当師部田」などとし「橋賃」のみ収納させる、というものである[三重県 二〇二〇]。

この義政の意図は、諸国平均に課されていた役夫工米を廃し、関徳分により伊勢神宮造営を企図するものであり重要な政策の変更だが、これはあわせて「諸国関」の撤廃を命じる「関破却」令であったのである。そこでまず、この

施策の要因とその施行範囲について考えてみよう。ここで関連するのは、1節でみた『碧山日録』長禄三年（一四五九）九月七日の記事である。すなわち「近畿の諸州の路、国俗の強豪の者、関を置きもってこれを征す、相公〈足利義政〉、諸吏に命じてこれを破る、往来の感喜これ也」とある。この義政の命令とは、まさにさきにみた『氏経卿引付』にみえる義政の「計略」＝政策を意味しているとしてよいだろう。

とするならば、今まで論じてきたように、この命令の根底には、畿内近国（近畿）の交通における在地領主ら（国俗の強豪）による私関の設置という実態があったことが明らかとなる。そして本稿で検討したように、この事態は都鄙間においてもほぼ同様のものであった。つまり十五世紀半ばという同時期に、畿内近国と都鄙間とは類似の事態に直面していたのであり、この時点における在地領主の私的な交通路支配の深化を想定できるのである。

そして義政の「関破却」令が都鄙間を対象としても発令されていたことを示す史料がある。『長禄四年記』寛正元年（一四六〇）九月二日条の記事である（『静中6』二三七六）。

二日　○中略
一治部河内守（国通）・飯尾新左衛門尉（為脩）両人、東海道の関破却のため、去月廿四日下向す、仍て昨日上洛、両人御太刀を
進上す、太神宮御造営関、立置かるにより、其の外破却せらるる者也、

『長禄四年記』とは、室町幕府評定衆摂津之親の日記であり、同年七月から十二月に至る日々記である〔設楽 一九九三〕。この記事から、義政の命を帯びた使いが関東に下向し、「東海道関」の破却を課題にのぼせていたことがわかる。『氏経卿引付』の記事からはその範囲は畿内近国とされていたが、実際は都鄙間も「関破却」令の対象となっていたことが明らかとなる。これはとりもなおさず、都鄙間＝東海道においても、私関設置による在地領主層の動向があったことをも示す事実といってよい。この「関破却」令が果たして有効性を持ち得ていたのかは定かではないが、少な

くとも近畿〜都鄙間にわたる幕府による関破却の意向があったことは事実である。それは在地領主らによる交通支配の進展と、それによる交通上の障碍の発生がもたらしたものだったのである(5)。

おわりに

本稿では都鄙間における在地領主の関支配をめぐり、「国家的支配」と「在地慣習」との関連という視角から考察を加えてきた。「国家的支配」を背景とした政治的関設置には、在地領主の実力に依存する場合が多く、設置の政治的主体と在地領主との間には、関公用銭の未進などで微妙な関係が生じ得た。やがて十五世紀半ばにいたると在地領主の交通路における実力支配が進展し、正規の関以外の新関が多く設置され、路次物騒といった交通障碍がおおく発生するに至った。幕府や鎌倉府はこれに対して正規の関以外の新関を破棄し交通の安寧をめざしたが、在地領主による交通障碍は、畿内近国から東海道の都鄙間にもおよび、その実効性は必ずしも明らかではなかった。結果として、在地領主の地域支配と交通路把握の進展のもとに、室町期荘園制における年貢上納も停滞してゆく。都鄙間では、応仁・文明乱以降になると途絶するに至るのである。

こうした状況は、関や交通における権門や幕府権力による「国家的支配」の枠組みが無力化し、「在地慣習」を体現する在地領主らが、それに代わる地域把握を展開してゆくという実態を示している。戦国期において、一定の地域経済圏を構築する在地領主の姿は、その一つの典型と言えるだろう［湯浅 二〇一八］。また戦国大名権力の交通整備とは、こうした在地領主支配に介入し、新たな秩序の再構築を目指したものであったに相違ない。駿河・遠江を支配した今川氏は分国法でも関に関する法を制定し、その設置や安堵を通じて積極的に対応していたことが知られる［小和田

一九八五、柴辻二〇一三〕。彼らは、あらたな地域国家としての関の秩序を志向したものと思われる。また今川氏の分国支配に従う在地領主の関支配の実態も、それ以前とは様相を異にするものに変化していったと予想される。これらについては、稿をあらためて論じることにしたい。

註

（1）なお本稿の引用史料については、末尾に示した「引用史料刊本　略称」を使用して適宜本文中に示したい。また参考文献については「主要参考文献」から略称を用いて適宜示すこととする。

（2）したがって、以下では政権や権門により「公用（銭）」の収取が期待されるような経済関を、筆者の造語であるが適宜「公用関」と呼びたいと考える。

（3）『ふるさと由比　歴史散歩編』（由比町教育委員会、一九八一年）の「③ゆりあげが入上の地名に」参照。詳細は後日報告したい。

（4）以下の叙述にあたって、政治史・事件史の根拠となる史料については、煩瑣にわたるため、引用刊本の№のみ示すこととしたい。

（5）なお都鄙における足利義政の「関破却」令が出される要因は本文のとおりと考えるが、その政治的意味については、長禄元年（一四五七）に義政の命により関東に下向した堀越公方足利政知の動向との関連が気にかかる。時期からして政知を介した義政による対関東調略と「関破却」令の発布が何らかの政治的な関連を有している可能性は高いのではなかろうか。しかし筆者には、今のところこの点を示唆する史料を見出すことができないので、その検討は今後の課題としておきたい。

引用史料刊本　略称

『今堀日吉神社文書集成』→『今』

『小田原市史　史料編原始古代中世Ⅰ』→『小原史』

『神奈川県史資料編　中世3古代中世(3上)』→『神資3』
『静岡県史史料編6中世二』→『静中6』
『静岡県史史料編7中世三』→『静中7』
『三重県史資料編　中世1(上)』→『三中1上』
『三重県史資料編　中世1(下)』→『三中1下』
『室町遺文　関東編』→『室遺』

主要参考文献

相田二郎　一九四三『中世の関所』有峰書店
有光友學　一九八六「葛山氏の様態と位置」同『戦国大名今川氏と葛山氏』吉川弘文館
井原今朝男　一九九三「幕府・鎌倉府の流通経済政策と年貢輸送」同『中世の信用経済と徳政令』吉川弘文館
宇佐見隆之　一九九九「関の本質と場」同『中世の物流と商業』吉川弘文館
榎原雅治　二〇〇八『中世の東海道を行く』中央公論新社
大石泰史　二〇〇〇「興津氏に関する基礎的考察」所理喜夫編『戦国大名から将軍権力へ』吉川弘文館
小和田哲男　一九八五「戦国期駿遠の交通と今川氏権力」同『武将たちと駿河・遠江〈小和田哲男著作集　第三巻〉』清文堂
甲賀市　二〇一二『甲賀市史　第2巻　甲賀衆の中世』
小森正明　二〇〇八「経済関の設置と造営事業」同『室町期東国社会と寺社造営』思文閣出版
桜井英治　一九九四「山賊・海賊と関の起原」同『日本中世の経済構造』岩波書店、一九九六年所収
桜井英治　一九九五「琵琶湖の交通」『中世の風景を読む　第5巻　信仰と自由に生きる』新人物往来社
佐藤博信　一九九六「上杉氏家臣判門田氏の歴史的位置」同『続中世東国の支配構造』思文閣出版
佐藤博信　一九九八「大森氏とその時代」『小田原市史通史編原始古代中世』小田原市
佐藤博信　二〇一八「駿河興津氏と大石寺東坊地相論に関する一考察」『興風』二八
設楽　薫　一九九三「室町幕府評定衆摂津之親の日記「長禄四年記」の研究」『東京大学史料編纂所紀要』三
柴辻俊六　二〇一三「富士参詣をめぐる関所と交通」同『戦国期武田氏領の地域支配』岩田書院
杉山一弥　二〇一四「室町幕府奉公衆葛山氏」同『室町幕府の東国政策』思文閣出版

鈴木敦子　一九七六「国人領主朽木氏の産業・流通支配」同『日本中世社会の流通構造』校倉書房
高橋典幸　二〇〇五「鎌倉幕府と東海御家人」小野正敏・藤沢良祐編『中世の伊豆・駿河・遠江』高志書院（のち同著『鎌倉幕府軍制と御家人制』吉川弘文館、二〇〇八年所収）
仲村　研　一九八一『今堀日吉神社文書集成』雄山閣
畑井　弘　一九六四「在地領主と流通路」同『守護領国体制の研究』吉川弘文館
三重県　二〇二〇『三重県史　通史編中世』
湯浅治久　二〇〇二「中世後期における在地領主経済の構造と消費」『国立歴史民俗博物館研究報告』九二
湯浅治久　二〇〇四「室町・戦国期における山門領荘園の支配と代官職」河音能平・福田榮次郎編『延暦寺と中世社会』法蔵館
湯浅治久　二〇〇七「中世的「宿」の研究視角」佐藤和彦編『中世の内乱と社会』東京堂出版
湯浅治久　二〇一〇「室町期駿河・遠江の政治的位置と荘園制」阿部猛編『中世政治史の研究』日本史史料研究会
湯浅治久　二〇一八「室町期都鄙間交通と荘園制・在地領主」木村茂光・湯浅治久編『旅と移動』竹林舎
湯之上隆　二〇〇〇『三つの東海道』静岡新聞社

道・宿・関・港の実像をどう探るのか

伊藤 裕偉

はじめに

人間活動の根幹に「移動」があり、道ができ、使われる。そして、宿・関・港などの道と切り離せない施設ができあがる。現在の幹線道路がしばしば「大動脈」と表現されるように、人がつくる諸施設は道を前提に成立しているともいえる。

このように表現すると、まるで道が全ての中心のように映るが、そうではない。長期的に見れば道の線形は流動的で変更を繰り返している。それは、道そのものの盛衰というよりも、道によって成立した諸施設に起因することが多い。道は、宿・関・港などの形成・展開に必要だが、道のためにこれらの施設があるというわけではない。人の活動が中心にあり、その不可欠なアイテムが道なのだ。

人の活動に不可欠だが中心ではない——道が持つこの性格は、歴史的な考察にあたっても重視するべきことと考える。しかし、この性格を念頭に置いた上で宿・関・港といった施設や場を見た研究はそれほど多くないように思われる。

そこで小稿では、道が有する根本的な性格のなかでとくに重要と考えることを筆者なりに整理し、そのうえで宿・

関・港の実像を探るために必要と感じる課題を提示していく。筆者はこれまでに、鎌倉期から戦国期における伊勢湾西岸部・志摩半島・熊野灘沿岸部の地域に存在する場の検討をいくつかおこなってきた。小稿ではこれらを素材にしつつ検討をする。そして、本書のテーマである東海道についても若干の言及をしてみたい。

1　道

a　道の区分

道はどのようにかたちづくられるのか。周知のこととは思われるが、叙述の冒頭にあたってこのことを改めて検討しておく。

まずは、道がない状態からどうやって道ができるのかを整理してみよう。人が今いる場所から移動して別の場所に行く際、歩行可能な場所であればどこを通っても目的地にたどり着くが、地形の制約、歩行の容易さ、距離の長短といった要素が加味され、歩行の場所が次第に固定化されてひとつのラインができあがる。この意味で、道は人びとの共通理解によって形成されるといえる。また、経年中の土砂崩れや河川浸食などの自然要因、人為的な要因等が加わることで修復・変更がくり返され、結果的に複数のラインになることもある。道は、こういった状況が長年繰り返されてかたちづくられる。このような道を、「自然発生的」にできあがるものと整理する。なお、ここでいう「自然発生的」とは、生物としての人がおこなう基本的活動にあたるという意味であり、個々の場面で人の手が加えられていたとしてもこれに含めて差し支えないと把握する。

この一方で、「人工的」な道もある。権力者等によって意図的に設置された道である。この種の道は、さまざまな権益が錯綜するエリアを通ることもあるため、道を設置できる権力者とは、これら権益者を包括できる立場か、あるいは彼らと連携できる者に限られる。奈良平安期の律令制下で設置された「官道」や、江戸期の城下町設置に伴う引き込み道などがこうしてできあがった道にあたる。

b 道の「公的」性格

自然発生的か人工的かを問わず、双方の道はいずれも「公的」な性格を帯びている。自然発生的な道は、不特定多数の人びとによる共通認識のもとで成立しており、所有者がなく誰でも利用できるという意味で私財・私有地とは区分される。また、このことによって、権力者の介入も基本的には阻まれる。人工的な道は、権力そのものの「公」(承不承を問わず)によって「公的」である。ただし、同じく「公的」な性格を持ちつつも、前者は原則として誰もが利用可能であるのに対し、後者には権力者によって利用制限が課せられる可能性がある。

道は「公的」な性格を有する。しかし、その成立要因によって、どのように「公的」なのかは異なると考えられる。

c 道の見方〜空間と時間〜

周知のとおり、「国道○○号」や「○○街道」など、道に固定名称が与えられるのは、一部の例外を除き近代以降である。三重県南部には、現在は「熊野街道」と通称されている道がある。前近代のこの道は、熊野辺りに住まう人は伊勢に向かうので「伊勢道」と呼び、伊勢に住まう人は熊野に向かうので「熊野道」と呼んでいる。ひとつの道の呼称が立場によって変わるのはややこしいので、固定名称を付ける現代の方法がよいように思える。しかし、固定名称を与えない方がよい場合もある。

伊勢平野を南下して伊勢神宮方面へ向かう道について、現在、歴史的な解説をする際に便宜上「伊勢道」や「伊勢街道」と呼んでいる。伊勢神宮との絡みでこの語を使う分にはよいのだが、当然ながらこの道を歩く人全ての最終目的地が伊勢神宮というわけではなかったと考えられる。実際、伊勢神宮の手前にある田丸（三重県玉城町）で、先述の「熊野街道」のほか、「熊野脇道」と呼ばれる道が枝分かれしている［三重県教委 一九八二］。つまり、途中までは伊勢平野を南下する「伊勢道」を使いながらも、伊勢神宮へと赴かない通行者も確実に存在したのだ。

「伊勢道」のような固定名称を与えると、まるでその道がひとつの有力な場（ここでは伊勢神宮）にのみ至るかのような錯覚を読み手・聞き手に与える恐れがある。最も危険なのは、もともと流動的な存在である道によって媒介されているさまざまな事象に対する多様な思考・想像力が喪失されることである。歴史の叙述にあたっては、このことは強く認識しておかなければならない。

また、道がどこをどう通るのかは、出発地から目的地までの距離が長ければ長いほど多様となる。「伊勢道」は、奈良期から平安中期に「官道」として整備された直線指向の一本の道であったが［杉谷 一九九七、伊藤 二〇〇四］、平安後期から室町期に至ると、現在の三渡川河口部から櫛田川下流域付近（三重県松阪市域）の間で三〜四本に枝分かれしており［伊藤 二〇一三］、南北朝期には潮の満ち引きによって選択される道筋も変化することがあった（鴨長明『伊勢記』逸文、『夫木和歌抄』所収）。平安後期以降、伊勢平野を南下する人びとにとってはこれら全てが「伊勢道」である。そして、その道はそれぞれ異なる集落を通っていることは言うまでもないだろう。

では、以上の視点で「東海道」を見るとどうなるか。「東海道」の名称は、雑言を並べるまでもなく奈良平安期の五畿七道制を起源とする。この段階に設定された東海道・南海道などの「官道」が人工的な道で、徹底した直線指向で整備されていたことは、静岡市・曲金北遺跡［静岡県埋文 一九九七、矢田 一九九七］の事例（第1図）が示すように、各地で累積された発掘調査成果が物語っている。これら人工道の側溝は、多くが平安後期までに埋没している。もちろん、側溝が埋没したからといって道の機能がなくなるとは言えない。曲金北遺跡で確認されたような条里型地割の坪境を

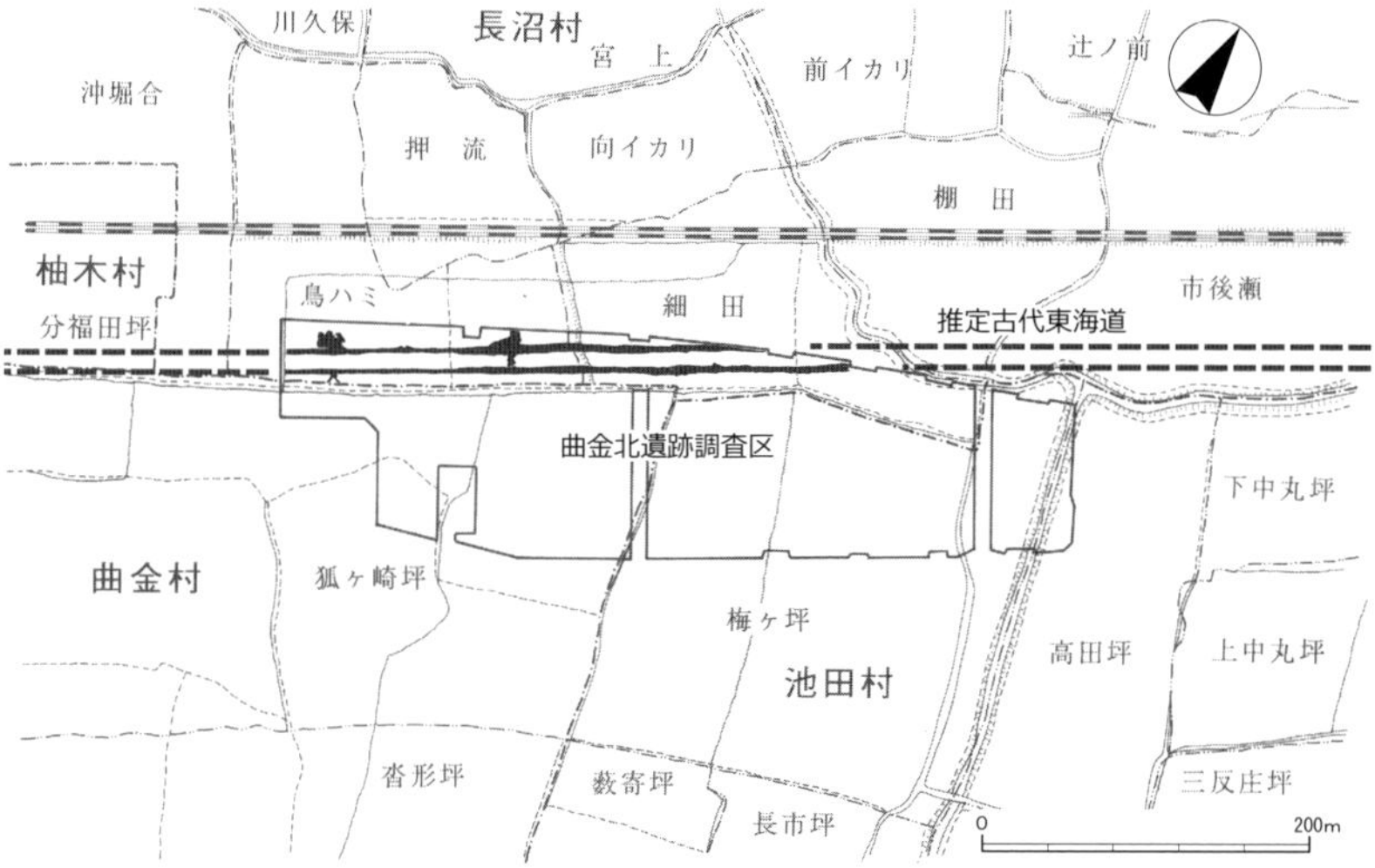

第１図　曲金北遺跡と東海道

兼ねる地点では、遺構として側溝が確認されなくても、道としての機能はその後も続く場合が多い。しかし曲金北遺跡では、現況の条里型地割坪境と道とが完全には一致していない（第1図）。現況の条里型地割は、一般に中世前期までに形成されている〔三重県埋文二〇一四・二〇二二〕ことを踏まえれば、古代東海道の道筋がその後に踏襲されなかったことは明白である。また、鎌倉幕府の成立後、京都―鎌倉間の道は相対的に重要度を増したと考えられるが、曲金北遺跡の発掘調査区の状況を見る限り、鎌倉期に整備した状況は窺えない。よって、奈良平安期の「東海道」は、鎌倉期以降も部分的には利用されている可能性があるとしても、幹線道としては機能していないと考えられる。

京都と鎌倉をつなぐ道、いわば「中世の東海道」は、鎌倉期以降にも存在していたに違いない。しかしそれは前代の「官道」の道筋をそのまま踏襲していない。では、それに替わる道筋とは何か。考えられるのは、「官道（東海道）」整備以前から存在していた自然発生的な道がその役割を果たしたのではないかということである。もう少し踏み込んで想像すれば、「官道」は設置当初から利用者は少なく（あるいは利用できず）、それ以前からの自然発生的な道が併行して使われ続けており、設置者の権限低下に伴って維持管理できなくなる(使われなくなる)と、「官道」は無用の長物となっていったのではないかと考える。また、駿河湾岸や濃尾平野は、数多くの大河川が南流し、東西方向の陸路を阻んでいる。とすれば、「伊勢道」の三渡川・櫛田川の間と同様、いやそれ以上に、「中世の東海道」は多重かつ複線的であったことが想定される。

「伊勢道」や「東海道」など、奈良平安期に造成された「官道」の発掘調査成果からは、たとえ人工的に整備された立派な道であっても廃絶することが分かる。一方で、かつての「官道」が鎌倉期以降どうなったのかに関する検証は少ない。発掘調査で確認される側溝埋没の事実と、道そのものの機能喪失とは別問題であることを先に指摘した。発掘調査の限界を認識しつつ、今後意識して究明していく必要があろう。

2　宿

a　「宿」認識の反省

明治期以降に「伊勢別街道」と呼ばれる、近江(滋賀県)南部から鈴鹿峠を経て伊勢神宮方面へと至る道筋(三重県亀山市～松阪市)がある。ここを通った人びとの日記・紀行文に、どのような地名が記されているのかを検討したことがある[伊藤 二〇〇〇]。公家・武家・僧侶などの人びとが記した日記・紀行文などの資料に登場する地名が「宿」に相当する集落だと当時は安易に考えていた。しかし、その集落が当時「宿」と認識されていたのかどうかは、直接そう書かれた文字資料がなければ分からないことに後で気付いた。日記・紀行文の作者は、道中で通過した地名をただ単に記載しただけ、ということも考えられる。そして彼らが宿所(以下、混乱を避けるため、場を「宿」、宿とする建物を

「宿所」とする)としたのが「宿」なのかどうかは分からないのだ。

b 「宿」と集落

この反省を出発点に、「宿」について考えてみる。そもそも「宿」とは何であろうか。「○○宿」という呼び名を素直にとれば宿所が多数ある集落という意味なので、多くの人が通る街道的な道を前提として集落に付けた名称、と一般的には考えられる。また、道という「公的」な要素を含むものに付随する関係上、「宿」もまた「公的」な側面を有していると把握することも可能である。そして、その場(集落)が「宿」と呼ばれるのであれば、そこにわずか一軒の宿所しかない、という状況は通常考えにくい。おそらく、複数の宿所が立ち並んでおり、その状況をもって「宿」と呼ばれるようになるのだろう。道と同様、自然発生的に「宿」となる集落はこういったものと考えられる。一方で、最初から意図的(人工的)に「宿」集落として設置した場もあろう。

では、「宿」を実際の歴史資料に基づいて検討しようとした場合、宿ではない集落とどう区別できるだろうか。まずは、自然発生的に「宿」となった場合を考えてみる。この場合、集落には宿所とそうでない建物が入り交じった状態となる。特段の強制がないままの「宿」なので、当時は看板などがあれば宿所と認識できるが、そこを後世に遺跡として発掘調査した場合、特徴的な有機物の調度品が多数残されているような恵まれた遺跡でない限り、「宿」であることを示す考古学的基準を見いだすことはほぼ不可能だと考えられる。

次に、意図的(人工的)に「宿」集落が設置された場合を考えてみよう。権力者による制度として宿所が複数軒建てられ、「宿」の名を冠されたことが明らかな集落遺跡があるとしよう。この場合、成立当初には「○○宿」と呼ばれる空間があったことになる。しかし、既存集落と接するか、あるいは既存集落内部に複数軒の宿所が築造された場合、余程の施設(堀など)が設けられていない限り、「宿」遺跡と既存集落遺跡との区別は難しい。既存集落と離れて「宿」

が設置されれば、そのまま遺跡となればよいが、その後、宿所とは無関係な人びとの家屋が増した後に遺跡となった場合には、両者の区別はやはり難しい。このように自然発生的な「宿」と同様、後世に遺跡として発掘調査された場合に「宿」であることを示す根拠の提示は極めて難しいのである。

宿所が一軒だけの集落があった場合も、道を利用しそこに泊まる人にとってはそこが「宿」となる。彼がもし日記を書こうものなら、そこを「宿」として記載するかも知れないのだ。「宿」は、それを空間的に示すのはかなり困難だといえる。この不確実性を踏まえたうえでの検討が強いられる。

c　文字に残されない人びとの「宿」

なお、本節冒頭で見たように、文字資料である日記・紀行文にも注意が必要だ。これらは、当時の階層的に上位の人びとが記したものであり、階層的に下位の人びとにまで目は届いていない（届きようがない）。このことに筆者自身も永らく思い至らなかった。

塚本明氏の分析によると、江戸期に熊野灘沿岸部を通る熊野街道を往来する人びとには、かなりの割合で貧民層が含まれていたという［塚本 二〇二二］。「小栗判官」や「御伽草子」といった物語を引き合いに出すまでもなく、室町期以前も貧民層の旅人は多かったと推測できる。彼らは人の情け、集落の情けに頼って旅を続けている。彼らの目に、道中の集落はどのように映ったのか。彼らの「宿」や宿所はあったのか。室町戦国期の村は排他的で閉鎖的な側面があるという。それは道行く貧民に対しても同じだったのだろうか。また、歴史的に「非人宿」と呼ばれる場があるが、これを「宿」の一種に含め、道との関係から整理して検討していただろうか。少なくとも、筆者にはそれはできていない、いや、見えてすらいなかったと言うべきだろう。

貧民層の旅が室町戦国期、あるいはそれ以前からおこなわれていたとすれば、道沿いの集落はすべからく「宿」の機能を果たしていたのかも知れない。まずはそう考えたうえで、その是非を見極める根拠を探さなければならない。村の閉鎖性に関する議論は道との関係性という観点から相対化できる余地があるし、「非人宿」も道との関係で見ていくことが必要ではないだろうか。

3　関

a　「関」の「公的」性格

「宿」が道の「公的」な側面に沿ったものであるのに対し、「関」は権力者が道の公的な機能を逆手に取ったもの、極言するならば、人びとの往来に目を付けた権力者が独善的に設置した施設である。権力が介在せずに「公的」な機能が備わっている、自然発生的に成立した道に対し設置された「関」とは、一時的・時限的に「公」を獲得した権力者が道に介入したという図式となる。一方、人工的な道に設置された「関」は、道の権限そのものが権力者側にあるため、「関」は正当な権利として設置されることになる。いずれにしても「公的」なものとして活発に利用されている道であることが「関」設置の前提となるが、「関」のある道が唯一の道ではない場合もあることは認識しておくべきであろう。

道と権力者はどちらも「公的」な存在だが、同じ「公的」でも意味が違う。自然発生的な道に対し、権力者は本質的に権利を有していない(有することができない)。戦国織豊期までの地域領主が、道沿いにある既存の集落に寄生するように城館を築造することができても、新たな集落をつくり、そこへ道(幹線道)を引き込むといったことがほとんどできなかったことがそれを物語っている。そのため権力者は、道を使う目的や、道を通じて向かう先(目的地)の権益を盾に、そこへ至る道にも権利を有するかのように振る舞う装置として「関」を設置する。そして、道行く人びとの錯覚、あるいは彼らの諦念によって「関」は成り立っている。自然発生的な道に設置された「関」についてはこのように見ることができる。

b 「関」と集落の関係

自然発生的な道か人工的な道かを問わず、「関」は蓄財の場ともなる。その位置は、権力者にとって都合の良い場所——設置しやすくかつ蓄財がし安い場所——ということになる。そして、それは集落との関係ではなく、あくまでも道に対するものである。極言すれば、集落の存在は「関」にとって必要条件ではない、ということになる。

斎宮(三重県明和町)近隣の中世関所について検討したことがある[伊藤 二〇〇三]。鎌倉期以降、朝廷が関与する施設としての斎宮は廃れていたが、斎宮という場は大規模な集落としてこの時期も機能し続けていた。このため、「関」のある位置は、すでに発達した集落が存在するという前提で検討を進めたが、実際に「関」と集落とがどう関わっているのか、全く見えなかった。当然だ。集落との関わりが「ある」という前提で考えていたからだ。しかし、「関」の本質を上記のように見れば、集落との関係が「無い」という観点からの分析が必要だと今は考えている。

c 橋・渡し

「関」が人為的に設置された遮蔽施設である一方、自然の遮蔽となる代表が河川だ。そこに設けられる「橋」や「渡し」は、水濡れを防ぎ、渡河を快適にするための設備だが、道筋上の河川すべてに「橋」や「渡し」があったわけではない。先に見た鴨長明『伊勢記』逸文に記された、潮の満ち引きで道筋が選択される三渡川河口部は、記載からは歩行による渡河と見られる。そもそも、水濡れを覚悟すれば人は「橋」や「渡し」を使わずに河を突っ切ることができる。つまり、人の道行きに「橋」や「渡し」は必須ではないが、あれば快適なのでそれを利用するのだ。ここに、「橋」や「渡し」の整備者はサービス対価としてその利用料を徴収するという行為が発生する。施設で金を払うという点は「関」と同じようだが、決定的に違うのはサービスを望む利用者によってその存在が支えられていることである。

長禄三年(一四五九)、足利義政は諸国の関所撤廃を命じたが、伊勢国内でも「宮河」「安濃津」「坂内河」など、徴収が「橋賃のみ」の場は残置された(『氏経卿引付』)[三重県 一九九七]。これは、橋が有する関所機能の存続(権益擁護)という見方もある[飯田 二〇二〇]が、わざわざ「橋賃のみ」と記されている背景には、維持管理費用が必要な施設(橋)を利用するにあたっての受益者負担という側面がある可能性は捨てきれない。

もちろん、「橋＝関」という場合もあろう。しかし、「橋」(あるいは「渡し」)と「関」とは、必ずしも同じ位相で把握できない場合があることは認識しておいた方がよいだろう。

4 港・港町

a 安濃津の発掘調査から

文献史料には、今でいう「港」や「港町」を指す記述が登場する。文字情報として存在するのだから、そこが「港」であったこと、少なくとも文字が記された時点ではそう認識する人がいたことは確かだ。しかし、その文字が示す場は、いったい何処で実態はどうなのか。

一九九六年に安濃津遺跡群(安濃津柳山遺跡)の発掘調査をおこなった。ここで見つかった遺構は、大きく分けて古墳前期、鎌倉前期、室町後期、江戸中後期、近代の五時期である[三重県埋文 一九九七]。このうち、調査区から出土した鎌倉前期の東海系無釉陶器碗(山茶碗)は未使用品が大部分であり、焼き歪み品や破損品までも含んでいた。東海系無釉陶器碗は、伊勢湾を隔てた対岸の知多半島産と見られるものが中心である。そのため、おそらくは窯詰めされたかたちとほとんど変わらない状態で知多半島から伊勢湾を通じて安濃津に運ばれた後、ここで選別され流通したと考えた[伊藤 一九九九]。発掘調査区内から「港」を示す遺構が確認されたわけではない。しかし、出土遺物に関するこの見方は、遺物から港町機能の一端を示すことにつながる数少ない観点であり、遠巻きとはいえ「港町安濃津」を示す根拠のひとつと考えている。

ただし、である。このことと、発掘調査区そのものが港町であることとは直結しない。発掘調査区では鎌倉前期の遺物こそ出土したが、当該期の集落を示すような遺構は見つからなかった。いや、正確に言うと、分からなかった。発掘調査区内は、とくに室町後期の遺構が密集していた。鎌倉期と室町期程度の時間差(最大でわずか二〇〇年)では、遺構は同一平面上にある(第2図)。このため、鎌倉期の遺構は室町期の遺構によって多くが破壊されている可能性がある。また、そのことと関係するかも知れないが、室町期の遺構が調査区全体に広がっていたのに対し、鎌倉前期の遺構は調査区西部を通る溝とその周辺にほぼ限定されていた。この差は何なのか、未だに分からない。つまり筆者は、発掘調査成果から鎌倉期における安濃津の港町機能を指摘したものの、その集落(港町)は示せていないのである。「集落は調査区外に広がっている」という逃げの手は打てる。しかし、分かっていないという現実は変わらない。

調査区内で最も濃密に遺構・遺物が確認された時期は室町後期である。一六㎡あたり四〇基を超える小穴(ピット)が確認された地点もある。この小穴は、明らかに掘立柱建物の柱掘形と見られるが、あまりにも数が多く、建物としてまとめることができなかった。ともかくも、室町後期の遺構・遺物の状況は、調査地が「町場」ないしいは人びとの集住地であったことを明確に示していた。

撹乱坑（江戸期以降）　(着色無) 室町期の遺構　鎌倉期の遺構

第２図　安濃津調査区平面図

だが、室町後期の遺構・遺物に「港」や「港町」を示すといえるものを見いだすことはできなかった。この調査区に限定されるとはいえ、遺構・遺物から、室町期の安濃津と「港町」を結びつけることは困難である。室町期にも、文字資料からは安濃津が「港」の機能を有していたことが窺われるが、当時の安濃津は、港町以上に陸上交通路の要地、そして宗教的な要地として、人びとの集住の場、すなわち「都市」化していたと考えられる［伊藤 二〇〇七］。

安濃津が「都市」化する発端は鎌倉期の港にあるのだろう。しかし、だからといって室町期以降の当地についても港の存在が第一義だと見てしまうと、事の本質を見誤ることにつながると考える。織豊期、安濃津の一角に安濃津城（津城）が築造され、江戸初期に改修されて藤堂藩領の中心として機能する。これは、安濃津が港町だったからではなく、室町戦国期に陸上交通路の要地として「都市」化していたからだと考える［伊藤 二〇〇七］。

b　港・港町の範囲

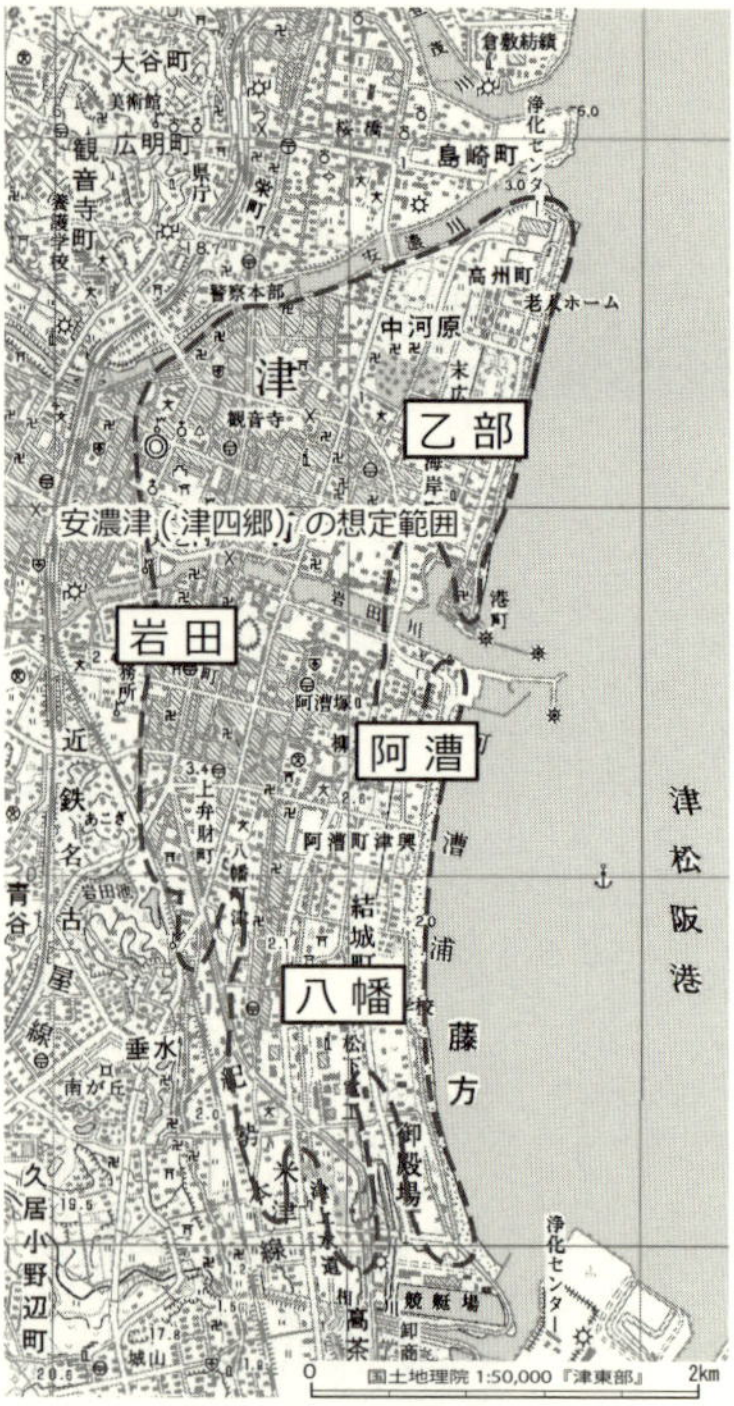

第3図　安濃津を構成する郷

そもそも、安濃津とはどの範囲を指すのか。実はそれすら明確にはなっていない。大永二年（一五二二）頃の資料には「津四郷百姓中」とあり（「三重県立博物館所蔵文書」）［三重県 二〇〇五、伊藤 二〇〇七］、元亀二年（一五七一）には「津三郷・同岩田」ともある［津市 一九五九、伊藤 二〇〇七］。両資料の「津」は安濃津のことだと筆者も判断するが、そうすると安濃津とは三つの「郷」（岩田も含めると四つ）の複合体ということになる。筆者は、室町期以前の地形復元をするなかで、海浜部に展開する乙部・阿漕・八幡が安濃津を構成する「郷」ではないかと考えた[伊藤 二〇〇七]が、推測の域を出ない(第3図)。

太平洋海運で著名な大湊(伊勢市大湊町)も、十六世紀代には「浜七郷」(「大湊古文書」)[三重県 二〇〇五]と呼ばれる範囲の一角であるし、室町期以前の「大湊」という名称が現在の伊勢市大湊町についてのみ用いられた名称だとも言い切れない[伊藤 二〇一六]。かつてのエリアと、現在の地名が示す範囲とが同じだとは言えないのだ。歴史的に見た港や港町の範囲については、このような課題を認識しながらの検討が求められる。

おわりに

道と、道を介して成立する宿・関・港の実像を探るため、前提として押さえておきたいことと、その課題と視角を提示してきた。歴史の叙述は、当然ながら文献や出土品といった資料に基づく。しかし、いざ検討をはじめると、手元にある資料が実に断片的であることに改めて気付かされる。この状況下で検証を深めるのは極めて困難だが、小稿で見たように、事の本質・原点に立ち戻って考える作業が必要だと考える。その際には、細かいことに拘泥されず、大きくとらえてみることも時には重要である。

小稿はこのような考えのもと、筆者自身の問題意識に基づき、筆者が検討してきたことに関する再検証を中心に述べてきた。これは、課題に対する検証作業が如何なるものかを提示するとともに、現段階で分かっていないことは何なのかをも明らかにしておく必要があると考えたためである。ひとつの事象に関する検討は、可能な限り多方面からおこなう必要があり、その方法を変えると、見えるものもまた違ってくる。また、歴史の検討と叙述は地域に則しておこなわれなければならない。そして分析方法は、その是非も含めて共有されなければ学問そのものが衰退する。肉厚で多彩な検討が今後も各地、各方面でなされることを期待して擱筆する。

引用・参考文献

飯田良一　二〇二〇「街道・関・都市」『三重県史』通史編中世　三重県
伊藤裕偉　一九九九「安濃津の成立とその中世的展開」『日本史研究』四四八
伊藤裕偉　二〇〇〇「中世安濃津の交通路と物流」『織豊期の政治構造』吉川弘文館
伊藤裕偉　二〇〇三「中世後期における斎宮の交通路と関所」『斎宮歴史博物館研究紀要』一二
伊藤裕偉　二〇〇四「斎宮寮・伊勢道・条里」『斎宮歴史博物館研究紀要』一三
伊藤裕偉　二〇〇五「道と短冊形地割」『中世のみちと橋』高志書院
伊藤裕偉　二〇〇七『中世伊勢湾岸の湊津と地域構造』岩田書院
伊藤裕偉　二〇一三「海岸線の変動と交通環境」『環境の日本史』3　吉川弘文館
伊藤裕偉　二〇一六「もうひとつの大湊」『中世港町論の射程』岩田書院
杉谷政樹　一九九七「古代官道と伊勢道」『研究紀要』六　三重県埋蔵文化財センター
塚本　明　二〇二二『江戸時代の熊野街道と旅人たち』塙書房
㈶静岡県埋蔵文化財調査研究所　一九九七『曲金北遺跡』遺構編、遺物・考察編
津市　一九五九『津市史』第一巻
三重県　一九九七『三重県史』資料編中世1上
三重県　二〇〇五『三重県史』資料編中世2
三重県教育委員会　一九八一『歴史の道調査報告書Ⅰ熊野街道』
三重県埋蔵文化財センター　一九九七『安濃津』
三重県埋蔵文化財センター　二〇一四『朝見遺跡（第1・2次）発掘調査報告』
三重県埋蔵文化財センター　二〇二二『朝見遺跡（第5次）発掘調査報告』
矢田　勝　一九九七「条里の広域施工時期と変遷過程についての試論」『研究紀要』五　静岡県埋蔵文化財調査研究所

中世寺院の展開と東海道周辺の交通
――三遠国境南端地域を中心として――

服部 光真

はじめに

近年の山寺に代表される中世地方寺院に関する研究では、寺院が周辺の地域社会のなかでいかなる位置づけにあったのかという点が留意され、殊に寺院と村里の生活・生業空間との密接不可分の関係性が追究されてきたが、地域社会における寺院の位置づけを特色づける重要な側面として、水陸交通との関わりにも目が向けられるに至っている。

上川通夫氏は、三河・尾張の山寺を事例として、山寺が河川や海域、陸上の交通網を介して広い世界に開かれており、山・里・海の結節構造の要として分業流通などの社会生活に不可分の機能を果たしていたことに注意を喚起した［上川 二〇一四］。とりわけ戦国期以降に関してはこうした関心はより鮮明となっており、たとえば仁木宏氏は、戦国前期に土豪の台頭や村の結合強化などを受けて勃興する顕密寺院（「山の寺」）が、経済・流通の面で地域社会の中心性をもった都市であったことを指摘している［仁木 二〇一五］。さらに、戦国期に各地域社会に定着し、新たに社会勢力となっていく法華宗などについては、湯浅治久氏が新しく成立する村や町を基盤とする「戦国仏教」として再把握し、戦国期社会のなかにこれらの寺院の展開を位置づける視点を開いたが［湯浅 二〇〇九］、仁木氏はこうした法華宗や一向宗、キリシタンについても、その社会的基盤が「都市」であったとして、流通経済との関わりに注目すべきことを主張している。顕密寺院から「戦国仏教」の諸宗に至るまで、中世寺院の展開を地域社会史のなかで考えるうえで、地域の水陸交通や分業流通との関わりは無視できない研究段階にあるといえよう。

本稿では、如上の研究動向を踏まえて、三遠国境南端地域を事例として、東海道や、その周辺の陸上および河海の地域間交通、そしてそれと不可分の地域社会の動向との関連に留意しながら、中世寺院の展開について検討したい。主な検討対象とするのは、法華宗陣門流と、東海地方における陣門流の拠点寺院の一つであった遠江国敷知郡鷲津の本興寺である。

法華宗陣門流は、日蓮弟子・六老僧の一人である日朗が開いた比企谷門流につらなり、日朗の弟子(九鳳)の一人で六条門流の祖である日印の弟子日陣を門祖とする。応安二年(一三六九)に日印から日陣に譲られた越後本成寺を総本山とし、その末寺は近世以降に展開する江戸・武蔵、本成寺の所在する越後や越中などの北陸地方、そして遠江・三河・尾張を中心とする東海地方に集中して分布している。まさしく中世後期における東海地方の宗教を特色づける門流であり、その末寺の展開には東海道など水陸の東西交通とも関わり、中世後期における東海地方の政治社会状勢の一端を反映していると考えられる。

東海地方における陣門流の拠点寺院であった鷲津本興寺に関しては、鵜殿氏など三河の国衆が檀那として興隆に関わったことから、これまでも宗門史研究や鵜殿氏に関する研究の立場からの検討が積み重ねられてきた〔那賀山他 一九五七、冠 一九七四、田中 一九八九、西山 二〇一一など〕。また所蔵される戦国期の今川氏・徳川氏発給文書は『静岡県史』をはじめとする種々の刊本の史料集に収録されてよく知られており、今川氏の寺院政策や「無縁所」に関する研究で縷々言及されることがあった〔網野 一九九六など〕。同じく本興寺に「御重抄」として所蔵される本成寺八世日現(一四五八〜一五一四)までの聖教類や、近世文書なども重厚な宗門史研究のなかで大部分が公刊され［法華宗宗学研究所 一九九五など］、近年には棟札や、十六世紀以降の聖教類も新たに調査されて所蔵史料の全容が明らかにされた［常霊山本興寺 二〇一五、愛知県立大学中世史研 二〇二〇］。本稿では、こうした近年の史料調査の成果も踏まえ、「法華信者」たる鵜殿氏ら武士層の檀那だけではなく、その基底にあった村落などの動向や、十六世紀前後における三遠国境をまたぐ地域の人的ネットワーク、殊には東西交通との関係に留意しながら、地域社会史のなかで本興寺の確立過程を検討したい。

1　三遠国境南端地域の寺院・寺僧と東西交通

室町・戦国期の法華宗陣門流および鷲津本興寺の動向を検討するに先立ち、その前提として、本興寺周辺の三遠国境南端地域における水陸の東西交通に基づく中世の寺院・寺僧ネットワークの様相を確認しておきたい。

三遠国境南端地域は、北方の山間部から延びる弓張山系(湖西連峰)のそれほど標高の高くない里山と、その南端の山裾の平地・台地を流れる小河川(梅田川・境川)で国境が画される(第1図)。

この弓張山系の南端に位置する山寺の一つに、三河国渥美郡普門寺がある。普門寺は、近年の考古学的成果により十世紀には遡るとみられる山寺であり、十二世紀以降は文献史料でも確認できるようになり、上川通夫氏の研究により、平安時代後期には地縁村落を成立させた周辺地域社会の結集核たる中世山寺として成立していたと考えられている［上川 二〇一二］。

仁治三年(一二四二)、何らかの所領相論を契機として普門寺の寺領四至が確認された。このとき作成された「普門寺領四至注文写」(普門寺文書、［豊橋市教委 二〇一六］)では、事書きに、「船形山普門寺梧岡院ならびに坂本雲谷・同岩

第１図　三遠国境南端地域関係地図
輯製二十万分一図（平凡社『日本歴史地名体系』付録）を改変

崎の郷、余郷・余郡・或いは他国に混境の事」とあり、続けて具体的な四至が地名の書上げによって示されている。この寺領四至の復元的検討によれば、この寺領には坂本（山麓）の雲谷郷・岩崎郷などの周辺の複数村落が含み込まれ、「他国に混境」とあるように、部分的には遠江国境を超えていたとみられる［服部 二〇一五］。普門寺を核とする三遠国境を越えた面的な地域圏の存在は、後述する戦国期の三界万霊供養の際や近世の勧進の範囲などにも継承されている。中世以来、里山と小河川で画された国境は、人やモノの移動には物理的に大きな障壁とならず、三河側の普門寺膝下地域から遠江側の浜名湖西岸にかけて、国境を越えた一体的な地域社会が形成されていたとみられる。

普門寺僧の修学や伝授などに関わっての広域的な活動を示す史料は断片ながらいくつか見出されるが、なかでも三遠国境を越えた周辺寺院との日常的な関係性が分かる史料としては、応長元年（一三一一）の「大福寺御堂供養記」（大福寺文書、『静岡県史　資料編5』）の記事が注目される。この年十一月二十七日から翌日にかけて執りおこなわれた遠江国浜名郡の大福寺での御堂供養で、三河国の鳳来寺（設楽郡）や冨賀寺（八名郡）などの僧が参加するなか、同じく三河の今水寺（同郡）や真福寺（額田郡）の僧などとともに「船方寺」（普門寺）の僧が伶人として出仕しているのが確認される。ここにみえる「船形寺」（普門寺）・今水寺・真福寺・鳳来寺は、財賀寺（宝飯郡）を加えて、嘉禄元年（一二二五）には三河瀧山寺（額田郡）の本堂供養にも共に出仕しており（『瀧山寺縁起』、『新修岡崎市史6』）、これらの山寺の寺僧は中世前期から、時に国境を越える緊密なネットワークを日常的に形成していたとみられる。設楽郡や八名郡の諸寺は東海道から外れるものの、普門寺や瀧山寺は東海道のルートや宿からもそれほど遠くは離れていない。真福寺に関わっては、文永七年（一二七〇）に、東海道の主要な宿の一つであった遠江国敷知郡橋本宿の長者妙相が、この真福寺の僧侶の夢を見て毘沙門天立像の造立を発願したといい（応賀寺文書、『静岡県史　資料編6』）、やはり国境を越えた諸寺の関係は、東海道などの東西交通によって緊密に結ばれていたと考えられる。

こうした日常的な寺院間・地域間の関係性を踏まえつつ、東海道などを介して広域に展開したとみられるのが『大般若経』書写などを契機とする勧進である。明徳四年（一三九三）から応永六年（一三九九）にかけて、三河国渥美郡細谷郷の両八王子社に奉納される『大般若経』の書写勧進がおこなわれた［服部二〇一六b］。これは、細谷郷からの上細谷村・下細谷村の分立という実質的な村の再編に伴い、新たな『大般若経』の具経を目指した勧進書写事業であった。この勧進では、細谷郷を中心に、普門寺（「船形寺」「昵哩岡院」）、野田円成寺、野依嵩山寺、小松原観音寺など同じ渥美郡の寺僧らが書写や校合に協力したほか、遠江の龍前寺（敷知郡、龍禅寺）の僧、有玉郷湯原（長上郡）の住人、さらには東遠江の笠原荘木根郷光照院（城東郡）の僧らも結縁している。浜名湖の東岸や、さらに東遠江に至る広域から結縁があったのは、東海道を介したものであったと考えられる。このうち龍前寺では、応永十二年（一四〇五）に、三河国渥美郡の長仙寺で書写された『白氏文集』（猿投神社所蔵、『愛知県史　資料編8』）が読誦されており、やはり修学などに関わっての国境を越えた日常的な交流関係があったことがうかがえる。

　永正十四年（一五一七）頃には普門寺の所在する船形山（「舟方山」）に築かれた城をめぐり、今川氏と渥美郡の国衆戸田氏が争ったが（『宗長日記』）、天文十年（一五四一）前後の頃には、この船形山合戦などの一連の戦乱の敵味方戦死者を含む地域的大規模供養として三界万霊供養が執りおこなわれた［服部 二〇一三］。これは大乱後の普門寺を核とする地域社会の再構築を目的とするものであったと考えられ、全部で三〇〇名ほどの結縁者の多くは普門寺を中心とする東三河、西遠江の国境地域の村々の住人らであった。一部は遠く伊勢の山田、遠江の引間（引馬・曳馬）や見附府中などの交通拠点の住人らの結縁もあり、広範囲に及んでいる。引間、見附府中などは東海道を介した勧進の結果であった可能性が高い。

　以上、概観してきたように、三遠国境南端地域では、国境を画する地形的制約も大きくなく、普門寺領のように三河・遠江をまたぐ地域圏や、寺僧らの日常的なネットワークが中世以来確認された。中世後期に法華宗陣門流とその拠点寺院本興寺が成立する舞台となる、この地域の歴史的な特徴として留意する必要がある。次節以下では、十五・十六世紀前後に時代を限定し、陣門流の展開と本興寺の確立について、東海道などの東西交通と地域社会の動向に注意しながら検討したい。

2　戦国期における本興寺の発展

(1) 本興寺の成立と日暹代の整備・発展

近世以降の由緒書に基づく寺史の検討によれば、本興寺は永徳三年（一三八三）に陣門流の門祖日陣の折伏教化により、鷲津の地にあった普門寺末寺の薬師堂の僧が弟子らとともに帰伏し、薬師堂を法華宗寺院に改めて開創されたという［那賀山他 一九五七］。折伏されたこの僧は法華宗僧侶となって日乗を名乗り、本興寺の開山とされている。

一次史料によって本興寺の成立を探ると、近年調査された本興寺宝蔵聖教典籍では、応永四年（一三九七）写の『唱法華題目抄』が最古であり、開創されたと伝わる年代とも時期的にも近接するが、本興寺への入蔵経緯は不明である［愛知県立大学中世史研 二〇二〇］。同十一年には日乗が「俗女」に授与した題目本尊が本興寺に残されるなど、概ねこの頃から具体的な活動が明らかに認められるようになる。同十九年九月二十四日には、本興寺二世となる日救が「鷲津の爰の寺において」日陣の著作『本迹同異決』を書写しており（本興寺所蔵、［法華宗宗研 一九九五］）、本興寺が応永期までに実質的に成立していたことは確実である。

以後十五世紀半ばまでに、この本興寺を拠点として東海地方に諸寺が開かれていったという。開祖日乗は応永二十一年（一四一四）には尾張国津島に本蓮寺を開創したと伝えられる（「本蓮寺由緒書」、『法華宗全書』）。いうまでもなく津島は尾張国東部における主要な港町であり、こうした東海地方における水陸の東西交通の拠点の地に寺院が開かれている点は注意される。

鷲津周辺では、後に本興寺末寺となる諸寺として、本果寺（敷知郡新居）が応永二年（一三九五）、本寿寺（同郡古見）が永享七年（一四三五）以前または寛正年間（一四六〇〜一四六六）、本久寺（引佐郡都田）が正長元年（一四二八）に開創されたと伝えられる（「本果寺由緒書」など、『法華宗全書』）。いずれも開創年代は近世の由緒書によるが、本蓮寺や本寿寺などには応永期に遡る題目本尊が下付されており［常霊山本興寺 二〇一五］、こうした寺伝の記述にも一定程度の信憑性は認められよう。ただし、本果寺は十七世紀まで「善住坊」を称し続け（本果寺文書、『法華宗全書』）、本寿寺は十六世紀に「小山田坊」とも称し続けている［服部 二〇二〇ａ］。これらの末寺坊院は当初は寺号をもたず、近世以降のような本格的寺院ではなかったのであろう。本興寺でさえも、より具体的に活動が明らかになってくるのは十五世紀後半以降のことである。

嘉吉三年(一四四三)から遷化する文明十五年(一四八三)まで本興寺住持を勤めたという五世日暹の代は、周辺の三河・遠江の国衆らの帰依を受け、各地に菩提寺を開創し、とりわけ鵜殿氏との関係をいっそう深めて本興寺を氏寺的性格に変質させたとして、宗門史研究においても教勢の発展期と捉えられてきた[冠一九七四など]。

一次史料でも、文明四年(一四七二)に本興寺鎮守の八幡大菩薩社殿が造営されていることが確認でき(本興寺所蔵、『静岡県史　資料編6』)、境内堂社の整備がなされていることが確認できるようになる。この棟札で日暹は「日乗御代管」を名乗っており([常霊山本興寺 二〇一五]掲載の翻刻による)、開山によって権威付け、正当付ける志向性が読み取れる。

文明七年(一四七五)には、次に掲げる置文が日暹によって定められた。

〔史料1〕日暹置文(本興寺文書、『静岡県史　資料編6』二六二七号)

本興寺規式定め置く条々の事

一日陣上人の御門徒においては、聊も印聖人本成寺の御置文に違ふべからず、
一朝夕勤行・日中弁毎月十二日勤不参の族は、十日落番、
一日陣上人御製作の重書、その外一紙・半紙の御状等迄、末代の明鏡なり、縦ひ器用の仁たりといへども、無信心・無道にして志無き輩に授与するべからず、彼の文箱を一大事として守護するべきなり、
一当寺居住の族、女犯その外濫行聞き出だす有縁・強縁共、速やかに寺中追放せらるべきなり、
一博奕惣賽遊のこと、
一悪口則ち諍論は、喧嘩・闘諍の墓(基)、源を招くなり、

一かくのごときの次第、惣寺家の沙汰、老僧東光坊・東林・東泉三人談合せしめ、坊衆の老弱を集め、壇(檀)方の年寄を呼び集め、諸篇を申し合せ遂ぐべし、夢々一人二人として定むるべからざること、此等の次第違背候はば、愚僧日暹叛逆の輩、弟子にあらざるものなり、

文明七年十二月十三日　　日暹(花押)

東光坊・東林坊・東泉惣衆中

この置文についてはすでに清田義英氏らによる分析もあるが［清田 二〇〇五］、寺院成立史の観点から改めて検討しておきたい。

第一条から第三条では、本山置文、勤行、教義書を重視するべきことが定められている。第一条の「印聖人本成寺の御置文」は嘉暦二年(一三二七)に門祖日陣の師・日印が本山本成寺で定めた置文を指す。本興寺にもこの写しが伝えられており、門流全体の規範とされていたようである。この日印置文や、第三条の「日陣上人御製作の重書」すなわち門祖日陣制作の重書などによって陣門流寺院としての正当性が担保され、権威付けられている。

第四条から第六条までは、女犯、博奕・双六、悪口・喧嘩の禁止が定められており、「当寺居住の族」の生活規則となっている。一般的な寺院法の内容ではあるが、本興寺の整備・確立期であることを考慮すれば、僧侶(「坊衆」)が多く住するようになり、その集団生活を規制する必要性を生じさせていたのであろう。本興寺のこの時期における充実ぶりがかえってうかがえる。

第七条は寺家の運営・「惣寺家の沙汰」の意思決定の方法について定めているところで、寺内の老僧である東光坊・東林坊・東泉坊が談合し、坊衆の老若・檀方の年寄を呼び集めて申し合せる、一人、二人で定めてはいけない、としている。「惣寺家の沙汰」を僧侶集団と檀那とで合議し、共同で取り決めるところに正当性をもたせている点は

大きな特色である。

全体的に内容、形式ともに従来の中世顕密寺院の寺院法とほとんど同じだが、決定的に異なる点がある。従来の寺院法では、形式的にはあくまでも僧俗の区別を厳密にし、寺外俗人らの介入を排除して僧侶集団として意思決定することが重視されるのが一般的であった。それに対し、日暹置文では「檀方」＝檀那を寺家の体制に積極的に組み込み、師檀共同での寺家運営が定められている。この点は戦国期寺院の新しい動向を示しているといえ、注目されるところである。

(2) 本興寺檀那と陣門流の教線拡大

当時の本興寺とそれを中心に展開していた東海地方の陣門流を支えていた檀那については、次頁の天文二十一年（一五五二）に本興寺仏殿（本堂）が修復された際の棟札銘写（史料2）にみることができる。

史料1の本文中や宛所にも登場している東光坊などの寺内の坊院や古見本寿寺などの末寺の僧侶が書き上げられており、当時の本興寺の全体の構成もよく分かる資料であるが、ここでは檀那としてみえる国衆らに注目したい。三段目によれば、「大旦那」などとして鵜殿長持、西郷将員、飯尾乗蓮、牟呂頼助、多米時信などの奉加があったことがわかる。いずれも今川氏の支配下にあって、遠江の引間を拠点とした飯尾氏のほかは、東三河に拠点をもつ国衆らである。以下、個別に本興寺および陣門流との関わりを見ておきたい。

鵜殿氏　三河国宝飯郡の下郡を拠点とした国衆である。近世の由緒書などによれば、本興寺の日暹が宝飯郡下郡の上之郷鵜殿氏の帰依を受けて長応寺、下之郷鵜殿氏の帰依を受けて、後に長存寺と改められることになる実相坊を陣門流寺院として開いたという（長存寺文書、『法華宗全書』〔冠 一九七四など〕）。

〔史料2〕棟札銘写（本興寺文書、『静岡県史　資料編7』二二五一号）

奉修覆本興寺仏殿

普請奉行金仙坊日億
材木奉行東林坊日耀
　　　　金仙坊日億
竹　奉行蓮蔵坊
　　　　東光坊日意
綱縄奉行玉葉坊日隆
萱　奉行本寿寺日悦
人足奉行長照院日安
　　　　金仙坊日億

釘奉行禅翁坊
蔵奉行同人
大旦那鵜殿長持
西郷弾正左衛門将員
　飯尾乗連為代
飯尾善三
　好長為菩提奉加
　西郷右京亮
　牟呂
　菅七郎頼助
多米新左衛門時信

野末藤左衛門尉
木下八郎次郎
忠内太郎次郎信秀
　于時住持大法師日礼（花押）
野末六郎左衛門信貞
野末源右衛門成久
忠内助八郎
　妙忌為代

　本寿寺日悦 西部気賀 引間都田
勧進之聖慈眼院日孝 武蔵 相模
天文廿一年壬子仲冬十五日
　長勝院日安牟呂 田原
　玉葉坊日隆中山
大工三川岡崎之住
　信男又七重定

一次史料では、永正三年（一五〇六）に鵜殿日濃が本興寺に『法華経』を寄進していることが確認される（本興寺所蔵、『静岡県史　資料編7』）。同九年には、後述するように本山本成寺の日現が三河・遠江の教化に廻っているが、このとき長応寺に逗留しており、すでに上之郷鵜殿氏の本拠地に建てられた同寺が拠点寺院の一つとなっていたことが知られる。

天文十四年（一五四五）には上之郷鵜殿氏の長持や下之郷鵜殿氏の玄長ら鵜殿一族が一巻ずつの施主となって、『妙法蓮華経』を長応寺に奉納している（「法華経願主記」、『鵜殿家史』）。近世の由緒書類によれば、翌十五年に下之郷鵜殿氏の長存が実相坊に帰依し、後に長存寺と改められたといい（長存寺文書、『法華宗全書』）、同年には鵜殿一族の鵜殿長成次男という日礼が本興寺第九世住持となったという（本興寺文書、『法華宗全書』）。先述した、本興寺本堂修復はこの日礼の代であり、上之郷鵜殿氏の長持が「大旦那」の一人として見える。

以後、十六世紀後半から十七世紀初頭にかけての本興寺住持は日梅、日栄、日稔、日翁と鵜殿一族に出自を持つとされる僧が相次ぐ（本興寺文書、［法華宗宗研 一九九五］）。いずれも鵜殿一族出身とする明確な一次史料は欠くものの、本興寺宝蔵に収められる天正十六年（一五八八）写『倶舎論頌疏』は、「遠州二俣鵜殿寺住僧」であった日翁が「鵜殿一門法界菩提」のために書写したもので、その出自に関わると考えられる［服部 二〇二〇b］。また、日梅は鵜殿一族出身で徳川家康の側室となった西郡局のきょうだいと考えられている。十六世紀後半以降は鵜殿氏の「大旦那」としての存在感が大きくなっていったと考えられる。

西郷氏　三河国八名郡を拠点とした国衆である［山田 二〇一四、大石 二〇一八など］。史料2では、西郷将員が本興寺本堂の修復で鵜殿氏に次いで檀那の一人としてその名がみえるほか、西郷右京亮も奉加している。将員は、永正四年（一五〇七）に単独で本興寺の鎮守八幡大菩薩社殿修造の願主にもなっている（本興寺所蔵棟札、『静岡県史　資料編6』）。また、近世の写しではあるが、永禄七年（一五六四）に西郷信貞（員か）が本興寺に「捍鐘」（喚鐘か）を奉納したという記録もある［服部 二〇二〇a］。十五世紀半ばまでは鵜殿氏と並ぶ大旦那であったと考えられる。

西郷氏と本興寺の関係性がいつまで遡るかは不分明ではあるが、近世の由緒書によれば、文明十一年（一四七九）に、西郷氏の領地のうちにあたる八名郡下条に本興寺住持日暹が乗運寺を開創したと伝えられる（「乗運寺由緒書」、『法華宗全書』）。

飯尾氏　もとは吉良氏の被官で今川氏にも属するようになったとされるが異論もある［糟谷 二〇一六、谷口 二〇一七］。史料2では、飯尾乗連代として飯尾善三が奉加している。飯尾乗連の室は鵜殿長持の娘であり、鵜殿氏と血縁関係もあった［冠 一九七四］。天文年間（一五三二～一五五五）に、飯尾乗連が城主を勤めていた遠江国引間に、本興寺住持日礼によって東漸寺が開創されたという（「東漸寺由緒書」、『法華宗全書』）。

牟呂氏　三河湾の主要な港津の一つであった渥美郡牟呂を拠点とした武士で、鵜殿氏一族と考えられている［森田 二〇二〇］。牟呂には、文明八年（一四七六）に本興寺住持日暹が法華寺を開創したと伝えられる（「法華寺由緒書」、『法華宗全書』）。

多米氏　八名郡多米の国衆である。史料2には多米時信の名がみえる。永正十四年（一五一七）頃に多米又三郎が三河普門寺のある船形山の城主であったが戸田氏に攻められて討ち死にしたことは前節でも触れたが同族であろうか。このとき一緒に同族の又六郎・又次郎・助三郎らも討ち死にしたようである（普門寺所蔵三界万霊供養木札、［服部 二〇一三］）。本興寺との関連は史料2の他に知られないが、近世には永正十二年（一五一五）に本拠地の多米に陣門流寺院として本顕寺が開創されたと伝えられていた（「豊顕寺由緒書」、『法華宗全書』）。

以上のように、十六世紀半ばの時点で、本興寺や陣門流の有力檀那であったのは東三河の国衆であり、各国衆の拠点などに陣門流寺院・末寺を展開していたことが確認される。当初は鵜殿氏一辺倒というわけでもなく、十六世紀初頭から本興寺への関与が確認できる西郷氏をはじめ、複数の国衆たちが檀那となっており、本興寺は特定氏族の一氏寺というよりは、戦国期に地域領主として力をつけてきた国衆たちの拠って立つ地域拠点的性格を持った寺院であったといえる。

3　本興寺の檀那拡大の歴史的背景

(1) 本成寺日現の三河・遠江教化

前節でみてきたように、各国衆の拠点に展開していた三河の上之郷長応寺、下之郷長存寺、牟呂法華寺、下条乗運寺、多米本顕寺、遠江の引間東漸寺などは、いずれも近世の由緒書類によれば、十五世紀後半から十六世紀前半にかけて創建されたと伝えられていた。これら後世の由緒書に記される開創伝承の是非は不明ではあるが、この時期に陣門流の教化が東海地方で進められていたことが確認できる。

永正九年（一五一二）、陣門流本山越後本成寺の日現は、四月に越後を発ち、越中・尾張に逗留した後、七月二十二日に西郡長応寺に到着し、ここを拠点に「遠三ニ御徘徊」、すなわち遠江・三河で教化を進めたという（本興寺所蔵『同異決私聞書上』奥書、『静岡県史　資料編7』）。近世の「本成寺歴代譜」（『法華宗全書』）によれば、このまま東海道の至近に位置する三河国額田郡の尾尻長福寺に閑居し、翌十一年に遷化したという。同書によれば日現はもともと本興寺日暹の弟子であったともいう。明応九年（一五〇〇）には日蓮画像が日現から本興寺に寄進されるなど（本興寺所蔵「日蓮像銘」、『静岡県史　資料編7』）、もとから関係性が強かったようである。

永正九年からの長応寺逗留中の日現の事績については田中見成氏の研究にも詳しいが〔田中　一九八九〕、諸種の談義や、陣門流僧侶への伝授、鵜殿氏らへの題目本尊の授与などをおこなったことが本興寺伝来の「御重抄」などにより確認される。この頃のものと考えられる年欠六月二日付の本興寺宛日現書状（本興寺文書、『静岡県史　資料編7』）に言及されているように、本興寺住持日勝も長応寺に日現をしばしば訪ねていたようで、永正九年九月十三日には日現を「参詣」して「伊巻当門深秘五箇」を伝授されている（本興寺所蔵、『静岡県史　資料編9』）。

この日現書状には、「本成寺の造栄、遠三の儀御勧進候」とあり、「遠三ニ御徘徊」の目的は本山本成寺の造営のための勧進であったようである。「尾州の儀は、善学坊調法致し路次相違ふべからず候」とあるように、活動範囲は尾張にも及んでおり、遠江・三河・尾張を結ぶ東海道などの東西交通が、遠江本興寺、東三河の長応寺、西三河の長福寺、尾張本蓮寺などの交通の結節点に設定された陣門流の拠点寺院を結び付け、日現による勧進や教化が展開していたのである。尾張の先には京都における陣門流の拠点寺院であった本禅寺の存在もあり、本禅寺からは、これに先立つ文亀二年(一五〇二)に「伏見院御筆」という『妙法蓮華経』が本興寺日勝に授与されており(本興寺所蔵、『静岡県史資料編9』)、陣門流の展開には東西交通が大きく関わっていたといえるのである。

こうした日現の逗留による遠江・三河を中心とした勧進・教化や、この前後の時期における陣門流の動向からも、前節でもみてきたように、この十六世紀初頭頃に陣門流による教線拡大が図られ、発展拡大したことは確実である。そのなかで、とりわけ本興寺が東三河・西遠江の拠点寺院となった外在的な背景を次に検討したい。

(2) 政治史的背景

まず政治的背景としては、今川氏と東三河国衆との関係性が関わるであろう。

永正三年(一五〇六)、駿河守護の今川氏親と伊勢宗瑞が三河に侵攻した。このとき、東三河八名郡の石巻氏、西郷氏、多米氏の一族が伊勢宗瑞の家臣となり、関東に移ったことが明らかにされている[下山 二〇〇〇ほか]。史料2で、本興寺本堂修復の際に慈眼院日孝が相模・武蔵にまで勧進をしているのも、関東に移った西郷氏、多米氏の一族とのつながりがあったと考えられている。

今川氏による三河領国化は十六世紀半ばまで下るとはいえ、十六世紀初頭の段階で本興寺の檀那となった東三河国衆らは今川氏に帰属し、周辺地域は国境を越えて政治的に一体化していた。本興寺を紐帯として国衆らの一部が結びつく政治状況が現出していたことは大いに考えられよう。

(3) 交通史的背景

次に、この地域の当時の交通事情を鑑みると、明応七年(一四九八)の東海地震を契機とする、浜名湖周辺での東海道の変動の影響も考えられる。従来、この地域における交通・流通の拠点は浜名湖の太平洋岸に形成されていた砂洲の西端、入江あたりにあった橋本宿が担っていたが、明応の東海地震で橋本宿が津波で壊滅し、浜名湖に今切の河口が出現したことから、新居へと交通・流通の拠点が移ったという[榎原二〇〇八、矢田二〇〇九]。

十六世紀以降、それまで橋本宿を通るルートが一般的であった三河今橋から遠江引間に至るこの地域の東西ルートが動揺し、本興寺のある鷲津を通るルートが選択される例が確認できるようになる。

明応八年(一四九九)の飛鳥井雅康の『富士歴覧記』では、三河今橋から二村山を経て、遠江に入り、鷲津を経由して引間宿へと至っている。同書に「(六月一日)こよひは遠江国わしづといふ所につきて、本興寺といふ法華堂に一宿し侍り。堂の柱によみてをしつけ侍りし。たひ衣わしつの里をきてとへは霊山説法の庭にそ有ける」「二日、寺をいでてうぶみのわたりをし侍らむ」とあり、本興寺に宿泊していることがわかる。

大永四年(一五二四)、宗長は、尾張知多大野から三河の苅屋、土羅、今橋を経て遠江に入り、鷲津に近い吉美から引間へと向かった(『宗長日記』)。鷲津も通過している可能性が高い。

天文十三年(一五四四)から翌年にかけての宗牧の『東国紀行』では、三河大浜から鷲塚、岡崎、深溝、西郡を経て、遠江鷲津を経由して引間へと至っている。

明応の東海地震の後、津波で壊滅し不安定となった海岸部を避け、湖上交通の港である鷲津を経由して内陸部を通るルートが東西交通のルートの一つとして利用されている様相が確認される。地域全体の交通体系の変動のなかで鷲津が浮上しているのである。

そしてこのルートが宗長ら連歌師のルートとも重なっている点も重要である。引間飯尾氏、三河西郷氏、鵜殿氏らが連歌を盛んにおこなっていたことは鶴崎裕雄氏の研究で明らかであるが［鶴崎 一九八八］、これら国衆を結び付ける連歌師の動向も陣門流の展開と不可分であったと考えられる。先に言及した年欠六月二日付の本興寺宛日現書状（前掲）の追而書には、「尚々誹諧の付句悦喜申し候、是は先々承り及ぶ付句にて候か、信楽坊にて発句取りたく候」と、日現、本興寺日勝、信楽坊日経ら陣門流の僧侶らにより連歌がおこなわれていたことがうかがえる。陣門流僧侶と三河国衆の結びつきにも連歌が介在していた可能性が高い。近年、連歌師猪苗代兼載が書写し、武蔵の成田泰親の所蔵を経て寛永十四年（一六三七）に「連歌執心」の鵜殿宗為によって本興寺に奉納されたとの識語を有する『源氏物語』写本が見いだされたが［愛知県立大学研究G 二〇一二］、鵜殿氏・本興寺と連歌を結び付ける素地は東海地域における陣門流・本興寺の確立期にまで遡るのである。

このように、国衆の政治的立場、交通路、連歌師の動向といった要因が、三遠国境をはさむ東三河・西遠江の地域間を結び付け、十六世紀初頭前後の本興寺の檀那拡大、法華宗陣門流の展開にもつながっていったのである。

4 本興寺と周辺地域社会

(1) 今川氏・徳川氏による本興寺外護の実態

最後に、十六世紀初頭に確立していく本興寺の基底部分にあった、周辺地域社会の動向を検討したい。

本興寺への公権力による保護は、年次不明ながら十五世紀末から十六世紀初頭頃に斯波義雄によって「当寺棟別」が免許されたのが確認できる最初である（本興寺文書、『静岡県史 資料編7』）。今川氏からは、永正三年（一五〇六）に今川氏親らによる三河侵攻以来、義元、氏真代に至るまで数度にわたって諸役免除などの特権を安堵されている（本興寺文書、『静岡県史　資料編7〜8』）。その内容は、代々付加されながら踏襲されており、次の永禄六年（一五六三）五月二十八日付今川氏真判物がその決定版である。この史料には本興寺に与えられた諸特権が詰め込まれているので、ここではひとまずこれによってその内容を検討したい。

〔史料3〕今川氏真判物（本興寺文書、『静岡県史　資料編7』三一三八号）

　遠州鷲頭法華堂の事、
一家風人等兎角の沙汰寺家中において相計らふべき事、
一棟別免許の事、
一普請人足免許の事、
一陣僧・飛脚免許の事、
一竹木見伐等免許の事、
右条々、先の判形の旨に任せ、無縁所たるにより、造営の時材木相運ぶ船として前々より拘へ置く船、ならびに門前在家四分一押立等、寺中・園林同じく前々の如し、海中に於いて殺生を停止するの儀、兼ねて又造営の時は番匠法橋何方の大工たりといへども作料次第にこれを雇ひ召し仕るべし、次いで末寺本住寺、これ又前々の如く諸役永くこれを免除す、前々より不入たるの上は、自余の綺ひ・狼藉等一円これあるべからず、鵜殿休庵檀那として子細言上の間、末代において相違あるべからざるものなり、仍って件の如し、

　永禄六癸亥年
五月廿八日　　上総介（今川氏真）（花押）

この判物は、本興寺は「無縁所」であるから、今川家の代官らの介入を禁止し、特権を与える、というもので、今川氏家来で本興寺の檀那であった鵜殿休庵が取り次いでいる。

諸特権を文章に沿って書き上げると、下記のとおりである。

・棟別銭・普請人足役・陣僧・飛脚などの諸役免除、竹木伐採の禁止。

・造営の時に材木を運ぶ船にかかる役・門前在家の「四分一役」・寺中園林の免除、海中殺生禁断を前々の通り認める。番匠法橋は作料次第でどこから雇っても良い。

・末寺「本住寺」(古見村本寿寺)の諸特権も前々の通り認める。

・諸役は永く免除し、不入権を認める。

こうして諸特権の内容をみると、本興寺が直接の安堵の対象者ではあるものの、「門前在家」や寺中園林の諸役免除、水産資源占取の安堵(海中殺生禁断)などは、実際には本興寺門前村落の生業や社会生活に関わる内容であり、門前村落の百姓の権利を含みこんでいることが分かる。

「無縁所」の解釈については網野善彦氏の『無縁・公界・楽』以来、議論が積み重ねられてきた[網野 一九九六]。網野氏はこの語を本来寺社が俗権力に対して持っていた自立性・不可侵性・自由(アジール)を、自覚的かつ意識的に表現した語と評価したが、峰岸純夫氏が指摘したように、制札を要求し、「自由」や「平和・中立」の場を実現しようとしている主体が、寺院そのものなのか、住民を含みこむものなのか、実質的に住民そのものなのか、という点は重要であろう[峰岸 一九七九]。ここでは「無縁所」とは、世俗権力からの保護を引き出すために特権の正当性の根拠を表現したもので、むしろ「縁」の世界=世俗の村落の特権が本興寺を介して認められていると考えられるのである。

本興寺の門前村落・周辺地域社会の様相を知るために、改めて史料2を参照し、大旦那の鵜殿氏・西郷氏ら国衆の記された一段下にある、野末藤左衛門尉、木下八郎次郎、忠内太郎次郎信秀、野末六郎左衛門信貞、野末源右衛門成久、忠内助八郎といった人名に注目したい。

このうち野末藤左衛門尉らの野末氏に関わっては、永禄十三年(一五七〇)の鷲津郷諏訪大明神社宝殿上葺棟札(鷲津八幡神社所蔵〔服部二〇一六a〕、以下、同神社所蔵棟札は同書による)に中心人物の一人として「野末藤刑部成次」の名がみえる。同族であろう。同じ棟札に登場する土屋新右衛門尉家久は、天文二十四年(一五五五)の同社棟札では鷲津郷の「在所長」としてみえており、野末氏も同等かそれに準ずる立場であったのであろう。元和五年(一六一九)の同社棟札では、野末藤兵衛が鷲津郷の「在所長」となっている。十六世紀後半までに鷲津郷の中心は土屋氏から野末氏に交代したようである。

慶長十七年(一六一二)の正八幡大菩薩宮棟札(鷲津八幡神社所蔵)では、「野末藤兵衛孝重」と「鷲津郷中百姓中」とが併記されており、鷲津郷における「在所長」は地侍といった位置づけであろう。近世には野末氏は地元の諏訪社の神職などを勤めている。本興寺住持が毎年七月二十七日の諏訪社祭礼に出仕するなど近世には諏訪社と本興寺との結びつきも深かったが〔服部二〇二〇a〕、天文二十四年の諏訪大明神社宝殿上葺棟札は、本興寺住持の日礼によって書かれたことが記されており、戦国期に遡る関係であると考えられる。

野末氏と同じく史料2に見える、木下八郎次郎の木下氏は、本興寺末寺の本寿寺が所在する古見の八幡神社所蔵棟札にみえる。永正四年(一五〇七)棟札では「小山田郷旦方」として「木下次郎左衛門」がみえ(『静岡県史　資料編7』)、永禄十一年(一五六八)棟札では「名主氏子等」と区別されて「郷長」として「木下次郎左衛門尉吉次」の名がある(『静岡県史　資料編8』)。木下氏も古見郷(小山田郷)の地侍であろう。これらの棟札には題目が記され、本寿寺の寺僧によって作成されており、やはり古見八幡神社も本寿寺と深い関わりのある神社であったと考えられる。

本興寺の確立の基底には、戦国期に再編成立する各村々を基盤とする野末氏のような鷲津郷の地侍・上層百姓と「百姓中」の成長があったと考えられるのである。

興味深いのは、古見本寿寺もまた、本興寺に倣って諸特権が安堵されていたことである。先の史料3にも「末寺本住寺、これ又前々の如く諸役永くこれを免除す」とあったが、次の史料は今川氏家臣から本寿寺に充てられた安堵状の写しである。


〔史料4〕朝比奈泰忠寺領安堵状写（本興寺文書「雑記」所引、〔服部二〇二〇a〕）

小山田坊寺領田畠の事、
合弐貫弐百拾三文
右前々の如く鷲津本興寺の寺中たるにより諸役不入として免許せしむるものなり、仍って件の如し、
天文拾三年
甲辰霜月十日
朝紀伊守
泰忠在判
小山田坊

〔史料5〕朝比奈泰典等寺領安堵状写（本興寺文書「雑記」所引、〔服部二〇二〇a〕）

小山田坊寺領畠の事、
合参百拾三文

右本興寺なミに免許せしむるものなり、仍って件の如し、

天文廿一壬子年四月廿四日　　　　朝比奈五良衛門

泰典在判

飯満嶋拾郎右衛門

盛次在判

小山田坊御同宿

史料4は天文十三年(一五四四)に「鷲津本興寺の寺中たるにより」本寿寺(小山田坊)の寺領田畠の諸役免許・不入を認めたものである。史料5は「本興寺なミに」(本興寺並に)本寿寺領の諸役免許を安堵するものである(この史料は従来典拠不明ながら[那賀山他 一九五七]の翻刻によって知られていたが、[服部 二〇二〇a]で近世の写本が確認された。良質な写本とは言い難いが、ひとまず典拠が明確なこの写本に拠っておく)。本興寺に与えられた高度な諸特権が、末寺本寿寺にも波及して「大坂並」ならぬ「本興寺並」に認められているのである。

天正二年(一五七四)には同じく末寺の新居善住坊(本果寺)にも同様の諸特権が認められており(『法華宗全書』所収「本果寺文書」)、「先規の通り」とあるのみで明確ではないが、もとは「本興寺並」の論理に基づくものであった可能性がある。陣門流は、本興寺を起点とし、本末関係を介して地侍を中心に「百姓衆」などの組織を形成していた周辺の村々へとこうした諸特権を「本興寺並」の論理で準用拡大させ、地域社会全体にこれを保証し、享受せしめていたと考えられるのである。

このように、確立期本興寺の存立基盤としては、従来指摘されてきたように、戦国大名や国衆らの外護が重要ではあるが、その基底部分には門前村落や周辺地域社会との関係の構築があった点は見逃せない。本興寺はこうした新し

い村々を捕捉することで地域社会に根付いて確立し、本興寺を核として地域住人の社会生活に関わる秩序が形成されることになったのである。

むすびに

本稿で検討してきたことをまとめておく。

三遠国境地域南端では、中世以来、東海道などの東西交通を介して、国境を越えた僧侶らの日常的なネットワークや、普門寺領のような地域圏が形成されていた。

本興寺は十四世紀に成立したと伝えられ、遅くとも十五世紀初頭にはその存在が確認できるが、寺容が充実化したのは十五世紀後半の日暹代のことである。その運営方法は師檀(僧俗)の合議を基本とし、檀那を取り込んで運営主体の一角に位置づけるもので、世俗社会と密接な関係にあった。とりわけ十六世紀初頭以降に本興寺は三河国衆らを有力檀那として発展していくが、それは当該時期の地域全体の政治的動向、交通条件に規定されていた。連歌師らもそれに重なるかたちで歴史的に形成された地域間を結びつけ、陣門流もそれと軌を一にして、国衆らの所領や遠江・三河・尾張の交通拠点に寺院が形成され、東西交通を介して教線を展開させていった。

こうして本興寺確立期を支えた鵜殿氏、西郷氏らの有力檀那の存在は、この時期の本興寺の表向きの動向では顕著ではあるが、本興寺存立の基底部分には門前や周辺の村落の存在があった。陣門流は、この地域において門前百姓らの社会生活や、その生活空間である村を捕捉し、本興寺を核とする地域の社会秩序を「無縁所」と称して世俗権力による特権の公認のもと形成することで、新興宗派ながら地域社会に定着していった。その結果、「本興寺並」の諸特権が、本興寺と本末関係で結ばれた近隣の古見や新居も含めた地域全体で獲得されていったのである。
　東海地方の戦国期の仏教を特色づける陣門流の展開とその拠点寺院となった本興寺の確立には、この時期の地域全体の東西交通の転換や地域社会の動向に規定されていたといえるのである。

参考文献

愛知県立大学中世史研究会　二〇二〇『鷲津本興寺宝蔵聖教典籍目録』
愛知県立大学「三河・遠江のヒト・モノの往来をめぐる地域研究」研究グループ　二〇二一『蒲郡市博物館コーナー展示解説リーフレット　鵜殿氏ゆかりの『源氏物語』と鷲津本興寺の典籍』
網野善彦　一九九六『増補　無縁・公界・楽』平凡社
榎原雅治　二〇〇八『中世の東海道をゆく』中央公論新社
大石泰史　二〇一八『今川氏滅亡』KADOKAWA
上川通夫　二〇一二「中世山林寺院の成立」『日本中世仏教と東アジア世界』塙書房
上川通夫　二〇一四「中世山寺の基本構造」『愛知県立大学日本文学部論集』六(歴史文化学科編)
糟谷幸裕　二〇一六「「境目」の地域権力と戦国大名」渡辺尚志編『移行期の東海地域史』勉誠出版
冠　賢一　一九七四「戦国期日蓮教団の展開」『印度學佛教學研究』第二二巻二号
佐古弘文　一九九一「江戸初期に於ける陣門教勢」『法華宗宗学研究所所報』一七・一八
下山治久　二〇〇〇「北条早雲と三河武士」『戦国遺文　後北条氏編月報』七
常霊山本興寺　一九八五『史と花の里　本興寺の歴史』
常霊山本興寺　二〇一五『本興寺御歴代譜』
清田義英　二〇〇五「室町後期の地方寺院法式ノート」『多摩美術大学研究紀要』二〇
田中見成　一九八九「室町織豊期の陣門教勢」『法華宗宗学研究所所報』一六
谷口雄太　二〇一七「遠州飯尾氏は「両属」国衆か」『静岡県地域史研究会報』二一三
鶴崎裕雄　一九八八『戦国の権力と寄合の文芸』和泉書院
豊橋市教育委員会編　二〇一六『普門寺家旧境内』豊橋市埋蔵文化財調査報告書一四一
那賀山乙巳文・牧野春蔵　一九五七『常霊山本興寺誌』
仁木　宏　一九九七『空間・公・共同体』青木書店

仁木　宏　二〇一五「宗教一揆」『岩波講座 日本歴史 第九巻 中世四』岩波書店
西山英仁　二〇一一「日礼上人と鵜殿一族」『法華宗宗学研究所所報』二五
服部光真　二〇一三「普門寺(豊橋市)所蔵年次未詳(中世後期)三界万霊木牌について」『愛知県史研究』一七
服部光真　二〇一五「中世三河国普門寺領四至再考」『愛知県立大学大学院国際文化研究科論集』一六
服部光真　二〇一六a「史料紹介　鷲津八幡神社所蔵の木札史料」『湖西の文化』四四
服部光真　二〇一六b「石巻神社所蔵『大般若経』をめぐる地域社会史」『石巻神社所蔵『大般若経』調査報告書』豊橋市美術博物館
服部光真　二〇二〇a「史料紹介　雑記」『鷲津本興寺宝蔵聖教典籍目録』愛知県立大学中世史研究会
服部光真　二〇二〇b「解題」『鷲津本興寺宝蔵聖教典籍目録』愛知県立大学中世史研究会
藤木久志　一九七五「統一政権の成立」『岩波講座日本歴史9　近世一』岩波書店
二村順二　一九九五「三河鵜殿氏の一研究」『歴史研究』四一(愛知教育大学歴史学会)
法華宗宗学研究所　一九九五『法華宗宗学研究所所報　第二十輯　鷲津本興寺文書』
峰岸純夫　一九七九「網野善彦『無縁・公界・楽』によせて(一)」『人民の歴史学』六〇
森田勝三　二〇二〇「戦国時代の牟呂城址」『東三河の考古学』東三河の考古学刊行会
山田邦明　二〇一四『戦国時代の東三河』あるむ
矢田俊文　二〇〇九『中世の巨大地震』吉川弘文館
湯浅治久　二〇〇九『戦国仏教』中央公論新社

執筆者一覧

貴田　潔　奥付上掲載

高橋一樹（たかはし かずき）　一九六七年生まれ、明治大学文学部教授。［主な著書論文］『中世荘園制と鎌倉幕府』（塙書房）、『東国武士団と鎌倉幕府』（吉川弘文館）、「鎌倉幕府の成立と阿野全成」（『軍記と語り物』六〇号）

鈴木正貴（すずき まさたか）　一九六三年生まれ、愛知県埋蔵文化財センター。［主な著書論文］『愛知県史資料編5考古5鎌倉～江戸』（共著・愛知県）、『守護所と戦国城下町』（共編・高志書院）、『東海の名城を歩く―愛知・三重編』（共編・吉川弘文館）

池谷初恵（いけや はつえ）　一九六〇年生まれ、伊豆の国市教育委員会。［主な著書・論文］『鎌倉幕府草創の地 伊豆韮山の中世遺跡群』（新泉社）、「遺物組成からみた中世韮山の空間構成」（『中世の伊豆・駿河・遠江』高志書院）、「伊豆地域におけるかわらけの変遷とその背景」（『地域と文化の考古学Ⅱ』六一書房）

渡邊浩貴（わたなべ ひろき）　一九八八年生まれ、神奈川県立歴史博物館学芸員。［主な著書論文］『源頼朝が愛した幻の大寺院 永福寺と鎌倉御家人―荘厳される鎌倉幕府とそのひろがり―』（編著・小さ子社）、「中世房総の菩薩面と迎講―千葉県君津市建暦寺所蔵菩薩面の事例から―」（『民俗芸能研究』第74号）、「源義朝権力の地域基盤と武士拠点―「義朝ガ一ノ郎等」鎌田正清と東海地域の場合―」（『国立歴史民俗博物館研究報告』第二四五集）

山本智子（やまもと ともこ）　一九八八年生まれ、公益財団法人瀬戸市文化振興財団埋蔵文化財センター。［主な著書論文］『中世東農窯の研究』（愛知学院大学）、「東海地方における山茶碗の流通状況」（『中近世陶磁器の考古学』第十巻、雄山閣）、「中世美濃国における初期四耳壺生産についての一考察」（『陶説』No.七三三、日本陶磁協会）

高橋慎一朗（たかはし しんいちろう）　一九六四年生まれ、東京大学史料編纂所教授。［主要著書］『日本中世の権力と寺院』（吉川弘文館）、『中世鎌倉のまちづくり　災害・交通・境界』（吉川弘文館）、『幻想の都　鎌倉　都市としての歴史をたどる』（光文社新書）。

湯浅治久（ゆあさ はるひさ）　奥付上掲載

伊藤裕偉（いとう ひろひと）　一九六五年生まれ、三重県教育委員会。［主な著書］『中世伊勢湾岸の湊津と地域構造』（岩田書院）、『聖地熊野の舞台裏』（高志書院）

服部光真（はっとり みつまさ）　一九八五年生まれ、元興寺文化財研究所主任研究員。［主な著書論文］『山の寺念仏寺所蔵史料調査報告書』（編著・東京大学史料編纂所）、『日本中世における戦死者供養の実証的研究』（科学研究費補助金（若手研究B）成果報告書）

おわりに

貴田潔氏の「はじめに」にも明らかなとおり、本書の企画は二〇一九年夏に静岡県で開催された中世史サマーセミナーを契機としている。私もこのセミナーに参加したことにより論文執筆を促されたと記憶する。やがて執筆者の間で議論がすすみ、企画は広がりを見せ二巻構成にわたることになり、その時点で編者の一人としての参画となった。

本書の意図や構成は貴田氏が詳細に記すはずなので、私は自らと当該地域の研究との関わりを通じて、本書の意義について簡単に記すことで「おわりに」にかえることにしたい。

私は二〇〇〇年代の半ばから遠江・駿河の研究を意識して史料と論文を読み始めた。近江・山城を中心とした畿内社会と、東国社会に主なフィールドを持っていた私が、「交通」を介してその両方の要素を併せ持つこの地域の中世社会の魅力に惹かれたのである。

都と鄙をむすび、かつ列島の南北へと広がる交通の十字路としての特質は、東海道などの幹線やターミナルである宿の実像にとどまらず、この地域の荘園制や武士(在地領主)、村落などにも深く刻印をしるしている。そのなかで荘園村落や宿、都鄙における在地領主の動向について研究をすすめてきた。それは折しも展開中だった武士の分業と移動についての議論や、室町期荘園制の議論とリンクするものであり、列島のなかでこの地域の特質について考えることであった。そしてさらには生産・消費と流通、文化や宗教の交流、生業のあり方に至るまで議論の対象をひろげつつあるのが研究の現状と理解する。

つまり私の歩み自体が、図らずも本書の問題関心へと近づいていったことになる。誠にありがたく、研究者冥利に尽きることである。

加えてこれらの研究には考古学との協業が不可欠となる。そこで多くの考古学者の方々の参画を得て、本書の内容が形作られた。

こうした本書をみると、先行する著作として小野正敏・藤澤良祐編『中世の伊豆・駿河・遠江　出土遺物が語る社会』（高志書院、二〇〇五年）の存在がクローズアップされるであろう。これ以前にも多くの研究が積み重ねられてきたことはもちろんであり、また企画のなり立ちももちろん異なるが、この編著が本書の直接の前提であることは、大方が首肯されるであろう。そして両書とも、版元の代表である濱久年氏のご協力が大きいと言える。ここに記して感謝したい。

なお最後に本書と姉妹関係にある『領主層の共生と競合』との関係について一言したい。私自身は、両書は問題関心を共有する部分が大きく、本書に比較して、政治史・制度的枠組みへの関心がやや深いものが『領主層の共生と競合』であると理解している。したがって私自身のものを含め、対象や史料を共有する論稿が少なくないが、論点の細部にわたる調整などはしていない。多くのフェイズから社会の輪郭が構成されるという多様性こそ、この地域の特質の一つと考えるからである。読者はこの点を理解され、できれば二つの編著の論稿を横断的に読むことで、そのイメージの広がりを楽しんでいただきたいと思う。

二〇二四年八月吉日

湯浅　治久

【編者略歴】

貴田　潔（きだ きよし）

1982年生まれ　静岡大学准教授

［主な著書論文］

「中世における不動産価格の決定構造」（深尾京司・中村尚史・中林真幸編『岩波講座日本経済の歴史』第1巻中世、岩波書店）、「遠江国笠原荘の「浦」にみる中世の港湾と海村」（田中大喜編『中世武家領主の世界―現地と文献・モノから探る―』勉誠出版）、「鎌倉期の半不輸村落における生業・景観と在地領主―肥前国高来西郷伊福村・大河村と大河氏を素材として―」（『国立歴史民俗博物館研究報告』245）

湯浅 治久（ゆあさ はるひさ）

1960年生まれ　専修大学教授

［主な著書］

『中世東国の地域社会史』（岩田書院）、『戦国仏教』（中央公論新社）、『中世の富と権力』（吉川弘文館）

東海道中世史研究1

諸国往反の社会史

2024年10月15日第1刷発行

編　者　貴田　潔・湯浅治久

発行者　濱　久年

発行所　高志書院

〒101-0051 東京都千代田区神田神保町2-28-201
TEL03(5275)5591　FAX03(5275)5592
振替口座　00140-5-170436
http://www.koshi-s.jp

印刷・製本／亜細亜印刷株式会社

Printed in Japan ISBN978-4-86215-252-7

東海道中世史研究

1 諸国往反の社会史	貴田　潔・湯浅治久編	A5・280頁／6000円
2 領主層の共生と競合	岡野友彦・大石泰史編	A5・250頁／5000円

中世史関連図書

中世の伊豆・駿河・遠江	小野正敏・藤澤良祐編	A5・360頁／4500円
中世水軍領主論	高橋　修著	A5・250頁／5000円
奥大道	柳原敏昭・江田郁夫編	A5・300頁／6500円
鎌倉街道中道・下道	高橋修・宇留野主税編	A5・270頁／6000円
戦国期の交通と権力	中村知裕著	A5・250頁／5500円
新版中世武家不動産訴訟法の研究	石井良助著	A5・580頁／12000円
新訂白河結城家文書集成	村井章介・戸谷穂高編	A5・620頁／17000円
新版日本貨幣流通史	小葉田淳著	A5・550頁／15000円
東北中世の城	竹井英文他編	A5・300頁／4500円
戦国の城と一揆	中井　均編	A5・250頁／3000円
中世城館の実像	中井　均著	A5・340頁／6800円
岩城氏と岩崎氏の中世	中山雅弘著	A5・300頁／6000円
中世後期の領主と民衆	田代　脩著	A5・350頁／8500円
戦う茂木一族	高橋　修編	A5・250頁／3000円
海の領主忽那氏の中世	山内　譲著	A5・250頁／2500円
伊達稙宗	伊藤喜良著	A5・250頁／3500円
動乱と王権	伊藤喜良著	四六・280頁／3000円
平将門の乱と蝦夷戦争	内山俊身著	A5・400頁／8000円
日本のまじなひ	水野正好著	A5・230頁／2500円
まじなひの研究	水野正好著	A5・620頁／18000円
金山衆と中世の鉱山技術	萩原三雄著	A5・300頁／7000円
中世の北関東と京都	江田郁夫・簗瀬大輔編	A5・300頁／6000円
天下人信長の基礎構造	仁木宏・鈴木正貴編	A5・330頁／6500円
戦国期境目の研究	大貫茂紀著	A5・280頁／7000円
九州の中世Ⅰ島嶼と海の世界	大庭康時他編	A5・186頁／2200円
九州の中世Ⅱ武士の拠点鎌倉・室町時代	大庭康時他編	A5・296頁／3000円
九州の中世Ⅲ戦国の城と館	大庭康時他編	A5・360頁／3800円
九州の中世Ⅳ神仏と祈りの情景	大庭康時他編	A5・200頁／2500円
城と聖地	中世学研究会編	A5・230頁／3000円
琉球の中世	中世学研究会編	A5・200頁／2400円
戦国法の読み方【2刷】	桜井英治・清水克行著	四六・300頁／2500円

［価格は税別］